Die Liebe ist als oberstes Gebot in allen Weltreligionen verankert. Eine bedeutsame Feststellung, die sich auch in diesem Buch wiederfindet. Denn es geht darin um die Liebe, das friedliche Miteinander, die Toleranz und die Akzeptanz. Dies alles aus einer anderen Perspektive, einer anderen Sichtweise.

Nachdem mein Freund und Seelenverwandter Werner in die geistige Welt hinüberglitt, fanden wir dennoch einen Weg, miteinander zu kommunizieren. Wir führten Gespräche über die Dimensionen hinweg, die in Echtzeit audiovisuell festgehalten wurden und ungekürzt in diesem Buch wiedergegeben sind.

Was die Anmerkungen und Kommentare im dritten Teil dieses Buches betrifft, so entsprechen diese möglicherweise einer subjektiven Erkenntnis, gepaart mit der Lebenserfahrung der Autorin.

Jedoch wurde Raum gelassen, um jedem Leser die Gelegenheit zu geben, das eigene Resümée aus der Unterhaltung mit der geistigen Welt zu ziehen.

WENN DIE SEELE *fliegen lernt*

Eine wahre Geschichte über Akzeptanz,
Toleranz und unser grenzenloses Dasein

Wenn die Seele fliegen lernt

Impressum

Bestellung und Vertrieb: Nova MD GmbH, Vachendorf
Erste Auflage: 2018
ISBN: 978-3-96443-668-9
Copyright: Autorin © Gabriele Skarda, Hohenschäftlarn
Covergestaltung: Elena Dick Webdesign, Bad Tölz
Foto Feder: Martin Rutenberg, King Louis Picture, München
Foto-Bearbeitung: Robert Majeric, music & more management - records
Lektorat u. Korrektorat: Ralf Zahn, Baden-Baden
Finale Korrektur: Margit Gruber Media, Frankfurt/M.
Druckerei: Wir machen Druck GmbH, Backnang, Deutschland

Dieses Werk einschließlich aller seiner Teile ist urheberrechtlich geschützt. Jede Verwertung außerhalb der engen Grenzen des Urheberrechtsgesetzes ist ohne Zustimmung der Autorin unzulässig. Dies gilt insbesondere für Vervielfältigungen, Übersetzungen, Mikroverfilmung und die Einspeicherung und Verarbeitung in elektronischen Systemen.

Special Edition - Sonderausgabe

Nach der Erst-Veröffentlichung dieses Buches wurden mein Team und ich überrannt von einer beträchtlichen positiven Resonanz, zahlreichen liebevollen Zuschriften und berührenden Kommentaren auf vielen Social Media-Kanälen und Buch-Plattformen im Web.
Dieser große anerkennende Zuspruch hat uns veranlasst, eine limitierte Special Edition dieses Buches als hochwertige Hardcover-Version mit einer CD heraus zu geben, um all unseren Lesern, den Helfern und den Unterstützern im Diesseits und im Jenseits DANKE zu sagen für dieses außergewöhnliche Projekt.

Auf der CD finden Sie als Einstimmung zum Thema eine wunderschöne Version des Gospelsongs „Sweet Sweet Spirit", interpretiert von dem britischen Sänger Ben Portsmouth und Chor (Rechte MANNA Music Inc. USA). Dann folgt das Erste Sitzungsprotokoll mit Werner in der anderen Welt (Teil 2, Kap. 1.2 des Buches), aufgezeichnet von Medium Vera Luchsinger. Diese Sitzung wurde in Echtzeit mit einem Smartphone aufgenommen und ist ein Unikat. Darum haben wir auf eine Bearbeitung hinsichtlich der Tonqualität verzichtet.
Zum Abschluss genießen Sie den eigens für diese CD neu produzierten Titel „Bring Me Home", interpretiert von Musical-Sänger Johann Rosenhammer (Rechte Schedler-Musikverlag GmbH).

Von ganzem Herzen und mit tief empfundener Freude grüße ich alle, die sich von diesem Buch inspirieren lassen...
Ihre Gabriele Skarda

Inhaltsverzeichnis

TEIL 1

Einleitung
Kapitel 1   Wie alles begann
Kapitel 2   Die Veränderung
Kapitel 3   Die Odyssee
Kapitel 4   Der Neubeginn –Plötzlich steht der Werner da
Kapitel 5   Die neue Aufgabe
Kapitel 6   Das Experiment
                  Die „Beschäftigungstherapie"
Kapitel 7   Das finanzielle Desaster
Kapitel 8   Die eingereichte Scheidung und der Strom ist weg
Kapitel 9   Der Computer-Crash und andere Herausforderungen
Kapitel 10   Es kommt Bewegung in den Fall
Kapitel 11   Der erste Aufenthalt in einem Bezirkskrankenhaus
Kapitel 12   Die Therapie und der steinige Weg in eine neue Zukunft

TEIL 2

Kapitel 1   Der Besuch bei einem Medium
Kapitel 1.2   Protokoll der 1. Sitzung mit Werner in der anderen Welt
Kapitel 2   Werners Weg ist auch mein Weg
Kapitel 3   Ein weiteres Gespräch mit Werner in der anderen Welt

Kapitel 3.1	Protokoll der 2. Sitzung mit Werner in der anderen Welt
Kapitel 3.2	Der Plan mit dem Buch
Kapitel 3.3	Mein Besuch im Selberdingerheim
Kapitel 4	Das Buch – der erste Versuch
Kapitel 4.1	Protokoll der 3. Sitzung mit Werner in der anderen Welt
Kapitel 4.2	Die Aufgabe
Kapitel 4.3	Das Buch – Ein neuer Versuch
Kapitel 4.4	Protokoll der 4. Sitzung mit Werner in der anderen Welt
Kapitel 4.5	Das Buch – Ein zweiter Versuch
Kapitel 4.6	Protokoll der 5. Sitzung mit Werner in der anderen Welt
Kapitel 5	Die guten Jahre
Kapitel 5.1	Protokoll der 6. Sitzung mit Werner in der anderen Welt
Kapitel 5.2	Ein Knick – oder schon wieder der falsche Anzug?
Kapitel 5.3	Protokoll der 7. Sitzung mit Werner in der anderen Welt
Kapitel 6	Endlich angekommen
Kapitel 6.1	Protokoll der 8. Sitzung mit Werner in der anderen Welt
Kapitel 6.2	Eine neue Wesenheit kommt ins Spiel

TEIL 3

Kapitel 1	Nur ein Gedanke – und die neue Freiheit
Kapitel 1.1	Die grenzenlose Freiheit als Geist
Kapitel 2	Die Intuition
Kapitel 3	Die Toleranz

Kapitel 4	Das Bewusstsein und das Unterbewusstsein
Kapitel 5	Die Akzeptanz
Kapitel 6	Der Seelenplan
Kapitel 7	Die Talente, die Anlagen und die Veranlagungen
Kapitel 8	Der Schulplanet Erde
Kapitel 9	Die Angst und der Tod

Epilog – Schlusswort von Werner

Anhang

Die Autorin Gabriele Skarda
Der Mitautor Werner Goldmann
Das Medium Vera Luchsinger

Quellenverzeichnis

Danksagung

CD-Aufnahme

Einleitung

Lieber Leser,

Sie öffnen gerade die Seiten eines ungewöhnlichen Buches, und wir möchten Sie einladen, die sehr beeindruckende Geschichte meines besten Freundes Werner zu lesen. Es ist kein Roman, den Sie aufgeschlagen haben. Der Inhalt ist ein bedeutsamer Teil meiner eigenen Lebensgeschichte und ich kann Ihnen versprechen, dass Werners Geschichte und unsere gemeinsamen Erlebnisse zu einem wirklich guten, um nicht zu sagen erstaunlichen Ende geführt haben.

Besonders und außerordentlich ist: Mein Freund Werner, unser Protagonist, agiert als Mitautor – auch wenn er bereits als Geist in der „anderen Welt" weiter existiert. Auf den ersten Blick ein wenig „strange", aber glauben Sie mir: es ist so. Davon habe ich mich in den vielen Monaten, während ich an diesem Buch gearbeitet habe, zu einhundert Prozent überzeugt.

Werner, ein überdurchschnittlich begabter und intelligenter Mensch, war in seinem irdischen Dasein sowohl reich als auch arm. Reich im Sinne von Anlagen und Wesenszügen wie Toleranz, Akzeptanz, Geduld und innerer Stärke. Arm im Sinne von Materiellem, weil er im Laufe seines Lebens alles verlieren musste. Trotzdem hat Werner etwas sehr Kostbares hinterlassen. Ein immaterielles Erbe, ein Vermächtnis, das wir gerne mit Ihnen teilen möchten.

Dieses Buch soll Ihnen eine Ur-Angst nehmen! Der Mensch wird im Laufe eines Lebens von vielen Ängsten begleitet, wir alle kennen das. Die Angst vor Verlust; die Angst vor Behörden; die Angst vor Krankheiten; die Angst vor Behinderungen; die Angst vor Schicksalsschlägen – und letztendlich die Angst vor dem Tod! Ein schrecklich düsteres Wort für unser aller Übergang in eine neue Dimension, die das weitere Leben unserer Seele und unseres Geistes in unglaublich hohem Maße bereichert.

Das ist Werners Botschaft, die er mir in vielen Nachrichten und Sitzungen mit einem Medium glaubhaft machte und die Sie, liebe Leserin und lieber Leser, in den Gesprächsprotokollen in Teil zwei dieses Buches erfahren werden.

Was mich betrifft, so erfülle ich sicher nicht das Klischee eines Esoterikers und bin auch nicht ständig auf der Sinnsuche. Viel eher gehöre ich zu der Kategorie der Bodenständigen. Seit mehr als drei Jahrzehnten bin ich selbstständig und betreibe erfolgreich ein Gewerbe in der Kultur- und Kreativwirtschaft.

Dennoch hat mich von Kindesbeinen an interessiert, was denn „danach" kommt, was nach unserem letzten Atemzug geschieht. Schon damals war ich sicher, dass sich unsere Lebensenergie, mit der ich reich gesegnet bin, mit dem irdischen Ableben unmöglich in ein Nichts auflösen kann. Meine Mutter hatte mich früh darin bestärkt, und so lernte ich im Alter von 19 Jahren meinen Seelen-Verwandten kennen, lieben und schätzen: Werner, dessen Geschichte wir hier erzählen. Vielfältig erfüllte 42 irdische Jahre begleiteten wir einander durch dick und dünn und nun bis in die Unendlichkeit, sozusagen über den Tod hinaus.

Der erste Teil dieses Buches berichtet vom teils dramatischen Abstieg und von Werners körperlichem Auflösungsprozess.

Der zweite Teil beleuchtet unseren Austausch über die Dimensionen hinweg.

Wie in vielen Lebensgeschichten musste Werner erst das Drama hautnah erfahren und durchwandern, bevor sein Lernprozess eingeleitet werden konnte, damit er anschließend, wie „Phönix aus der Asche" emporsteigen und davonfliegen durfte.

Seien Sie zuversichtlich, wir alle profitieren von unseren irdischen Erfahrungen in der anderen Dimension – das hat mir Werner mehrfach sehr deutlich gemacht. Für mich ein sehr beruhigendes Wissen. Unser gesamter Erfahrungsschatz, unsere Talente und Anlagen, unsere Einsichten und unsere Erkenntnisse sind nicht einfach weg. Ähnlich der Festplatte eines Computers vergessen und verlieren unser Geist und unsere Seele nichts.

In vielen Nächten habe ich immer wieder gezweifelt, ob das, was ich gerade erlebe, wirklich real ist oder ob mir meine Phantasie einen üblen Streich spielt. Viele Male hörte ich die Protokolle mit Werners Botschaften aus der „anderen Welt" an. Ich fragte mich: Schimmert in den Aussagen Werners Persönlichkeit durch? Ist es wirklich er, der da durch dieses Medium zu mir spricht? Oder kann sich ein Medium zu meiner soeben gestellten Frage an Werner vielleicht einen solchen Monolog in Sekundenschnelle ausdenken? Antworten auf Fragen finden, die außer mir niemand kannte? Fragen, die ja in vielen privaten Teilen nur Werner beantworten konnte?

Um es kurz zu machen: Nach all meiner Lebenserfahrung, meinen Studien und dem neu gewonnenen Verständnis komme ich zu dem Ergebnis, dass diese Kommunikation mit einem uns nahestehenden Menschen in der „anderen Welt" möglich und sogar gewollt ist, wenn wir dafür offen sind und darum bitten. Entweder via Telepathie, mittels nonverbaler Nachrichten oder eben durch ein versiertes Medium.

Nun möchte ich Sie auf eine Reise in die Unendlichkeit einladen. Lassen Sie sich ein auf Werners Lebensgeschichte, auf seine Prüfungen, seine Lernaufgaben. Und entdecken Sie mit mir gemeinsam, die ungeahnten Möglichkeiten unseres irdischen Daseins und der Unerschöpflichkeit unserer Seele. Folgen Sie Werner, meinem Bruder im Geiste, dem ich dieses Buch in tiefer Dankbarkeit widme, in die geistige Welt der Toleranz, der Akzeptanz und der bedingungslosen Liebe.

Juni 2018
Gabriele Skarda

Teil 1

Kapitel 1 – Wie alles begann

An einem Samstagabend im April 1973 trafen wir uns in der Tanzschule Geissler im ersten Stock des Deutschen Theaters München. Dort wurden Übungsabende für Turniertänzer veranstaltet. Werner war 19 Jahre jung und ein hoch begabter Tänzer, gutaussehend, sehr schlank. Bei einer Körpergröße von 1,86 Meter wog er 63 kg, was auch Zeit seines Lebens sein Idealgewicht blieb. Immerhin hatte er bereits bei vielen Tanzturnieren in der B-Klasse vordere Plätze belegt und wurde mit etlichen Urkunden ausgezeichnet, die in gerahmter Form noch existieren.

Ich war voller Bewunderung für ihn, denn meine tänzerischen Fähigkeiten lagen weit unter seinem Niveau. Trotzdem kamen wir uns an diesem Abend näher, und es sollte der Beginn einer 42 Jahre währenden tiefen Freundschaft und Verbundenheit bis über den Tod hinaus werden. Eine Verbindung voller Höhen und Tiefen, voller Freude und Schmerz, geprägt von der großen Gnade, diese Zeit miteinander durchlebt und erlebt zu haben. Eine Zeit, an deren irdischem Ende sich eine unglaubliche Erkenntnis offenbarte und uns ein großes Stück Weisheit bescherte.

Als wir uns trafen, lebte Werner noch bei seinen Eltern in München-Laim. Ein Stadtteil, geprägt durch einen gewissen dörflichen Charme mit kleinen Zweifamilienhäusern aus den 30er-Jahren, Holzzäunen und hübschen Gärten, ruhig und beschaulich in kleinen Seitenstraßen gelegen. Werner absolvierte eine Ausbildung in einem Elektrofachgeschäft als Radio- und Fernsehtechniker, war fleißig und genial veranlagt in allen technischen und handwerklichen Dingen. Seine ansteckende positive Lebenseinstellung tendierte zwar hier und da zum Leichtsinn, aber das machte ihn ja so liebenswert. Am 1. November 1975, während seiner Bundeswehrzeit bei der Luftwaffe, verlobten wir uns.

Ich arbeitete damals als Sekretärin und Sachbearbeiterin, und Werner jobbte am Wochenende neben seinem Wehrdienst, reparierte Fernseher und andere Elektrogeräte bei Privatleuten. Wir lernten Siggi kennen, einen sehr netten Diskothekenbesitzer in Starnberg. Er nannte Werner wegen dessen Erfindergeist und Einfallsreichtum, wenn es um Licht-, Elektronik- und technische Anlagen in seinem Lokal ging, stets „Daniel Düsentrieb".

Inzwischen waren wir in eine gemeinsame Wohnung in Starnberg gezogen. Werner fand nach seinem zweijährigen Wehrdienst eine gute Anstellung bei AGFA Gevaert in München und glänzte dort mit der Entwicklung von verschiedenen Patenten. Alles lief gut. Wir konnten es uns leisten, mehrmals im Jahr einen kleinen Urlaub zu machen. Es war eine sehr schöne und sorglose Zeit. Werner war einfach wunderbar unkompliziert, immer gut drauf, niemals klagend, sehr fleißig und ein Charmebolzen. Eben eine typische Waage. Ich habe Werner niemals aggressiv gesehen, Gewalt jeglicher Art lag ihm fern.

Tief in ihm steckte allerdings auch ein kleiner Sturkopf. Wenn er mit leicht gefärbtem Münchner Dialekt sagte „I wui", dann hieß das, er setzte seinen Kopf durch. Zum Beispiel bei der Idee, einen Teil unserer Möbel selbst zu bauen; einen Schuhschrank, schicke und massive Mahagoni Bücherregale oder gar einen Kleiderschrank. Letzteres scheiterte allerdings ein wenig …

Ich selbst war, wie gesagt, anders als er. Möglicherweise aber waren gerade all diese Gegensätze ein maßgeblicher Teil der magischen Anziehung zwischen uns.

Es muss auch etwa in dieser Zeit gewesen sein, als wir eine Bekanntschaft in der Eisdiele Dolomiti in Starnberg machten, die uns nachhaltig prägte.

Dort waren wir oft am Samstagmittag nach dem Einkauf und freundeten uns mit einem älteren Herrn aus Gauting an. Wir erfuhren, dass dieser bereits pensionierte und angenehme Gesprächspartner ein Doktor der Philosophie und Psychologe war. Dieser Dr. Otto Heynig brachte uns während der vielen tiefgründigen und geistreichen Unterhaltungen bei einem Cappuccino das Reich der großen Dichter und Denker nahe. Und er scheute sich nicht, uns Phänomene der Parapsychologie und der übersinnlichen Wahrnehmungen plausibel und glaubhaft zu erklären. Eine Bereicherung für unser weiteres Leben, wie wir beide schon damals feststellten. Aus dieser Bekanntschaft wurde eine bis zu Dr. Heynigs Tod im Jahr 1983 währende Freundschaft. Geprägt von großem Respekt, aber auch von einer gewissen Heiterkeit und Bodenständigkeit. Er war ein durchaus als weise zu bezeichnender Mensch und auch nach 35 Jahren denke ich immer wieder mit Freude an diese ungewöhnliche Begegnung.

*

Etwa im Jahr 1981 wechselte Werner zur Firma Kaspar-Walther in München, die Tiefdruckmaschinen herstellte und die ihn in die weite Welt schicken sollte. Erst ins benachbarte europäische Ausland, dann nach Übersee in die USA, nach Mexiko und Indien, was Werner sehr gefiel.

Er war verantwortlich für neue Software Entwicklungen, aber auch für die Hardware der computergesteuerten Maschinen. Neben seinen überaus großen Fähigkeiten auf technischem Gebiet war er flexibel, weltgewandt und sprachbegabt.

In diesen Jahren organisierte ich meine ersten Veranstaltungen. Von der eleganten Modenschau bis zum Rock´n´Roll Abend. Werner war immer mit von der Partie, hat geholfen, Dekorationen zu bauen und den Auf- und Abbau zu organisieren. Inzwischen besaß ich einen Gewerbeschein, reduzierte mein Anstellungsverhältnis auf eine Halbtagsstelle und eröffnete eine Künstleragentur. Eine Zeit des Neubeginns – spannend und aufregend.

Doch leider haben unsere beruflichen Ambitionen uns mehr und mehr voneinander entfernt. Werner war häufig im Ausland und wollte für eine Weile nach Amerika gehen. Ich hingegen war oft auf Veranstaltungen unterwegs und wegen meiner neu gegründeten freiberuflichen Existenz wollte ich ihm auf keinen Fall folgen. Es kam, wie es kommen musste: Wir trennten uns im Jahr 1983. Werner zog in eine kleine Wohnung am anderen Ende des Starnberger Sees und ich blieb in unserer gemeinsamen Wohnung in Pöcking.

*

Nach etlichen Monaten des Schweigens näherten wir uns wieder an. Wir halfen uns gegenseitig oder trafen uns auf einen Kaffee in Starnberg. Es gab diese unerschütterlich tiefe Vertrautheit zwischen uns, etwa vergleichbar mit dem Zusammengehörigkeitsgefühl bei Geschwistern. „Sind wir Seelenverwandte?", fragte ich mich oft und philosophierte gelegentlich mit Werner darüber. War unser beider Schicksal unlöslich miteinander verknüpft?

Zu dieser Zeit war ich sehr krank mit einer über Jahre währenden chronischen Pankreatitis und lag immer wieder für etliche Wochen im Krankenhaus. Das hatte schon ziemlich zu Anfang unserer Beziehung begonnen. Ich erinnere mich noch gut an die Schreckensnacht damals in meinem Appartement in Schwabing. Ich litt wieder mal unter diesen unsäglichen Schmerzen, die in Intervallen kamen und mir die Luft wegdrückten. Ich kroch aus meiner Wohnung, läutete an irgendeiner Tür im gleichen Flur und bat die Studenten, Werner anrufen zu dürfen. Die hilfreichen jungen Leute riefen gleichzeitig einen Notarzt. Man brachte mich in ein Krankenhaus in München-Nymphenburg. Werner kam mit seinem VW-Käfer direkt dorthin. Man operierte mich in der gleichen Nacht am Magen, leider ohne Befund. Aber immerhin stellte man fest, dass die Bauchspeicheldrüse kurz vor dem Platzen war, Rettung in höchster Not, und Werner war an meiner Seite.

Und auch neun Jahre später war es wieder Werner, der mich in höchster Not und durch die vielen „Aushungerungs-Therapien" am Tropf total geschwächt – ich wog noch 43 kg, war gelb im Gesicht und konnte seit Wochen keine Nahrung mehr zu mir nehmen – rettete. Auch wenn der Körper völlig geschwächt ist, so ist das Hirn in höchster Gefahr offenbar sehr klar. An jenem Nachmittag rief ich etliche Bekannte und Freunde an und bat um Hilfe. Niemand hatte Zeit. Ich konnte nicht mehr auf meinen Beinen stehen. Der letzte Anruf galt Werner, der sofort sagte „Ich komme in einer Stunde".

Er war es, der mich gegen Abend eigenhändig und mit geduldiger Überredungskunst in das Starnberger Krankenhaus schaffte. Hätte ich damals nur besser auf meinen Körper gehört.

Ich war kurz davor, diese Welt zu verlassen. Dieser Augenblick einer extrem lebensbedrohlichen Situation prägte sich tief und unauslöschlich in mein Gedächtnis ein. Ich erwähnte ja bereits, dass unser Hirn in Momenten der höchsten Not hervorragend zu funktionieren scheint. Darum erinnere ich mich auch an solche belanglosen Details wie jenes, als Werner mir meine hellbeigen kleinen Gummistiefel über die Füße stülpte, mir meinen ebenfalls hellbeigen Cordmantel über den Pyjama streifte und mich auf seinem Rücken bis zum Auto trug. Gerade noch im richtigen Moment!

Es war Werner, der zur Stelle war, und es war Werner, der sich in dieser Zeit um mich kümmerte und das Notwendigste in meinem kleinen Ein-Frau-Unternehmen erledigte.

Für seine Hilfe war ich Werner unendlich dankbar, er hatte mein Leben gerettet. Und unsere einstige Liebesbeziehung wandelte sich ab diesem Erlebnis allmählich in eine tiefe, von großem Vertrauen geprägte Freundschaft.

*

Wir trafen uns gelegentlich wieder samstags im Eiscafé in Starnberg auf einen Cappuccino. Werner hatte inzwischen wechselnde Beziehungen. Aber auch ich ging 1985 eine neue Beziehung mit einem Musiker ein. Dass diese nicht hielt, ist eine andere Geschichte. Just zu diesem Zeitpunkt wurde in Pöcking, wo ich immer noch in unserer ehemals gemeinsamen Wohnung lebte, im Erdgeschoss eine Wohnung frei. Ich erzählte Werner, dass die Mieterin verstorben sei. Und man glaubt es nicht:

Werner bewarb sich und zog wenig später in diese Wohnung ein. Zwei Stockwerke unter mir!

Ich erinnere mich genau; bei seinem Einzug an einem Samstagabend schleppte er seine Habe ganz allein in die Wohnung. Ich ging runter und half ihm, was für mich selbstverständlich war. Für meinen damals neuen Freund allerdings nicht. Eifersucht fraß irgendwann unsere Liebe auf.

Fortan waren Werner und ich einander wieder nah, aber unsere Beziehung nahm eine andere Form an.

Wir hatten in den vielen Unterhaltungen mit dem promovierten Philosophen gelernt, dass es eine höhere Form der gegenseitigen Zuneigung gibt. Man könnte sagen, die einzig reine Form der Liebe ohne Triebe und ohne Sex. Ich erinnere mich in diesem Zusammenhang, dass ich in den früheren Jahren manchmal von „meinem Werner" sprach, und Werner belehrte mich, dass „niemand niemandem gehöre", es also keinen Besitzanspruch auf den anderen geliebten Menschen gäbe. Er hatte Recht!

In diesen guten Zeiten des gegenseitigen Vertrauens und der platonischen Freundschaft kam mir immer wieder der Gedanke: „Solange Werner in meiner Nähe ist, geht es mir gut, und sollte ich in Not geraten, wird es mir an nichts fehlen."

Wir hatten in all den Jahren, die noch folgen sollten, nie wieder sexuellen Kontakt miteinander. Stattdessen frönte Werner wechselnden, kurze Zeit andauernden Beziehungen, flog durch die Welt, verdiente viel Geld und gab es ebenso schnell wieder aus. Denn er hatte sich inzwischen im Jahr 1988 selbstständig gemacht, was sich Jahre später als folgenschwere Fehlentscheidung herausstellen sollte. Denn: Er war der Erfinder, der Tausendsasa in Sachen Elektronik. Aber sicher nicht der geborene Kaufmann.

Eines Abends im Jahr 1989 bat Werner mich um einen Rat. Er beabsichtigte, mit einer befreundeten Homöopathin ein Haus im Nachbarort zu mieten. Da wollte die Homöopathin zwei Räume als Praxis beanspruchen, und Werner hätte sowohl ein repräsentatives Büro als auch eine große Wohnung im ersten Stock zur Verfügung gehabt.

Ich riet ihm an diesem Abend dringend von dieser Veränderung ab und wir argumentierten lang und breit über das Für und Wider. Leider folgte er damals nicht meinem Ratschlag und setzte seinen Plan in die Tat um. Mit großem zeitlichem und kostenintensivem Aufwand baute er das Haus für die geplanten Zwecke um, und er zog mit der erwähnten praktisch veranlagten Dame nach Feldafing. Aus heutiger Sicht, wie Werner viele Jahre später selbst bestätigte, war dies möglicherweise der Anfang einer Aneinanderreihung von vielen schrecklichen Ereignissen und der Beginn einer Katastrophe.

Kapitel 2 – Die Veränderung

Zunächst lief alles prima. Werner hatte viele Auftraggeber, unter anderem einen Kunden in der Schweiz, der ihn durch halb Europa schickte, um Soft- und Hardwareprobleme bei Computern zu lösen. Werner verdiente viel Geld, ein Stundensatz von 100 bis 120 Mark war plötzlich normal. In der damaligen Zeit konnte man von diesen Stundensätzen nur träumen.

Ein Jahr später zog ich nach Hohenschäftlarn auf die andere Seite des Starnberger Sees. Die Zweizimmerwohnung war gut geschnitten, es gab einen riesigen Garten und im Keller einen 30 Quadratmeter großen Hobbyraum mit Fenster, Heizung und einer separaten Toilette. Perfekt!

Einmal pro Woche fuhr ich nach Feldafing, da ich dort nach wie vor meine Bankfiliale hatte. Hier und da nutzte ich diese Zeit, Werner kurz auf einen Kaffee zu treffen.

Werner hatte inzwischen Aufträge, die ihn immer wieder nach Indien, Mexiko, in die USA und die Türkei führten. Manchmal hatte ich den Eindruck, er schwebe in höheren Regionen. Aber dann wieder war er der Werner, den ich mittlerweile seit fast 20 Jahren kannte und der mir so vertraut war. Lustig, gut gelaunt, allen Anforderungen gewachsen und hilfsbereit. Neben seinen geschäftlichen Erfolgen fand er die Zeit, auch immer mal wieder bei mir vorbeizukommen, um mir das eine oder andere Regal zu bauen oder mich in aller Früh abzuholen und an den Flughafen zu fahren.

Trotz der nach außen zur Schau gestellten „Ich-habe-alles-im-Griff"-Mentalität bemerkte ich allmählich seine Sorgen. Mit einem Auftrag in Hannover schien er völlig überlastet, und ich bot ihm meine Bürohilfe Lotte zur administrativen Unterstützung an. Sie hatte ein sehr gutes Gespür für Zahlen und Buchhaltung, kannte Werner und war eine, die man als „taff und strategisch" bezeichnen konnte – für Werner eine große Hilfe.

Die Homöopathin, mit der er nun das Haus teilte, informierte mich gelegentlich und bat mich, mit Werner zu reden. Er sei übernächtigt, trinke zu viel Bier, wäre öfter zu Gast in der schrecklichen Bahnhofskneipe im Ort und überhaupt gehe es ihm nicht besonders gut. Seine geschäftlichen Dinge schienen ihm ebenfalls zu entgleiten.

An seinem Geburtstag im Oktober 1992 trafen Werner und ich uns abends zum Essen. Er stocherte lustlos in seinem indischen Curry herum, war leicht alkoholisiert und wirkte gestresst. Ich sprach ihn auf das an, was seine Mitbewohnerin mir mitgeteilt hatte.

„Gaby, nächste Woche fliege ich nach Belgien zu einem neuen Kunden, was sehr positiv ist. Ihr müsst euch keine Sorgen machen", sagte er. „Ich habe alles im Griff und Lotte hilft mir die Dinge im Büro zu ordnen."

Im weiteren Verlauf unserer Unterhaltung über seine angespannte Situation erwähnte er, dass er jetzt einen neuen Mitarbeiter habe, der einige Teilaufträge übernehmen könne. Das sei eine Erleichterung. Es schien, als ob er nach wie vor den Überblick hätte.

Kapitel 3 – Die Odyssee

Eine Woche später rief Lotte, meine Bürohilfe, die ich an Werner „ausgeliehen" hatte, an. Sie teilte mir mit, dass Werner einen Unfall gehabt hätte und ziemlich desorientiert seit zwei Tagen im Starnberger Krankenhaus läge. Wir beschlossen, sofort ins Krankenhaus zu fahren. Es war etwa 21 Uhr und der Beginn eines Desasters!

Was war geschehen? Zwei Tage zuvor war Werner in angetrunkenem Zustand die Haustürtreppe rücklings nach unten gestürzt, hatte kaum äußere Verletzungen außer ein paar Hautabschürfungen. Wie ich jedoch am nächsten Tage bei einem weiteren Besuch feststellte, war er völlig desorientiert. Er wähnte sich in Brüssel bei seinem Kunden, der Fernseher im Krankenzimmer sei sein Monitor, mit dem er arbeite, er sei im Hotel und die Krankenschwester sei der Roomservice. Und außerdem würden am Fenster gelegentlich weiße Schiffe vorbei fahren.

Ich bat in den nächsten Tagen die Homöopathin hinzu. Wir sprachen mit dem Stationsarzt, der nur die Schultern zuckte. Man könne da nicht viel machen. Herr Goldmann sei halt Alkoholiker.

„Wie bitte?", fragte ich entsetzt.

Ich rief die Familie an, um anzuregen, dass Werner in die Neurologie gehöre. Der Vater sagte, er habe alles unter Kontrolle und legte den Hörer auf. Seine Mitbewohnerin arbeitete in Teilzeit als Assistentin eines Chefarztes und schilderte diesem die Situation. Dieser schlug die Hände über dem Kopf zusammen und riet, den Patienten zu verlegen. Aber wie? Der Chefarzt der Abteilung im Starnberger Krankenhaus hatte den Erste-Klasse-Patienten Werner fest unter Verschluss.

Nach über einer Woche änderte sich Werners Zustand immer noch nicht. Die Homöopathin und ich beschlossen, gegen Abend seine Krankenakte aus dem achtlos auf dem Stationsflur stehenden Rollwagen zu entnehmen, um uns Klarheit zu verschaffen. Meine Mitstreiterin – medizinisch gebildet – las vor, dass erst nach fünf Tagen Aufenthalt bei Werner ein CT (Computertomographie) angeordnet wurde.

Tage später stahlen wir noch einmal die Akte und lasen, dass der Patient zwei Hühnerei große Einblutungen im Stirnhirn hatte. Ich fragte, was das bedeute.

Die Homöopathin meinte, dass diese innerhalb von 24 Stunden hätten abgesaugt werden müssen, und nun sei alles zu spät und dass der arme Werner möglicherweise eine Behinderung davontragen würde. Ich konnte es nicht glauben!

Ich schaltete Werners Anwalt ein und schickte ihm einen schriftlichen Bericht über die Geschehnisse. Dieser fand einen freien Platz in der Unfallklinik Murnau. Aber es nutzte alles nichts. Werner blieb unter Verschluss im Starnberger Krankenhaus.

Die Homöopathin vereinbarte einen Termin beim ärztlichen Leiter des Krankenhauses, und sie wurde tatsächlich vom Herrn Professor empfangen. Dieser schaute sich die CT-Bilder Werners nochmal an und meinte, er könne seinem Kollegen der Inneren Abteilung keine Vorschriften machen. Möglicherweise werde sich aber eine Persönlichkeitsstörung bei dem Patienten einstellen. Nach diesem Treffen fragte ich die Homöopathin, was die Folgen einer Persönlichkeitsstörung sein könnten. Sie schaute mich sorgenvoll an, zuckte mit den Schultern und meinte, Werner würde wahrscheinlich nie wieder so sein, wie er mal war. Auf spätere Nachfrage, was denn eine Persönlichkeitsstörung sei und wie sich das zeige, erklärte mir ein Arzt und Psychotherapeut auf einfache Weise, dass eventuell Partikel des geronnenen Blutes im Hirn herumwandern und gewisse Störungen verursachen könnten. Die Funktion des Vorderhirns (Stirnhirn), wo die Einblutungen von Werner gemäß CT diagnostiziert wurden, beträfen Sinneswahrnehmung, geistige Wahrnehmung, willentliche Aktivität. Menschen mit einer solchen Schädigung im Vorderhirn können das soziale Verhalten, moralische Werte und das Verantwortungsbewusstsein verlieren und leiden häufig an Krampfanfällen (Epilepsie). Eine schauerliche Vorstellung, die ich kaum annehmen konnte.

*

In der Zeit nach seinem Unfall flog Werner öfter in die Türkei nach Izmir zu einem Kunden und brachte im Frühjahr 1993 eine Überraschung mit. Er habe sich in eine türkische Hotel-Rezeptionistin verliebt, und die hole er hierher in sein Haus, und dann würde alles gut werden.

Wir waren skeptisch, aber auch etwas erleichtert. Oder war es unsere Bequemlichkeit, das „Werner-Problem" weiterzuschieben an eine ahnungslose Türkin Mitte 30?

Ayfer kam, sah gut aus, konnte kaum ein Wort Deutsch und wähnte sich anfangs im Schlaraffenland. Werner bemühte sich, ihr die deutsche Sprache beizubringen, stellte uns ihr vor, doch waren wir nicht in der Lage, ihr die Situation zu schildern. Wenige Monate später heirateten die beiden. Von da an verlangte sie kategorisch, dass ich nicht mehr nach Werner schauen sollte und erteilte mir Hausverbot.

Werners Situation als frisch vermählter und verliebter Ehemann wurde leider nicht besser. Er trank mehr und mehr, war unkonzentriert, und sowohl seine private als auch die geschäftliche Situation entglitten ihm zusehends. Das Haus wurde ihm wegen Mietschulden gekündigt, er verlor den Führerschein, das Auto war demoliert, weil er gegen einen Gartenzaun gefahren war. Schließlich zog das junge Paar in eine Zweizimmerwohnung in einen kleinen Ort in der Nähe.

Werner arbeitete nur noch unregelmäßig, und ich wurde zur stillen Beobachterin. Nur Lotte, meine Mitarbeiterin, die nach wie vor Zugang zu Werners Firma hatte und nach dem Rechten schaute, informierte mich gelegentlich. Zu allem Überfluss war ein heftiger Rechtsstreit mit Werners Auftraggeber in Hannover eingeleitet worden. Werner verlor letztendlich die Klage. Eigentlich wollte ich nicht so viel über den raschen Abstieg meines besten Freundes wissen. Es tat mir alles unendlich leid, und ganz allmählich bekam ich ein Gefühl dafür, was eine Persönlichkeitsstörung bedeutete.

Wie tief muss die Enttäuschung von Ayfer gewesen sein, als sie langsam realisierte, in welches Chaos sie geschlittert war. Aus der Traum von einer sorglosen Zukunft mit Werner in Deutschland. Stattdessen war es Werner gewesen, der sich mit ihr instinktiv eine Art Strohhalm gesucht hatte, an dem er sich festhalten konnte. Aber diese Rechnung ging nicht auf. Ayfer war völlig überfordert, wollte aber gleichzeitig unsere Hilfe nicht annehmen.

Irgendwann kam der Zeitpunkt, an dem sie ihn hermetisch von der Außenwelt abriegelte. Die Bankschulden wuchsen, der Gerichtsvollzieher wurde ein ständiger Gast. Nur Werners Familie, seine Eltern und zwei

Schwestern, hatten Zugang zu ihm. Immerhin gelang es seiner Frau, aus dieser Familie stückweise eine beachtliche Summe zu erbetteln. Ob dieses Geld für Werners Geschäft, seine Gesundung oder den Lebensunterhalt verwendet wurde, stelle ich in Zweifel. Ich wusste aus sicherer Quelle, dass oft nicht genügend Essen im Haus war. Also packte ich „Care-Pakete" oder zu seinem Geburtstag einen Geschenkkorb. Ein Vertrauter aus unserem ehemaligen engen Umfeld lieferte die kulinarischen Gaumenfreuden unter einem Vorwand an Werner. Ein Tropfen auf den heißen Stein!

*

Im Jahr 1995 unternahm ich noch einmal einen Annäherungsversuch. Ich redete mit seiner älteren Schwester und dann ebenso mit Ayfer, die inzwischen ganz gut Deutsch sprach und einen Job in einem Hotel hatte.

Zu meinem Entsetzen war das Telefon schon lange gesperrt, der Strom nicht mehr bezahlt, Werners private Krankenversicherung gekündigt. Alles lag im Argen. Ich bat Ayfer eindringlich, mit mir zur zuständigen AOK Geschäftsstelle zu fahren, da man den kranken und nicht arbeitsfähigen Ehemann aufgrund ihrer sozialversicherungspflichtigen Anstellung bei ihr mitversichern lassen konnte.

Das war zunächst die Grundvoraussetzung für mein Vorhaben. Ich schlug Werners Schwester und Ayfer bei einem Treffen eine sogenannte geführte Intervention vor. Ich hatte Kontakt zu einem dafür in den USA geschulten Diplom-Psychologen. Ich bat einige ehemalige enge Freunde und Angehörige, an diesem sicher nicht leichten Unterfangen teilzunehmen.

Der Psychologe erklärte uns die Vorgehensweise und trainierte uns an zwei Abenden auf dieses Vorhaben. Jeder von uns sollte einen sehr persönlichen Brief an Werner schreiben, in dem klar zum Ausdruck kommen musste, welche positiven Erinnerungen wir an ihn hatten und warum wir uns so sehr wünschten, dass er die Hilfe annehme und wieder gesund würde. Folglich solle er jetzt und sofort mit dem Psychologen in eine Therapieeinrichtung fahren. Ein Bett in einer solchen Einrichtung wurde bereits vorher gebucht.

Es war alles vorbereitet, inklusive der Kostenübernahme durch die BFA. Werners Mutter erklärte sich bereit, die nicht unerheblichen Kosten von 4.000 Mark für diese Intervention zu übernehmen. Auch sie schrieb einen persönlichen Brief an Werner, den seine ältere Schwester vorlesen sollte, weil ihr selbst die Belastung einer derartigen Aktion zu hoch war.

Bei einer solchen Maßnahme wird der Betreffende zuvor nicht informiert. Es ist also eine Art Überraschungsangriff.

Leider stellte sich bei der Vorbereitung heraus, dass seine ältere Schwester ihm einen Tipp gegeben hatte. „Die haben etwas vor mit dir …"

Wir waren bestürzt und etwas demotiviert. Das könne die doch sehr aufwendige und teure Aktion gefährden, warnte der Psychologe damals.

Der Termin wurde für die frühen Morgenstunden am 23. Mai 1995 vereinbart. Wir fünf Personen trafen uns dort um sieben Uhr, läuteten und fanden Werner am Küchentisch vor. Er hatte eingenässt, war aber relativ klar im Kopf.

Wir führten diese intensive Motivation und Argumentation durch, lasen unsere Briefe vor mit der Prämisse, dass, wenn er nicht heute und jetzt mit dem Psychologen in diese Einrichtung ginge, wir alle den Kontakt zu ihm abbrechen würden (außer der Ehefrau). Es war eine große Anstrengung, und wir gaben unser Bestes.

Aber die gut vorbereitete und professionell geführte Intervention schlug fehl. Gegen Mittag brach der Psychologe das Gespräch ab. Es war einer der traurigsten Tage in meinem Leben.

*

Eine Woche später beendete ich, wie vereinbart, den Kontakt zu Werner.

Wenige Tage später besuchte er seine Mutter und seine Schwester und versprach, sich in ärztliche Behandlung zu begeben. Beide machten ihm unmissverständlich klar, dass sie für seine Schulden und seine Wohnung nicht mehr aufkommen würden, wenn er sein Versprechen bräche. Es galt das, was in unseren Briefen stand, die ihn offensichtlich doch beeindruckt und nachdenklich gestimmt hatten.

Doch es kam, wie es kommen musste. Er versäumte den ersten Arzttermin. Ende des Monats sollte ein neuer stattfinden mit der Erwägung, zu einer Entgiftung ins Krankenhaus zu gehen.

Ayfer, die inzwischen etwas Vertrauen zu mir und meinen Absichten in Bezug auf Werner gefasst hatte, bat mich wenige Wochen später, mit ihr einen Termin bei der Betreuungsstelle im Landratsamt wahrzunehmen. Ich stimmte zu und informierte den zuständigen Sachbearbeiter vorher schriftlich über den Fall. Wir baten ihn bei dem Gespräch um eine Zwangseinweisung in eine psychosomatische Einrichtung für Langzeittherapien (inzwischen heißt das Unterbringung).

Doch der Sachbearbeiter lehnte diese Maßnahme ab. Sie sei ohnehin meist erfolglos. Stattdessen schlug er vor, den Patienten in einer Psychiatrie unterzubringen.

Doch nichts dergleichen geschah. Ich nahm mich zurück. Seit Werners Unfall waren fast drei Jahre vergangen, ich lief gegen Windmühlen an, und meine eigene psychische Kraft hatte gelitten. Ich musste mich um mich selbst, meine Künstler-Agentur und weitere berufliche Projekte kümmern. Inzwischen hatte ich begonnen, Fachseminare für die Musik- und Veranstaltungsbranche zu schreiben und zu halten, und ich brauchte all meine Energie, dieser neuen Herausforderung gerecht zu werden.

Kapitel 4 – Der Neubeginn: Plötzlich steht der Werner da!

Es verging mehr als ein Jahr, in dem ich konzentriert an meinem neuen Geschäftsfeld als Referentin in der Musik- und Veranstaltungsbranche arbeitete. Die Nachfrage nach diesen Fachseminaren war enorm. Diese Tätigkeit machte mir großen Spaß. Wir Referenten in dieser neu gegründeten Akademie für Medien und Kultur waren gewissermaßen Pioniere auf diesem Gebiet. Meine Künstleragentur bestand nach wie vor, schließlich sollten diese Seminare sehr praxisnah gestaltet werden, was durch diese Doppelfunktion hervorragend gelang.

Im September 1996 fuhr ich am Vormittag zu meiner Bank nach Feldafing. Plötzlich und unerwartet stand Werner vor mir.

Etwas verschämt sprach er mich an. Ich begrüßte ihn freundlich. Er sah ein wenig runtergekommen aus, sein Gang war staksig, und seine Bewegungen wirkten wie spastisch. Die Haare waren zu lang, die Jeans viel zu groß und die Schuhe vorne mit Packband zusammengeklebt. Seine Brille fehlte auch. Aber er war nüchtern, klar im Kopf, und er freute sich, mich zu sehen. Ich sagte: „Werner, schön dich zu sehen. Wie geht es dir?"

Er erzählte, dass Ayfer ihn vor etwa drei Monaten verlassen und die Scheidung eingereicht hätte; nach genau drei Jahren Ehe, um einen deutschen Pass zu erhalten. „Ich lebe seit März wieder hier in Feldafing in einem Einzimmerappartement vom Zweckverband, etwa einen Kilometer vom Bahnhof entfernt."

Er hat wenigstens ein Dach über dem Kopf, dachte ich bei mir. Werner schlug vor, mir seine neue Wohnung zu zeigen. Er habe auch aufgeräumt und sei eigentlich auf dem Weg zur S-Bahn, um seine Mama in München zu besuchen.

Ich fragte ihn, wovon er lebe und was er mache. Er wich meiner Frage aus. „Manchmal kriege ich ein wenig Geld vom Sozialamt oder von meiner Mama."

Offensichtlich schienen seine früheren Auftraggeber alle weg zu sein. Ich fragte weiter, ob er etwas zum Essen zu Hause hat. Er verneinte. Einer der Gründe, warum er einmal in der Woche zu seiner Mutter fuhr, die ihm ein bisschen Geld zum Überleben gab.

Nun, ich entschied, dass wir erst einmal zu einem kleinen Supermarkt fahren und einkaufen würden.

Vor dem Geschäft wollte Werner nicht aussteigen. „Was ist los?", fragte ich.

Werner erklärte, dass er dort Hausverbot habe, weil er mal zwei Bier geklaut hätte. Ich bat ihn im Auto zu warten und ging allein.

Nachdem ich alles Notwendige eingekauft hatte, fuhren wir zu seiner Wohnung. Es sah tatsächlich relativ ordentlich und sauber aus. In der Küche stand sein runder weißer Esstisch mit drei Stühlen, auf der Anrichte ein Käfig mit einem Kanarienvogel. Spontan fragte ich: „Ja Werner, seit wann hast du denn einen Vogel ... oh, sorry." Sofort erkannte ich die Doppeldeutigkeit dieser Frage.

„Ja ja, Gaby – bei mir piepst es nicht nur im Kopf, sondern auch in der Küche", antwortete er schlagfertig und grinste mich ein wenig verlegen an.

Ich öffnete den Kühlschrank. In der Tat, dieser war gähnend leer. Wir packten die Tüten aus und Werner schien überaus glücklich über die leckeren Sachen und über die göttliche Fügung, sich mit mir unterhalten zu können.

Was bedeutet das Wort „Zufall", ging es mir durch den Kopf. Es fällt einem etwas zu – so wie dieses unerwartete Treffen mit Werner.

Ich schaute in den Kleiderschrank; auch der war ziemlich leer. Es hingen dort zwei Jeans, ein paar Hemden, und ich fragte: „Werner, wo ist denn all deine schicke Kleidung hingekommen?"

„Ich weiß nicht. Vieles ist verschwunden beim letzten Umzug, und Ayfer hat das meiste aussortiert und mitgenommen in ihre neue Wohnung." Traurig fügte er hinzu: „Meine SAT-Schüssel, der Receiver und das Fernsehgerät sind auch weg."

Aber seine Waschmaschine hatte er gerettet, die stand im Bad. „Gaby, ich habe nicht einmal mehr eine Klobürste", sagte er sarkastisch.

Ich musste lächeln. „Oh Werner, wenn das dein einziges Problem ist, wäre es schön …"

Es gab kein Fremdeln zwischen uns, nach wie vor herrschte diese tiefe Vertrautheit, als ob nichts geschehen wäre. Er erzählte, dass sich all seine Bekannten und sogenannten Freunde verabschiedet hätten und einzig der Kontakt zu seiner Mama bestünde. „Ich bin ganz allein, Gaby, und das macht mich sehr traurig. Die vielen, denen ich früher geholfen habe, sind alle verschwunden. Aber ich gehe immer am Dienstag zum Pfarrer, da kriege ich zwei Mark und kann mir ein paar Semmeln und billige Wurst im Supermarkt holen."

Ich war entsetzt und gleichzeitig tief berührt. Er, der hochbezahlte IT-Spezialist, geht zum Pfarrer für zwei Mark! Aber ich wusste, Werner konnte früher schon mit ganz wenig auskommen, ohne sich zu beklagen. Da war sie wieder, diese „Leichtigkeit des Seins", die ich schon immer so sehr an ihm bewundert hatte und die in den folgenden Jahren unser Begleiter sein sollte. Selbst im Dasein in einer anderen Dimension durfte Werner dieses Attribut behalten.

Nach einer Stunde des intensiven und sehr ehrlichen Austausches brachte ich ihn zum S-Bahnhof für den Besuch bei seiner Mama. Ich bat ihn um seine Postanschrift und versprach, mich in der nächsten Woche per Brief zu melden, weil er kein Telefon hatte.

*

Nachdenklich fuhr ich nach Hause. Am Abend dieses bedeutsamen Tages verfasste ich einen Brief, in dem ich Werner fragte, ob er mir unten im Souterrain den Hobbyraum, der mir als Rückzugsinsel diente, streichen wolle. Natürlich gegen Bezahlung. Ein paar weitere Reparaturen würden auch anstehen, die er gerne ausführen könne. Ich legte ihm ein frankiertes Rückantwortkuvert bei.

In den folgenden Tagen gingen mir tausend Gedanken durch den Kopf. Grundsätzlich kann ein Unfall mit solch fatalen Folgen jedem von uns passieren! Eine Unachtsamkeit, ein Sturz mit dem Fahrrad, ein Fall von der Leiter bei Hausarbeiten oder ein ähnliches Szenario wie bei Werner kann sich jederzeit abspielen.

Bei Werner kam natürlich noch seine Alkoholabhängigkeit hinzu. Doch trotz aller Bedenken entschloss ich mich, ihm eine Chance zu geben. Nach diesen langen Jahren der Freundschaft, der gegenseitigen Hilfe und der Zuneigung flüsterte mir mein Verantwortungsgefühl zu, diese Aufgabe anzunehmen und dafür zu sorgen, dass der klappernde und zaundünne Werner sich regelmäßig etwas zum Essen kaufen konnte und mit dem Notwendigsten versorgt war. Außerdem wollte ich herausfinden, was denn in seinem Hirn noch an Wissen vorhanden war, über welche seiner vielen Talente er noch verfügte und was es mit der damals angekündigten Persönlichkeitsstörung auf sich hatte. Nur eine Beschäftigung gegen geringe Bezahlung oder gegen Naturalien hier bei mir konnte mir Aufschluss geben. Ich war wirklich sehr gespannt und verspürte einerseits eine Mischung aus Freude und Pioniergeist und andererseits eine gewisse Skepsis.

Kapitel 5 – Die neue Aufgabe

Die folgende Periode wird so authentisch wie möglich geschildert. Diese Situation zeigt uns, wie viel positive Energie wir als Gesunde, aber eben auch als kranke Menschen mobilisieren können, wenn wir etwas wirklich wollen und wenn es uns gelingt, eine Zielsetzung zu formulieren, die erreichbar ist.

In der Woche darauf fand ich tatsächlich einen handgeschriebenen Brief von Werner vor, in dem er freudig mitteilte, dass er mir gerne helfen wolle. Wie ich ja schon erwähnte, war Werner schon immer ein sehr geschickter und talentierter Handwerker und Bastler gewesen. Ich war gespannt, ob er dieses Talent noch besaß, nach allem was passiert war. In meinem Brief hatte ich ein paar Bedingungen gestellt, was seinen Alkoholkonsum anging.

Ich antwortete mit ein paar Zeilen, dass ich mich freue und seinen Anruf erwarten würde. Dem Brief legte ich eine Telefonkarte für den öffentlichen Fernsprecher bei.

Tatsächlich rief er mich an und bestätigte unser Treffen. Ich freute mich, dass Werner mein Zuhause verschönern wollte. Und er freute sich offensichtlich, wieder etwas Sinnvolles tun zu dürfen. Ich bot ihm eine pauschale Aufwandsentschädigung an, um notwendige Lebensmittel kaufen zu können und er nahm das Angebot dankend an. Werner gab mir am Telefon durch, was er an Materialien benötigen würde, und bald konnten wir motiviert starten!

Tatsächlich – Werner war pünktlich am Treffpunkt. Und er war nüchtern. Er hatte eine Stofftragetasche dabei, angeblich mit Werkzeug. In der Wohnung schaute ich nach. Ja, es war Werkzeug drin – und drei Flaschen Bier.

Ich erklärte ihm, dass das so nicht verabredet war. „Leider bin ich alkoholabhängig und das Bier ist für meine Sicherheit, falls der Suchtdruck zu groß wird", erklärte er beflissen.

Es leuchtete mir zwar ein, aber recht war es mir nicht. „Und wie willst du die Arbeiten ohne deine Brille erledigen?", wollte ich wissen.

„Das geht schon. Ich bin schließlich kurzsichtig und kann deshalb Objekte in der Nähe gut erkennen."

Werner war all die vielen Jahre unserer Freundschaft immer sehr ehrlich zu mir gewesen, und deshalb glaubte ich ihm. Es war beinah so wie früher. Aber eben nur beinah!

Wir begannen, unten die Möbel von der Wand zu räumen, die Bilder abzuhängen und den Boden abzudecken. Werner war zwar langsam, aber fachmännisch und sehr bemüht. Er rührte die Farbe an und ging an die Arbeit.

Ich beobachtete ihn. Er schien okay zu sein. Erleichtert ging ich hoch in mein Büro. Ab und zu schaute ich nach ihm; die drei Flaschen Bier waren noch geschlossen, und Werner arbeitete. Seine Hände waren ruhig, aber die Bewegungsabläufe schienen etwas „eckig".

Zwischendurch kam er hoch zu mir. Wir saßen in meiner Küche, tranken Kaffee und redeten. Er schien sehr zufrieden, endlich wieder etwas tun zu dürfen, was ihm lag. Es war, als ob er so etwas wie Hoffnung und Freude zugleich empfand über seine Hände, die ihm gehorchten und über die Tatsache, dass seine handwerklichen Fähigkeiten noch weitgehend vorhanden waren.

Am späten Nachmittag brachte ich ihn zurück zum Bahnhof. Die drei Flaschen Bier waren immer noch verschlossen. Wir verabredeten uns für den nächsten Morgen. Wieder war er pünktlich.

Wir zogen diese Art Arbeitstherapie die ganze Woche durch, und am Sonntag machten wir Pause. Werner wollte seine Mama besuchen, um ihr von der guten Woche zu berichten und davon, dass er wieder etwas arbeiten durfte.

Am Montag holte ich ihn morgens ab. Wie die Woche zuvor hatte er seinen Stoffbeutel dabei. Er blieb bis zum Nachmittag. Natürlich arbeitete er nicht durchgehend, sondern suchte immer wieder den Kontakt zu mir oben im Büro. Aber das war völlig okay für mich.

*

Werners Körperpflege ließ etwas zu wünschen übrig. So bat ich ihn, sich in meinem Bad zu waschen und schlug vor, seine Haare ein wenig zu kürzen. Er wusste, ich hatte etwas Übung in solchen Dingen.

Hinterher waren wir mit unserem Werk sehr zufrieden. Werner sah ein Stück kultivierter aus und er, der früher stets sehr gepflegt war, genoss es sichtlich, schaute dauernd mit frohem Blick in den Spiegel, und sein Selbstvertrauen war um ein weiteres Stückchen gestärkt.

Als er mit den Malerarbeiten fast fertig war, beschlossen wir, dass er auch noch die Naturholzregale im Hobbyraum mit Klarlack überziehen sollte und verabredeten einen Besuch im Baumarkt. Werner war sichtlich erfreut, er war seit Jahren in keinem solchen Laden gewesen. „Ich bin so froh, Gaby. Meine Hände gehorchen mir, und es ist vielleicht noch nicht alles verloren."

Ich war gerührt und dachte, ja, er hat eine Chance verdient.

Das Arbeits-Experiment war ein kleiner erster Erfolg. Werner hatte weitere acht Tage durchgehalten, wenn auch mit vielen Pausen. Aber er hatte gearbeitet. Außer an einem einzigen ziemlich wackeligen Tag – bereits am Morgen war er alkoholisiert – war er stets pünktlich am Treffpunkt, schaute auf sein Äußeres und gab sich große Mühe, die Aufgaben ordentlich auszuführen. Ich schöpfte Hoffnung. Es war ein erster kleiner Schritt, wieder Struktur in sein Leben zu bringen. Ich wurde sogar etwas euphorisch und bildete mir tatsächlich ein, dass der begabte Werner mit meiner kleinen Beschäftigungstherapie, einer großen Portion Motivation und der gegenseitigen Unterstützung in einem halben Jahr wieder fit genug sein würde, seinem schweren Schicksal die Stirn zu bieten.

Wenig später überraschte ich ihn damit, dass ich ihm eine neue Brille besorgte. Als er sie dann zum ersten Mal trug, war er fast außer sich vor Freude. „Gaby", sagte er strahlend, „endlich kann ich wieder die andere Straßenseite sehen!"

Im Hinterkopf hegte ich die Hoffnung, dass die neu erworbene Brille auch den Blick auf sein Leben schärfen möge, um die weiter notwendigen Schritte auf dem Weg in eine bessere Zukunft anzugehen.

Ich habe Werner nie als „schäbigen" Alkoholiker angesehen oder seine geistigen Fähigkeiten angezweifelt. Die waren lediglich verschüttet ob des Unfalls und den daraus resultierenden Folgen.

Es galt also, Werner zu motivieren, zu coachen und ihm zu vertrauen, um seine Talente wieder freizuschaufeln. Und jene, die tatsächlich abhanden gekommen waren, mit Gelassenheit zu verabschieden um in den IST-Zustand zu kommen und die Situation so zu akzeptieren wie sie war.

Kapitel 6 – Das Experiment: die „Beschäftigungstherapie"

Unser Zweierteam spielte sich ein. Ich versuchte eine Wochenstruktur in dieses Unterfangen zu bringen. Werner und ich verabredeten, dass ich einmal die Woche am Vormittag zu ihm nach Hause komme, um gemeinsam zu frühstücken und um Lebensmittel für ihn einzukaufen. Ich motivierte ihn, wieder vorausschauend zu planen und einen Einkaufszettel zu schreiben. Mindestens einmal die Woche sollte er bei mir arbeiten und am Samstagvormittag konnten wir in Starnberg Besorgungen machen und anschließend einen Cappuccino trinken – wie früher. Und möglichst jeden Sonntag wollte Werner seine Mama in München besuchen.

Damit hatten wir ein engmaschiges Betreuungsnetz organisiert und Werner war nur wenige Tage allein. Trotz der gesamten Vorgeschichte hatte ich Vertrauen in ihn und sprach das auch an. Wir kamen überein, dass ich seinen Arbeits- und Zeitaufwand bei mir in einer Liste erfasse, in die er Einblick hatte. Die Vergütung wollte ich ihm allerdings nicht in bar auszahlen, sondern auf einem imaginären Guthabenkonto sammeln. Werner war einverstanden; er schien seine Schwächen zu kennen.

Von diesem Entgelt kauften wir Lebensmittel, zahlten kleine Schulden in Raten ab, und er bekam bei jedem unserer Treffen oder nach Bedarf eine Art Taschengeld, um sich Tabak oder seine geliebte Schokolade (und wahrscheinlich auch das ein oder andere Bier) kaufen zu können. Diese mündliche Vereinbarung galt bis auf Weiteres und war an die Bedingung geknüpft, sich in ärztliche Behandlung zu begeben. Das Ziel sollte eine Therapie sein.

Natürlich führte ich Buch über seine Arbeiten und sein Guthaben beziehungsweise das Geld, welches er von mir erhielt. Auf diese Art sollte Werner lernen, stückweise wieder die Verantwortung für sich selbst zu übernehmen. Ich führte zusätzlich ein Protokoll über seine „guten Tage" und die im Vergleich zu den letzten Jahren weniger werdenden „schlechten Tage". Auch dieses Protokoll sahen wir uns gemeinsam regelmäßig an.

*

In den ersten Wochen des neuen Miteinanders gab sich Werner große Mühe. Ich merkte, wie viel Kraft und Disziplin ihn das kostete. Immer wieder beschlich mich die Angst, dass die Verbesserung nur eine Illusion sein könnte. Werner ging es genauso. Denn er wusste ja, dass ich ihn aus seinen guten Zeiten kannte.

Manchmal legte ich dieses Argument in die Waagschale. Ich erinnerte ihn an die Zeit, in der er als hilfsbereiter, adretter, intelligenter und gut aussehender junger Mann durchs Leben ging. Als ein Mann, dem keine Mühe zu viel war. Ich bat ihn, daran anzuknüpfen und sich die alten Bilder ins Gedächtnis zu rufen, ich erzählte ihm Anekdoten aus diesen Zeiten. Auch sprach ich davon, dass, wenn er sein Problem in diesem Leben nicht löse, er den ganzen Schlamassel mit in ein weiteres Leben nehmen würde. Wir hatten ja dieses Thema „Was kommt danach" in den vielen Jahren unserer Beziehung immer wieder diskutiert. Aber natürlich war auch mir als Laie klar, dass ein kalter Entzug bei Suchtkranken nicht funktionieren würde und dies darüber hinaus gefährlich sein könnte.

Erstaunlich war, dass an den sich häufenden „guten Tagen" keinerlei körperliche Entzugserscheinungen zu entdecken waren. Ich beobachtete Werner ziemlich genau. Keine zittrigen Hände, kein Unwohlsein, keine Kopfschmerzen, keine Unruhe. Also keine Symptome, die ich als Nichtfachfrau einem Alkoholiker zuordnen würde, der tagelang auf sein tägliches Quantum verzichtete.

Ebenfalls merkwürdig erschien mir, dass ein Mensch, der mittlerweile an den Alkoholkonsum gewöhnt war, an seinen „dunklen Tagen" bereits nach relativ wenig Alkohol „out of order" und völlig desorientiert für die nächsten zwölf Stunden war.

Aus meiner Erfahrungen mit anderen Menschen war das nicht die normale Karriere eines Alkoholikers, und ich stellte die Diagnose „Alkoholiker" mehr und mehr infrage. Werner nahm zu diesem Zeitpunkt keine Medikamente, er war schon lange nicht beim Arzt gewesen. Eine Doppelwirkung – Alkohol und Medikamente – konnte es somit nicht sein. Waren das also die Folgen der Kopfverletzung? Oder war seine Leber bereits zerstörter als gedacht? Oder war gar beides der Fall?

Doch alles Grübeln half nichts – wir mussten einfach weitermachen. Ich gab Werner Aufgaben, die er in seiner Wohnung erledigen konnte. Seine beiden teuren Schreibtische mit Hängeschubladen und Stahlrohrfüßen lagen in Einzelteilen im Hausflur. Der Keller war ein einziges Chaos, und wir räumten gemeinsam auf. Welch eine Metapher! Im wahrsten Sinne des Wortes: Wir schafften Ordnung! In seinem Keller, in seinem Appartment, in seinem Leben – und vielleicht auch in seinem Kopf!

Er hatte kein Bett, also brachte ich ihm aus meinem Bestand ein zusammenklappbares Gästebett mit Lattenrost und neuer Matratze. Und ich besorgte eine Inkontinenzauflage, denn auch diese Erschwernis war eine Spätfolge des Unfalls.

In seinem bis oben hin zugestopften Kellerabteil fanden wir die Teile eines alten Bücherregals, und er baute sich eine kleine Garderobe im Flur.

Mit zunehmender Wohnqualität steigerten sich seine Zuversicht und sein Lebensmut. Wunderbar! Es scheint ein Gesetz des Lebens zu sein, dass im größten Unglück der Himmel oder das Universum einem die notwendigen Helfer schickt.

Einer dieser Helfer war zweifelsohne Frau Käthe Thieler, seine direkte Nachbarin im ersten Stock. Sie war eine ehemalige Krankenschwester, etwa Mitte 70, robust, unerschrocken und mit einer großen Portion Zivilcourage ausgestattet. Sie pflegte ihren kränkelnden Mann und erklärte sich sofort bereit, ein Auge auf Werner zu haben. Wir fanden sofort einen guten Draht zueinander und verabredeten, dass sie einen Wohnungsschlüssel von Werner bekam. Ich war wirklich froh, denn endlich hatte ich eine Verbündete und einen wichtigen sozialen Kontakt für Werner in dessen unmittelbarer Nähe gefunden.

Kapitel 7 – Das finanzielle Desaster

Es war Anfang Oktober 1996, seit gut vier Wochen versuchte ich herauszufinden, wie stabil oder instabil Werner war. Und vor allem, welche seiner Fähigkeiten trotz nicht behandelter Kopfverletzung und angeblichem Alkoholismus noch vorhanden waren. Ich fragte ihn, ob er sich zutraue, meine relativ große Wiese zu mähen. Er stimmte zu.

Als ich ihn abholte, hatte er eine große Plastiktüte dabei. „Was ist das?", fragte ich.

„Das ist meine Post der letzten Monate", antwortete er. „Ich traue mich nicht, sie zu öffnen …"

In meinem Garten machte sich Werner mit dem Rasenmäher an die Wiese. Es fiel ihm sichtlich schwer, und er brauchte viele Verschnaufpausen bei dieser körperlichen Anstrengung. Ich bearbeitete derweil den riesigen Stapel ungeöffneter Post, und allmählich zeigte sich mir das ganze Ausmaß der finanziellen Katastrophe. Es gab Unmengen von Mahnungen diverser Inkassobüros, Forderungen von Lieferanten, es gab Schreiben von der Staatsanwaltschaft wegen Schwarzfahrens mit der S-Bahn. Und das Schlimmste von allem: Der Zweckverband hatte sein Appartment gekündigt! Die Schulden betrugen über zweitausend Mark!

Ich musste tief durchatmen und fragte mich, worauf ich mich hier nur eingelassen hatte. Eines war mir sofort klar: Wir mussten die Wohnung sichern, sonst waren alle Anstrengungen umsonst und Werner landete in einer Obdachlosenunterkunft oder auf der Parkbank.

Kurzerhand redete ich mit ihm. Ich erklärte ihm, dass ich eine Aufstellung über alle Forderungen erstellen würde, um Prioritäten zu setzen. Am nächsten Morgen gingen wir die Liste der Gläubiger durch, und ich merkte, dass auch Werner sich des Ernstes der Lage bewusst wurde. Es war klar, dass wir dieses Chaos nur würden ordnen können, wenn er regelmäßig – und sei es nur für ein paar Stunden – arbeitete.

Als erste Sofortmaßnahme rief ich Werners Vermieter, den Zweckverband, an. Ich erklärte der sehr verständnisvollen Sachbearbeiterin, wer ich war, welche ehrenamtliche Funktion ich in diesem Fall innehatte, und dass ich sofort 400 Mark überweisen würde. Innerhalb einer Woche wollte ich sie schriftlich darüber benachrichtigen, wie der Mietrückstand abbezahlt werden könne. Damit konnten wir den Wohnungsverlust zunächst verhindern.

Ebenfalls schrieb ich der Staatsanwaltschaft in Werners Namen einen Brief und bot eine Ratenzahlung von 50 Mark pro Monat an. Alles, um eine etwaige Haftstrafe zu vermeiden. Als nächstes setzte ich mich telefonisch mit Werners Noch-Ehefrau in Verbindung und verabredete mich mit ihr zu einer Besprechung.

Nach und nach informierte ich alle seine Gläubiger und erklärte die Situation, wie sie nun einmal war. Der Schuldner ist mittellos, das Bankkonto wurde von der Bank gepfändet, die Wohnung war gekündigt, und ein Sozialhilfeantrag musste erst noch gestellt werden.

Mir wurde klar, dass meine Hilfestellung längere Zeit in Anspruch nehmen würde. Darum gab ich Werner zu verstehen, dass dieser Aufwand nur Sinn mache, wenn er mich mit einer Art Vollmacht ausstattete, um in seinem Namen agieren zu können. Er war einverstanden.

Einige Tage später traf ich Ayfer, erklärte ihr die Situation mit der gekündigten Wohnung und nahm sie in die Pflicht. Schließlich hatte auch sie dort gewohnt, hatte ihm die Wohnung ausgeräumt und auch noch das

Auto mitgenommen. Sie willigte ein, 500 Mark an den Zweckverband zu überweisen.

Mein nächstes Treffen mit Werner war in der darauf folgenden Woche in seiner Wohnung. Wir gingen die Gläubigerliste nochmals durch. Ich teilte ihm das Ergebnis meiner Besprechung mit Ayfer mit und dass die Gefahr, die Wohnung zu verlieren, zwar nicht gebannt sei, jedoch ein Aufschub gewährleistet war, sofern wir immer wieder in Abständen kleine Ratenzahlungen leisteten. Das wiederum bedeutete, dass Werner stundenweise arbeiten musste.

Später fuhren wir zum Supermarkt einkaufen. Toll, Werner hatte zum ersten Mal einen Einkaufszettel geschrieben. Wieder ein kleiner Schritt auf dem Weg, Struktur in sein Leben zu bringen. Es waren genau diese kleinen Schritte, die auf seinem Weg zählten!

Ich bat ihn an diesem Tag, mir ein Vogelhäuschen für den Vorgarten zu bauen, weil der Winter vor der Tür stand. Ohne es zu diesem Zeitpunkt zu ahnen, sollte ihm genau diese Beschäftigung noch viel Lob, große Freude und vor allem Selbstvertrauen bis an das Ende seiner irdischen Tage bescheren.

*

Er fertigte die Tage darauf eine genaue Zeichnung an, so wie er es gelernt hatte und fragte mich eine Woche später, ob ich mir das so vorstelle. „Prima, Werner! Dann fahren wir am kommenden Samstag in eine Schreinerei in Starnberg und besorgen billige Holzabfälle", antwortete ich.

Fabelhaft, das machte ihm Spaß. Und ich war froh, eine weitere Beschäftigung für ihn gefunden zu haben.

Erleichtert stellte ich fest, dass seine handwerklichen Fähigkeiten auch in diese Richtung vollkommen erhalten geblieben waren.

Werner machte sich mit Eifer an die Arbeit, die er gut zu Hause verrichten konnte. Er war aktiv und konnte der immer wieder aufkeimenden Depression und der damit verbundenen Tatenlosigkeit der letzten Jahre entfliehen. Schließlich hatte er einen Auftrag, ähnlich der früheren Situation, als er gut dotierte Aufträge im Softwarebereich von zu Hause aus erledigt hatte. Dieses Arbeitsmuster schien noch verankert in seinem Kopf.

Das Vogelhäuschen war zweckmäßig, solide und gut gelungen. Ich lobte ihn sehr, und Werner bekam Lust auf mehr. Aus den restlichen Holzabfällen baute er für sich auch eines, befestigte es an seinem Balkon und freute sich über die gefiederten munteren Gesellen, die sich dort einfanden, um ein paar Körnchen zu ergattern.

Bemerkenswert fand ich, wenn ich ihn bei der Arbeit beobachtete, dass seine Hände ganz ruhig waren. Und nach wie vor besaß er diese unglaubliche Fingerfertigkeit und Geduld, die ihn schon früher ausgezeichnet hatten, um mit einfachen Mitteln Wunderwerke anzufertigen.

Das bemerkten auch seine beiden Nachbarinnen, Frau Thieler nebenan und die Dame unter ihm im Erdgeschoss. Sie bestellten jeweils ein Vogelhäuschen. Prima, Werner bekam die ersten kleinen Aufträge aus seiner unmittelbaren Umgebung, und die Damen gaben ihm sogar 20 Mark für jedes Vogelhäuschen. Das war in der Tat ein Erfolgserlebnis, ich freute mich für Werner, und er war eifrig und bemüht. Es kehrte ein Stück Normalität in sein Leben zurück. Das tat ihm sichtlich gut.

Früher hatten wir den Begriff Norm, abgeleitet von „Normalität", öfter kritisch beleuchtet. Sind es von tausend Menschen die 990, die in bestimmten Situationen die gleichen Handlungen folgen lassen? Oder sind es die verbleibenden zehn, die auf die gleiche Situation anders reagieren? Wer von diesen beiden Gruppen ist „normal", fragte ich mich. Angesichts der momentanen Umstände stellte ich fest, dass eine etwas spießerhafte alltägliche Lebensweise wie einkaufen, im Café sitzen oder ein Friseurbesuch einen aus den Angeln gehobenen Menschen doch sehr wohltuend erden können, wenn eben diese stützende Normalität einkehrt.

Zufällig fand ich beim Abholen einer Fachbuchbestellung ein Buch über den Bau ausgefallener Vogelhäuschen, um nicht zu sagen „Villen für Vögel". Kurzerhand nahm ich das Buch als Geschenk für Werner mit.

Er war total begeistert. Ich ahnte zu diesem Zeitpunkt nicht, dass genau dieses Buch eine außerordentliche Hilfe und einen unschätzbaren Stellenwert in seinem Leben einnehmen sollte. Ja, ganz richtig! Dieses Buch bewirkte Wunder in Werners sorgenvoller Situation! Die kreativen Anregungen und Bauanleitungen beflügelten seine Fantasie, trainierten seine eh schon vorhandene Fingerfertigkeit und sollten seine künstlerische Neigung stärken. In den folgenden Jahren baute Werner unzählige ausgefallene Vogelhäuschen, die einen glücklichen Besitzer finden sollten und verbrauchte Tonnen von Holzleim, Alleskleber, kleinen Nägel und Schrauben, Strohhalme für die Dächer und jede Menge Holzplatten. Wenn er gelobt wurde ob seines kreativen Talents und seiner Geschicklichkeit, kommentierte er „na, dann bin ich eben jetzt der Vogelhäuserl-Werner und nicht mehr der IT-Goldmann", und lächelte glücklich und entspannt. Dieses Buch steht heute, Jahrzehnte später, bei mir an einem Ehrenplatz.

In den folgenden Wochen bemühte Werner sich tapfer, bei mir und bei sich zu Hause stundenweise zu arbeiten und wenigstens am Tag nüchtern zu bleiben und seine Wohnung und sich selbst zu pflegen. Es kostete ihn zwar Kraft, aber es gab ihm Auftrieb, denn auch er bemerkte die positiven Veränderungen.

Um diesen Zustand beizubehalten, durchkämmte ich Haus, Keller und Garten auf der Suche nach immer neuen Beschäftigungen für ihn. Alles war recht, vom Fensterrahmen lasieren und Gartenzaun anstreichen bis zum Ausbessern von Rostflecken am Auto. Werner war froh, sinnvolle Aufgaben zu haben und mir zu helfen.

Trotzdem kamen immer wieder Tage mit Totalausfällen, an denen er das Unverständnis über seinen Zustand und seine unendliche Traurigkeit mit Alkohol zu betäuben versuchte. Er war dann sehr depressiv, weinte herzzerreißend, verstand nicht, wie es so weit hatte kommen können und fragte immer wieder: „Gaby, warum bin ich jetzt so?"

Dann versuchte ich sachlich die Ursache und die Folgen seines Unfalls zu erklären. Er schaute mich nur ungläubig an und konnte es nicht annehmen. Noch nicht.

Ich verstand seine Reaktion sehr gut. Wenn der Fall umgekehrt gewesen wäre und Werner würde mir erklären wollen, dass aufgrund einer nicht behandelten Kopfverletzung mein Hirn nicht mehr ganz im Takt sei – ich würde es wahrscheinlich auch nicht geglaubt haben.

Werner lebte zu diesem Zeitpunkt in seiner eigenen Realität, wie übrigens viele psychisch Kranke, was ich später lernen sollte. Über seine nette Nachbarin konnten wir die Kommunikation per Telefon aufrecht erhalten. Frau Thieler war es auch, die bei solchen Aussetzern nach ihm schaute, ihn tröstete, seine Hand hielt und aufpasste, dass er nicht ziellos herumstreunte. Ab und an brachte sie ihm eine warme Mahlzeit. Und wenn es gar zu schlimm war, rief sie mich an und ich fuhr rüber nach Feldafing. Posthum sende ich dieser tapferen Dame, die mit einer großen Portion Empathie und einem weiten Herz ausgestattet war, meine große Hochachtung in die andere Welt. Sie war uns eine große Hilfe.

*

Am 20. Oktober, einem Sonntag, war Werners 42. Geburtstag. An diesem Wochenende hatte ich mein Patenkind Pia und deren Freundin aus Westfalen zu Besuch. Beide waren damals 16 Jahre jung. Einige Tage zuvor hatte ich Werners Noch-Ehefrau gebeten, ihn abzuholen und gemeinsam zu mir zum Mittagessen zu kommen. Es wurde ein wunderschöner Nachmittag. Die Mädchen gackerten herum und sorgten für eine entspannte Atmosphäre. Für Werner war es ein bedeutsamer Tag. Wir appellierten alle an ihn, diesen Geburtstag als Zeichen einer Veränderung oder eines Neubeginns zu sehen. Ich machte Fotos, Werners Gesichtsausdruck war so entspannt wie lange nicht mehr. Freudig packte er unsere kuriosen Geschenke aus: einen Wecker von Ayfer, damit er unsere Verabredungen nicht verschläft, eine schön verpackte Klobürste samt Halterung von mir, ein paar feste und wasserdichte Winterschuhe und etliche süße Leckereien.

Für den nächsten Mittag waren wir für ein paar kleine Arbeiten verabredet, und Werner war sehr gut drauf. Wie schön und einfach könnte es doch alles sein, dachte ich. Wäre da nicht dieses Damoklesschwert gewesen, das permanent über Werners Haupt schwebte.

Werner befolgte unsere Abmachungen und half mir, so gut er konnte, den Garten winterfest zu machen. Er suchte und fand weitere kleine Reparaturen im Haushalt – vom Entkalken der Wasserhähne bis zum Lasieren der Fenster. Immer wieder sagte er: „Gaby, du brauchst einen Hausmeister", und wir lachten. „Ja, Werner", antworte ich, „du bist ja jetzt dafür zuständig, und ich bin total froh darüber."

*

Trotz Krankheit, trotz körperlichem Handicap und trotz Chaos in seinem Leben und in seinem Kopf – er hatte endlich wieder das Gefühl, gebraucht zu werden, gepaart mit dieser tiefen gegenseitigen Wertschätzung, und es blitzte ganz zaghaft eine Art von Glücklich-Sein durch, was Werner lange Jahre vermisst hatte.

Er hielt unsere Verabredungen stets ein. Erstaunlich, denn selbst an den „schlechten Tagen" war er pünktlich am Treffpunkt. Wenn ich ihn an solch einem Tag dann gleich wieder heimfuhr, war er keineswegs beleidigt. Es fiel mir jedoch immer wieder auf, dass sein Vokabular und seine gepflegte Sprache sich in diesem Zustand völlig veränderten. Er gebrauchte Worte, die ich von ihm nicht kannte, sein Gesichtsausdruck war verzerrt, tiefe Falten gruben sich plötzlich um seine Mundwinkel, und selbst seine Mimik und Gestik waren verändert. Mir gegenüber saß ein Fremder. Sehr seltsam. Es erinnerte mich an die Geschichte von „Dr. Jekyll und Mr. Hyde".

Ich suchte für mich nach einer Erklärung und so absurd es klingen mag, ich hatte den Eindruck, dass Werner in diesen Phasen wie von einer fremden Wesenheit besetzt war. Einer Seele, die ihren Weg ins Licht noch nicht gefunden hatte und zu Lebzeiten in keinen guten Verhältnissen gelebt haben musste. Von diesen Eindrücken erzählte ich meiner guten Freundin Sandra, die einen Esoterikladen betrieb, sehr belesen war und sich mit solcher Thematik befasste. Sie drückte mir ein Buch in die Hand mit den Worten „Da, lies das."

Ein amerikanischer Mediziner und Wissenschaftler beschrieb darin, dass es gerade bei Patienten mit Hirnverletzungen und Schizophrenie vorkommen kann, dass sie eine höhere Durchlässigkeit aufweisen und von verstorbenen Seelen besetzt werden, die einen „Wirt" suchen, um weiter ihr irdisches Unwesen treiben zu können.

Oh mein Gott, dachte ich und legte das Buch nach 30 Seiten erst einmal beiseite.

Trotzdem klangen die Schilderungen des Autors plausibel, wurden durch viele medizinische Untersuchungen belegt und gingen mir nicht mehr aus dem Kopf. Schauerlich, dieser Gedanke. War das auch bei Werner der Fall? Sollte ich etwa eine „Teufelsaustreibung" initiieren? Ein unmöglicher Gedanke!

Ich erinnerte mich, dass auch unser väterlicher Freund Doktor Otto Heynig damals von solchen Phänomenen aus seiner Praxis als Psychologe berichtet hatte. Obwohl ich viel darüber gelesen hatte, dass unsere Seele durchaus weiter existieren wird, hielt ich eine solche Theorie für ungeheuerlich. In meiner laienhaften Vorstellung kam ich auf die Idee, irgendwelche Rituale durchzuführen, wie beispielsweise Werners Stirn regelmäßig mit Weihwasser einzureiben, ein Kruzifix in seiner Wohnung aufzuhängen oder wenigstens ein paar Engelsfigürchen zu platzieren. Vielleicht etwas grotesk, aber schaden konnte es ja schließlich auch nicht.

Wie recht ich mit meiner Befürchtung haben sollte, ahnte ich damals noch nicht …

Zu dieser Zeit fragte ich mich immer öfter: „Wie geht es mir eigentlich bei der ganzen Sache?"

Ich befand mich in einem ständigen Szenenwechsel. Hier war mein bester Freund, der in jeder Beziehung ums Überleben kämpfte und sich über jede Kleinigkeit und Hilfestellung freute. Auf der anderen Seite bewegte ich mich in der Glitzerwelt des Showbusiness mit all ihren Attributen, die den Menschen dort zu eigen sind. Vom Egozentriker bis zum Hochstapler, vom Manisch-Depressiven bis zum Euphoriker findet sich jegliche Couleur. Alles in allem sehr irritierend. Ich wandelte wie im Spagat zwischen zwei Welten, die unterschiedlicher nicht hätten sein können, aber trotzdem Parallelen aufwiesen. Allerdings hatte sich meine durchaus bereits vorhandene Toleranzgrenze durch den langen Umgang mit dem Künstler-Klientel um ein Vielfaches erhöht. Das kam Werner nun zugute.

Meine Mutter hatte mir beigebracht, dass es keinen Unterschied macht, ob jemand arm oder reich ist, ob man eine schwarze oder weiße Hautfarbe hat oder welche Religion jemand ausübt. Sie sagte: „Vor Gottes Angesicht sind alle gleich."

Wie richtig sie doch mit dieser Aussage lag! Für mich war Werner trotz seiner geschäftlichen Niederlage, trotz seiner Behinderung und trotz seiner Sucht unverändert ein wertvoller Mensch. Seine Aufrichtigkeit, seine Ehrlichkeit, seine Hilfsbereitschaft und die Grundzüge seines sauberen Charakters schimmerten nach wie vor durch. So gestand er mir zum Beispiel eines Tages, dass er einem türkischen Ladenbetreiber zwanzig Mark schulde. Es täte ihm sehr leid und ob wir von seinem Guthaben diese Schuld begleichen könnten. Denn schließlich müsse der ja auch schwer für sein Geld arbeiten. Oder an meinem Geburtstag überreichte er mir eine kleine blühende Topfblume mit den Worten: „Gaby, die habe ich von meinem letzten Geld gekauft, aber für dich immer gerne."

Das meine ich mit wertvoll und dafür danke ich ihm sehr.

Kapitel 8 – Die eingereichte Scheidung und der Strom ist weg

Am 18. November brachte Werner mir ein Schreiben des Scheidungsanwalts von seiner Ehefrau. Im letzten Absatz stand, dass die Ehegatten auf einen nachehelichen Unterhalt verzichten, auch im Fall der Not. Und dass die Ehegatten auf die Durchführung des Versorgungsausgleichs verzichten, und dass der Hausrat bereits aufgeteilt worden sei. Der Anwalt ging davon aus, dass auch Werner mit dieser Regelung einverstanden war.

Ich sagte Werner, dass er das auf keinen Fall unterschreiben dürfe und rief meine Anwältin an. Sie erklärte, dass Werner mit einer Zustimmung sein Recht auf Sozialhilfe verwirken würde, und er müsse sich ebenfalls einen Anwalt für Scheidungsrecht nehmen.

Eine Ehescheidung geht immer einher mit enttäuschten Erwartungen, verschmähter Liebe und einem Bruch im Leben. So auch bei Werner, und er tat mir leid, als er mit Tränen in den Augen die Fotos seiner standesamtlichen Trauung zerriss und die Fetzen in die Würm warf, den kleinen Fluss, der Starnberg durchquert.

Gegen Abend des gleichen Tages hatte ich einen Termin beim SpDi (Sozialpsychiatrischer Dienst) in Starnberg bei einem Dipl. Psychologen. Ich schilderte ihm den Fall und bat ihn, mir Anlaufstellen zu nennen. Er war sehr freundlich und sachkundig, gab mir einige Prospekte von Tagesstätten und psychiatrischen Einrichtungen und verabschiedete mich mit dem Vorschlag, dass der Betroffene doch mal selbst vorbei kommen solle.*

Es kostete mich Monate der Überzeugungsarbeit, um das Thema Scheidung und die gleichzeitige Beantragung von Sozialhilfe bei Werner und den entsprechenden Behörden durchzufechten. Werner war zu dieser Zeit sehr mutlos, hatte Angst vor einer Auseinandersetzung mit seiner Noch-Ehefrau und fürchtete sich noch viel mehr vor dem Gang zum Sozialamt. Wieso, das sollte ich etliche Monate später erfahren.

Zunächst jedoch musste ein Scheidungsanwalt gefunden werden, der Werners Interessen wahrnehmen sollte. Meine Anwältin gab mir Empfehlungen und machte uns noch einmal klar, dass diese Scheidung und das Bestehen auf nachehelichen Unterhalt unmittelbar mit der Gewährung von Sozialhilfe zu tun habe. Darauf mussten wir uns konzentrieren.

Als nächstes schrieb ich in seinem Namen einen Brief an den gegnerischen Anwalt, in dem wir mitteilten, dass Werner mit dieser Regelung nicht einverstanden sei und sich ebenfalls von einem Anwalt vertreten lassen werde. Wir ahnten zu diesem Zeitpunkt noch nicht, welchen Aufwand wir vor uns hatten. Nämlich eine Aufstellung der gesamten Schulden zu erstellen und weitere Papiere beizubringen, um Prozesskostenbeihilfe zu beantragen.

***Fußnote:** Die Betroffenen sowie deren Angehörige haben eine hohe Schwellenangst und trauen sich oft nicht dorthin. Aber – oh Wunder – mein damaliger Wunschgedanke wird seit einigen Jahren in die Tat umgesetzt. Es gibt tatsächlich inzwischen einen Außendienst bestehend aus erfahrenen Sozialpädagogen und Psychologen des SpDi (diese Einrichtung der Diakonie gibt es fast in jeder Stadt), die auf Anruf oder Besuch eines Angehörigen in die Familien hinein gehen und mit Rat und Tat zur Seite stehen. Dieser Dienst ist übrigens kostenfrei! In der Region München gibt es inzwischen einen sogenannten Krisendienst für psychisch Kranke, der bis 24.00 Uhr besetzt ist, auch an Wochenenden. Das war damals nicht* *so. Ab 16.00 Uhr am Freitag lief bei der Anlaufstelle München ein Band mit der Ansage, dass man am Montag wieder anrufen solle. Hallo! Am Wochenende laufen bei dieser Klientel die meisten Katastrophen ab! Sollten also Leser heute im Jahr 2018 in einer ähnlichen Situation sein – nur Mut, nehmen Sie diese Hilfe in Anspruch, jetzt gibt es in vielen Städten einen Sieben-Tage Krisendienst.*

*

Kurzfristig tat sich auch noch eine neue Baustelle auf: Der Strom war weg!

Werner legte mir seine Post vor. In dieser fand ich ein Schreiben vom örtlichen Stromversorger. Ich ahnte Böses und traute meinen Augen nicht, als ich den Inhalt las.

Bereits im Juli war der Strom für sein Appartment wegen offener Zahlungen abgedreht worden! Im September war durch einen Kontrollbesuch eines Mitarbeiters festgestellt worden, dass Werner die Plomben am Stromzähler entfernt und sich selbst wieder ans Netz angeschlossen hatte. Das erfüllte den Strafbestand des Stromdiebstahls!

Der Stromversorger setzte eine Frist bis Anfang Dezember, bevor Strafanzeige bei der Staatsanwaltschaft gestellt werden sollte. Ich glaubte es nicht! Die Forderung betrug rund 750 Mark!

Werner saß betreten neben mir. Ich machte ihm klar, dass ich diese Schulden nicht übernehmen würde. Allerdings war ich bereit, den Stromversorger anzurufen, den Fall kurz zu erklären, mich in Werners Namen zu entschuldigen und die beiden kleineren Beträge – jeweils unter 100 Mark – sofort zu überweisen. Gleichzeitig wollte ich versuchen, eine Ratenzahlung zu vereinbaren. Das Ziel war ja, das Einschreiten der Staatsanwaltschaft zu verhindern.

Der Sachbearbeiter war dann auch verhandlungsbereit, machte aber unmissverständlich klar, dass der Strom erst einmal abgeschaltet würde.

Die Folge war, dass Werner die nächsten Wochen oder gar Monate keinen Strom haben würde! Das war sehr hart, und ich erklärte ihm Plan B: „Werner, du warst immer sehr flexibel, erfinderisch und geduldig. Jetzt schauen wir mal, was davon übrig ist. Du hast einen Gasherd in der Küche und kannst kochen. Es ist Winter, und die verderblichen Lebensmittel können auf dem Balkon gelagert werden. Ich habe hier zwei Öllampen, eine davon stellen wir in deinen Wohnraum auf den Schreibtisch, die andere in dein Bad. Auf dem Küchentisch kann man einen Kerzenständer aufstellen. Du bekommst mein altes Kofferradio zur Unterhaltung, das kann mit Batterien betrieben werden. Deine kleine Wäsche wie Socken und ähnliches wäschst du im Waschbecken, die großen Teile bringst du mit, die waschen wir hier bei mir. Ende der Durchsage!"

Was die unterbrochene Stromversorgung gerade an den kurzen Tagen im Winter angeht, tat Werner mir wirklich sehr leid. Aber ich zeigte es ihm nicht und sah das eher pragmatisch. „Mitleid hilft niemandem, es wird nur die Depression verstärkt. Besser eine warme Wohnung mit unkonventionellen Lichtquellen, als im Obdachlosenheim oder auf der Parkbank zu enden!"

Werner musste wieder lernen, die Verantwortung für sein Tun und die Konsequenzen daraus zu tragen. Er akzeptierte die Situation wie sie war.

*

Zur gleichen Zeit fasste ich den Entschluss, seiner Mutter einen langen Brief zu schreiben. Darin gab ich ihr einen kleinen Bericht, erklärte meine Strategie und wie sie uns unterstützen könnte. Unter anderem bat ich sie, Werner bei seinen sonntäglichen Besuchen keine größeren Geldbeträge mehr zu geben. Höchstens ein Taschengeld von 10 Mark, weil wir inzwischen eine Vorgehensweise gefunden hätten, die es uns erlaube, stets die wichtigsten Lebensmittel für Werner einzukaufen und mit der er immer ein wenig Bargeld aus seiner Arbeit im Haus zur Verfügung habe.

Ich teilte ihr auch die gute Nachricht mit, dass Werner gerade sieben zusammenhängende Tage ohne Ausfälle gearbeitet habe und sehr ruhig wirke und sich bemühe, seine Wohnung in Ordnung zu halten. Auch, dass der Zweckverband die Mietkündigung aufgrund unserer Ratenzahlungen zurückgezogen habe, allerdings sei der Strom abgestellt. Darum bat ich sie, vielleicht einen Betrag zwischen 100 oder 200 Mark an den Zweckverband zu überweisen und teilte ihr die entsprechende Kontoverbindung mit. Und ebenfalls bot ich ihr an, dass Werner sicherlich gerne bei ihr oder seinen Schwestern kleine Renovierungsarbeiten ausführen würde.

Ein paar Tage später rief sie mich an und bedankte sich für den Brief und meine Hilfe. Und natürlich werde sie meine Strategie unterstützen. Wunderbar, die Mutter war mit im Boot, hatte Vertrauen und war eine wichtige Verbündete. Das war von großer Bedeutung für den weiteren Verlauf meiner laienhaften therapeutischen Maßnahmen. Auch ihr bin ich posthum so sehr dankbar für ihr Vertrauen in dieses „Unternehmen Werner".

Am darauffolgenden Sonntag gab sie Werner ein verschlossenes Kuvert für mich mit. Er überbrachte es mir ungeöffnet. Ich fand ein paar nette Zeilen in altdeutscher Sütterlinschrift, gestochen scharf, zusammen mit 200 Mark! Ich freute mich mit Werner, wieder einen Teil der Mietschulden begleichen zu können.

Kapitel 9 – Der Computer-Crash und andere Herausforderungen

Das Wetter im Dezember 1996 war diesig, grau und nebelig, und Arbeiten im Garten waren nicht mehr möglich. Ich musste mir jedoch immer neue Tätigkeiten für Werner einfallen lassen und bat ihn, in der Annahme, dass er das schon hinbekommen würde, verschiedene kleine Formatierungen und Programmierungen an meinem Computer vorzunehmen.

Im Büro telefonierte ich mit Kunden, Werner saß an meinem Computer, und plötzlich war es merkwürdig still.

Ich blickte hoch und sah den schwarzen Bildschirm. „Was ist los?", fragte ich.

Werner antwortete zerknirscht: „Der Computer lässt sich nicht mehr hochbooten."

Ich blieb ganz still, war jedoch wie vom Donner gerührt: „Und was nun?"

„Möglicherweise ist der Computer total abgestürzt", antwortete er und beruhigte mich, dass ein Computer nichts verliere, alle Dateien speichern würde und der Inhalt mit Sicherheit noch vorhanden sei. Jedoch wäre es ein schwieriges Verfahren, dies alles wieder zu reaktivieren und neu zu formatieren.

Werner blieb an diesem Abend lange da, um sich dem Problem zu widmen. Er versprach, dass er sich etwas einfallen lassen würde.

Nachdem ich ihn später vor seiner Tür abgesetzt hatte, dachte ich, dass er jetzt entweder drei Tage lang gnadenlos abstürzen und sich bis zum Exzess betrinken würde – oder dass er die Herausforderung annehmen würde und sich der Verantwortung bewusst sei.

Letzteres war der Fall. Im Rückblick sage ich auch heute noch, dass dies in Anbetracht der geschilderten Umstände der letzten drei Jahre eine seiner Glanzleistungen war. Ich wusste immer, Werner war genial veranlagt, hatte sehr viel innere Kraft und war gesegnet mit Ideenreichtum. Das sollte sich in den kommenden Wochen wieder deutlich zeigen.

*

Einen Tag später, pünktlich zur verabredeten Zeit, stand Werner mit seinem Metallkoffer in Starnberg am Bahnhof und erklärte mir mit vielen Fachausdrücken, dass er Möglichkeiten gefunden habe und er diese Reparatur selbstverständlich unentgeltlich für mich machen wolle. Schließlich fühlte er sich verantwortlich für den Absturz des Computers. Sehr anständig von ihm! Hier war er wieder, der Mann mit der absolut ehrlichen Persönlichkeit, so wie ich ihn kennen- und lieben gelernt hatte.

Er arbeitete in diesem grauen Dezember einen Tag um den anderen an diesem Problem. Bald zeigten sich auch die ersten Erfolge, aber der Defekt war nicht endgültig behoben. Welch eine Erleichterung, als die „Kiste" dann doch wieder lief und auch die Dateien gerettet werden konnten.

Werner war zu Recht ein wenig stolz auf seine Leistung. Ich drückte ihn ganz fest und appellierte an seine Intelligenz, seine noch vorhandenen Anlagen zu nutzen, um sein Leben wieder in den Griff zu bekommen. Und ich versprach, ihm dabei zu helfen.

Weihnachten stand vor der Tür. Vor den nahenden Feiertagen glaubte ich, alles gut vorbereitet zu haben, um gerade in dieser emotionalen Zeit einen depressiven Schub bei Werner zu vermeiden. Wir kauften ein paar kleine Geschenke für seine Mutter, seine Schwestern und für seine Nachbarin, Frau Thieler. Es war verabredet, dass ich Werner am Heiligen Abend vormittags zu mir hole, mit ihm den Tag verbringe und einen leckeren Brunch mache. Am ersten Weihnachtstag sollte er zu seiner Familie nach München fahren. Aber ich hatte den „Faktor X" vergessen. Die „große Unbekannte", würde Werner, der Mathematiker, sagen.

Der Heilige Abend verlief entspannt, wir redeten viel über die letzten drei Monate und seine Aktivitäten und wie es weitergehen könnte. Am späten Nachmittag fuhr ich ihn in seine Wohnung, die noch immer ohne Strom war. Am nächsten Morgen läutete mein Telefon. Eine mir unbekannte Dame fragte mich, ob ich einen Werner Goldmann kenne.

„Natürlich!", antwortete ich und war wie elektrisiert. Was war passiert?

Die Frau erzählte mir eine unglaubliche Geschichte, die ich nie mehr vergessen sollte.

Werner war wohl noch an Heiligabend in einen depressiven Schub geraten und seinem Muster „Flucht" gefolgt. Das bedeutete für ihn, mit der S-Bahn zu fahren – und zwar immer von Feldafing bis zur Endstation Erding und zurück. Das Thermometer zeigte etwa neun Grad Minus in dieser Nacht und Schnee lag auch. Die letzte Bahn retour nach Feldafing gegen Mitternacht hatte er wohl verpasst. Und so kauerte er total durchnässt, hungrig und verfroren in einer Ladenpassage in Erding, wo diese Frau auf dem Heimweg von einer Feier vorbeikam und er sie angesprochen und um Hilfe gebeten hatte.

Sie hatte diesen nassen, schlotternden und möglicherweise nach Alkohol riechenden Unbekannten tatsächlich mit zu sich nach Hause genommen, ihn in das Kinderzimmer verfrachtet, die nasse Kleidung getrocknet, ihn mit heißem Tee und Plätzchen versorgt und vor dem Erfrieren gerettet.

Ich konnte es kaum glauben. Welche Armada von Schutzengeln begleiteten Werner, und ich empfand tiefe Bewunderung für die Zivilcourage dieser tapferen Frau. Auch heute, viele Jahre nach diesem Ereignis, bin ich noch voller Hochachtung für solch eine Tat!

Sie reichte den Hörer weiter an Werner, der ebenso dankbar war. Wir verabredeten, dass er die nächste S-Bahn nach Feldafing nehmen solle und ich später bei ihm vorbeikomme und das Treffen bei seiner Familie für diesen Tag absage. Nach Weihnachten bedankten wir uns mit einer netten Karte und einer großen Schachtel Pralinen bei Werners Retterin. Leider haben wir nie wieder etwas von ihr gehört.

An Silvester war ich dann klüger, holte Werner wieder zum Verweilen und zum Reden zu mir. Wir verbrachten einen ruhigen Tag, und ob der Ereignisse von Weihnachten versprach er hoch und heilig, am Abend seine Wohnung nicht mehr zu verlassen.

*

Werner arbeitete weiterhin einen Tag um den anderen bei mir und mit seinem verdienten Geld konnten wir weiter die Mietschulden abzahlen und anderen kleinen Teilzahlungen nachkommen.

An einem Montag Ende Januar jedoch gab es ein Ereignis, welches sehr aufschlussreich für mich war und der Geschichte eine andere Dringlichkeit gab.

Werner saß an meinem Computerschreibtisch und erledigte kleine Arbeiten, während ich meinem Tagesgeschäft nachging. Plötzlich schrie er wie von Schmerzen geplagt auf, sein Körper verkrampfte sich, und mir war sofort klar, er hatte einen epileptischen Anfall!

Ich rannte ins Bad, holte einen Waschlappen, zog Werner vom Bürostuhl, legte ihn auf den Fußboden und schob gleichzeitig den Waschlappen zwischen seine Zähne. Der Anfall dauerte etwa vier bis sechs Minuten, mit heftigem Verkrampfen aller Gliedmaßen, begleitet von sehr lautem Stöhnen. Ich sprach klar und bestimmt auf ihn ein: „Werner, atme, atme … ein und aus, einatmen, ausatmen, schööön im Rhythmus, hör auf mein Kommando …"

Langsam entkrampfte sich sein Körper, aber er konnte sich nicht artikulieren. Die Wortfetzen klangen für mich wie arabisch. Ich bat ihn wiederholt folgende Frage zu beantworten: „Wie heißt du?"

Allmählich kam er zu sich und nannte mir seinen Namen. „Werner, wo wohnst du, nenn mir deine Adresse."

Nach einigen Anläufen stammelte er seine Anschrift. Sein verzerrtes Gesicht entspannte sich schrittweise, und ich half ihm, sich auf einen Stuhl zu setzen. Schnell holte ich ein Glas Wasser und befahl „Trink das."

Er folgte meiner Anweisung, trank in kleinen Schlucken, und in das schneeweiße Gesicht kam langsam Farbe zurück.

Oh Mann, dachte ich bei mir. Diese Möglichkeit der Spätfolgen hatte ich nicht bedacht. Ich fragte ihn, ob er wüsste, was gerade mit ihm passiert sei.

„Ja", antwortete er, „mir ist schwindelig geworden, und von da an weiß ich nichts mehr."

Vorsichtig versuchte ich ihm zu erklären, dass er soeben einen epileptischen Anfall gehabt hatte. Ich fragte, ob das in den letzten Jahren öfter vorgekommen sei.

Er wusste es nicht! Meinen Vorschlag ihn zum Arzt zu fahren, lehnte er kategorisch ab. Es sei ihm doch nur ein wenig schwindelig gewesen.

Wieder nahm ich Kontakt mit seiner Ex-Frau auf, schilderte ihr die Symptome und fragte, ob das schon öfter vorgekommen sei. Sie bestätigte meine Vermutung.

An jenem Abend wurde mir schlagartig klar, warum Werner immer mal wieder mit kleinen Blessuren im Gesicht oder am Arm auftauchte oder ein Brillenglas zerbrochen war. Offensichtlich litt er bereits seit mehreren Jahren an Epilepsie, ohne je medikamentös eingestellt worden zu sein. Die zuweilen auftretende Desorientierung lag somit nicht allein am Alkoholkonsum, sondern hatte zusätzlich eine pathologische Ursache.

*

In den folgenden Wochen versuchte ich, ihm die Ernsthaftigkeit dieses Leidens klarzumachen und dass dies möglicherweise eine Folge seiner Kopfverletzung sei. Ich übertrieb ein wenig, als ich schilderte, dass bei jedem Anfall einige tausend Hirnzellen vernichtet würden. Was natürlich nicht stimmte, wie die Medizin mittlerweile erforscht hatte.

Trotzdem, sein Denkvermögen war ihm wichtig, und ich dachte, mit diesem Argument könne ich ihn packen. Doch Werner war ein harter Brocken; es sollten noch Monate vergehen, bis sein Kopf nach dem Unfall vor mittlerweile mehr als vier Jahren endlich klinisch untersucht wurde.

Ende Februar hatten wir wie geplant alle Dokumente beisammen, um die Scheidungsklage zu erwidern. Wir suchten einen von meiner Anwältin empfohlenen

Rechtsanwalt auf. Der Termin verlief sehr angenehm, und der Rechtsanwalt versprach, sich der Sache anzunehmen. Er mahnte noch einmal, dass Werner auf keinen Fall auf Unterhalt verzichten solle.

Werner war sehr erleichtert als ich ihn nach Hause fuhr und ich ebenfalls. Denn wenn diese Angelegenheit zu Werners Gunsten entschieden war, konnten wir endlich Sozialhilfe für ihn beantragen, und dieser monatliche Kampf ums Überleben würde etwas gemildert werden.

Schließlich ging alles schneller als ich dachte. Bereits Ende März erhielt Werner ein Schreiben seines Anwaltes, in dem die gegnerische Seite erklärte, dass diese die Forderung auf Unterhalt akzeptiere. Jedoch läge das Gehalt seiner Frau nachweislich unter der gesetzlichen Grenze für Unterhaltszahlung. Nach Rückfrage bei Werners Anwalt bestätigte dieser, dass wir mit diesem Dokument zum Sozialamt gehen konnten.

Kapitel 10 – Es kommt Bewegung in den Fall

Am 26. März 1997 holte ich Werner in der Früh ab, und wir fuhren unangemeldet zum Landratsamt Starnberg um uns über das Prozedere zur Beantragung der Sozialhilfe zu erkundigen. Unterwegs schilderte er mir wieder, wie abweisend er dort behandelt worden war. „Die haben mich letztes Jahr immer wieder weggeschickt, als es mir so schlecht ging, ich nichts zum Essen hatte und haben mir nur einmal 100 Mark gegeben."

„Mach dir keine Sorgen", antwortete ich. „Das kriegen wir schon hin!"

Am Empfang wies man uns an, in den ersten Stock zu gehen. Wir fanden das angegebene Zimmer. Ich erinnere mich an diese Situation noch sehr genau. Werner stand aufgeregt hinter mir, ich klopfte an die Tür. Diese öffnete sich ein Stück, ich erblickte einen rotgelockten jungen Mann im Türspalt, der sagte „Oh Gott, der schon wieder!", und wollte die Tür zuschlagen.

Nach alter Verkäufermanier stellte ich blitzschnell meinen Fuß in den Türspalt und antwortete: „Moooooooooment!"

Ich öffnete die Tür weit. „Sie hören mir jetzt etwa fünf Minuten gut zu", fuhr ich fort. „Und dann sehen wir weiter!"

Der junge Mann war ziemlich verdutzt, und wir beide traten ein. Im Stehen schilderte ich dem Sachbearbeiter kurz und präzise den Fall, sowie meine Funktion. Dann überreichte ich ihm die Unterlagen des Scheidungsanwalts.

Er fragte: „Sind Sie die Betreuerin im juristischen Sinn?"

„Nein", antwortete ich, „im Moment agiere ich ehrenamtlich."

Daraufhin bat er uns, Platz zu nehmen. Werner saß eingeschüchtert neben mir und sagte keinen Ton. Der

Sachbearbeiter erklärte mir die Vorgehensweise zur Beantragung der Sozialhilfe und gab uns einen Packen Formulare und Merkblätter mit auf den Weg. Und schon waren wir wieder draußen.

„Puhhh" entfuhr es mir auf dem Flur, und zu Werner gewandt meinte ich: „Die erste Schlacht ist geschlagen, Hurra!"

Das war mein erster Kontakt mit einem Sozialamt, und ich dachte laut: „Hallo, wir leben in einem Rechtsstaat, und jeder, der hier einkommenssteuerpflichtig ist, deutscher Staatsbürger ist, einen festen Wohnsitz hat jedoch derzeit keinerlei Einkünfte erzielt, hat das Recht auf Sozialhilfe!"

In der Tat war diese Erfahrung für mich eine „Begegnung der anderen Art" und bestärkte mich noch mehr in meiner Ansicht, dass psychisch Kranke, Suchtkranke, sogenannte Gestrauchelte und Kleinunternehmer in der Insolvenz keine Lobby haben und unsere Unterstützung brauchen.

Werner und ich gingen schließlich einen Cappuccino trinken und kämpften uns durch die Dokumente.

*

Etwa zeitgleich nahm ich Kontakt mit dem Gesundheitsamt auf. Ich telefonierte dort mit einem sehr sachverständigen Diplom-Psychologen, erklärte ihm den Sachverhalt und gab den Hörer weiter an Werner. Die beiden trafen eine Verabredung für den 1. April.

An jenem Morgen fuhr ich mit Werner dorthin. In der Tat, unser Ansprechpartner war ein sehr angenehmer Psychologe. Er bat mich, auf dem Flur zu warten, weil er zuerst mit dem Betroffenen allein sprechen wollte. Irgendwann holte er mich dazu, und ich schilderte die Geschehnisse aus meiner Sichtweise inklusive dem Unfall, den epileptischen Anfällen und der momentanen Situation.

„Ja", antwortete der Psychologe, „da muss dringend etwas geschehen."

Ob Werner in ärztlicher Behandlung sei, fragte er. Ich verneinte. Eventuell wäre hier die Einleitung zu einem Betreuungsverfahren angebracht, so sein Fazit, und wir würden wieder von ihm hören.

Nach diesem Termin sagte ich zu Werner: „Na endlich hört uns jemand zu und ist vor allem kompetent. Werner, es wird alles gut, hab Vertrauen."

Meine Anwältin riet mir, eine Betreuung für verschiedene Teilbereiche wie Gesundheitsfürsorge, Aufenthaltsbestimmungsrecht, Vermögenssorge, Wohnungsangelegenheiten und Vertretung gegenüber Behörden und Versicherungen zu erwirken.

Bis ich diesen Betreuerausweis vom Vormundschaftsgericht erhalten sollte, floss allerdings noch viel Wasser die Isar hinab …

*

Dennoch, es zeigten sich ja jetzt einige sehr positive Tendenzen und vor allem die behördliche Hilfe, um die wir so sehr gerungen hatten. Immerhin, schon eine gute Woche später gab es die erlösende Meldung. Die Sozialhilfe für Werner sowie die Übernahme der Wohnungsmiete und der Stromkosten wurde genehmigt und zwar rückwirkend. Wir waren beide total erleichtert.

Die nette, aber resolut wirkende Sachbearbeiterin beim Sozialamt erklärte uns bei dem persönlichen Termin, dass damit ein paar Auflagen verbunden seien. Die monatliche Auszahlung in bar sollte an mich ausgehändigt werden, und ich sollte Sorge tragen, den Betrag sinnvoll einzuteilen. Werner sollte sich umgehend in ärztliche Behandlung begeben, und ich sollte darüber Bericht erstatten. Sie gab uns einen Auszahlchip, ähnlich einer EC-Karte, und wir sollten an die Kasse gehen und uns dort 200 Mark Vorschuss abholen.

Wir bedankten uns tausendmal und fielen uns draußen auf dem Flur in die Arme. Wir waren überwältigt vor Freude. Ich kann das mit Worten gar nicht beschreiben, Werner stiegen die Tränen in die Augen, und ich war einfach nur glücklich und zuversichtlich ob dieser guten Nachricht.

*

Wie sollte es weitergehen, jetzt, wo eine große Hürde genommen war? Was hatten wir gemeinsam erreicht in diesen Monaten des intensiven Bemühens? Es gab eine einigermaßen funktionierende Tages- und Wochenstruktur in Werners Leben, in kleinen Schritten wurden Ziele erreicht. Es war ein Stück Alltag eingekehrt, und ich hatte den Eindruck, er genoss die kleinen Hilfsarbeiten bei mir und im engen Umfeld. Sein Wille zum Kämpfen war aktiviert, und seine früher vorhandene Motivation war mobilisiert – auch wenn das Level wahrlich nicht jeden Tag zu halten war.

Werner selbst bestätigte, dass er meistens wieder gerne morgens aufstehe und sich auf den Tag mit Arbeit freue, auch wenn diese in den Augen der anderen als minderwertig einzustufen war und alles viel langsamer von der Hand ginge als früher. Ganz wichtig war für ihn, dass diese fürchterliche Angst vor den Gläubigern, der Staatsanwaltschaft, dem Sozialamt und letztendlich vor sich selbst allmählich geringer wurde!

Aber da war ja noch die Sache mit der Krankheit, den Nachwirkungen der Kopfverletzung. Ich zweifelte daran, dass Werner realisierte, welchen Rucksack er mit sich herumtrug, der vollgestopft war mit einer Suchtproblematik, der nicht behandelten Epilepsie, einer Gangataxie (Störung der Bewegungskoordination, breitbeinig-unsicheres Gangbild) und etlichen anderen physischen und psychischen Beeinträchtigungen wie Inkontinenz, Impotenz, Desorientierung, Persönlichkeitsveränderung und vieles mehr.

Mit dem Besuch beim Gesundheitsamt war ein kleiner Schritt gemacht. Doch es sollten noch weitere fünf Jahre vergehen, in denen wir viele kleine Erfolge der Gesundung und der Stabilität erreichten, die uns Anlass zur Hoffnung gaben. Jahre, in denen die Freude wieder einen Platz in Werners Leben fand. Aber auch Jahre der immer wieder auftauchenden Depression und Unsicherheit.

*

Nachdem wir von der ersten Sozialhilfe Werners Restschulden beim Stromversorger beglichen hatten, wurde der Stromzähler wieder angeschlossen. Begeisterung machte sich breit! Werner schaltete alle Stromquellen an, vom Lichtschalter bis zum Kühlschrank, und hopste jubelnd durch die kleine Wohnung. Nach einem halben Jahr ohne Strom war das ein Tag voller Überschwang und Frohsinn.

Inzwischen hatte ich von einer Bekannten einen gebrauchten Fernseher ergattert, den ich wenige Tage später lieferte und es herrschte ein unbeschreibliches

Glücksgefühl. Ein wunderbarer Zustand, der sich einstellt, wenn man sehr lange auf den kleinsten Luxus verzichten musste.

Endlich gab es bewegte Bilder, ein wenig Unterhaltung an den einsamen Abenden und die Möglichkeit zur Teilnahme am Tagesgeschehen, politisch und kulturell. Ich freute mich mit Werner, der heiter und gelöst an seinem Küchentisch saß und eifrig das mitgebrachte Fernsehprogramm studierte.

*

Einige Tage später fragte ich ihn, ob er jetzt, da viele Dinge geregelt seien, weiter bei mir kleine Arbeiten übernehmen wolle. „Ja klar, Gaby! Ich lass' dich doch nicht hängen und spiele gerne den Hausmeister", sagte er und grinste.

Ich antwortete: „Werner, können wir deinen Stundenlohn etwas herabsetzen? Obwohl ich weiß, dass du dir große Mühe gibst. Nur – mir geht langsam das Geld aus."

Auch in diesem Punkt war er sofort bereit, mir entgegenzukommen, denn er war ja jetzt sozusagen in sicheren Verhältnissen.

Ehrlich gesagt, begann ich zu fühlen, wie ausgelaugt ich aufgrund der Doppelbelastung mittlerweile war. Zu dem damaligen Zeitpunkt hatte ich kaum Übung im Umgang mit psychisch Kranken und Menschen mit einem hirnorganischen Defekt. Oft hatte ich das Gefühl, neben mir säße eine „tickenden Zeitbombe". Ich konnte mich schlecht auf meine Agenturtätigkeit konzentrieren, wenn Werner bei mir kleine Arbeiten verrichtete. Mein Tagesgeschäft erledigte ich oft nur ab dem späten Nachmittag und in der Nacht, und das war auf Dauer sehr anstrengend und kräftezehrend. Ich war sozusagen Werners „Tankstelle" geworden, an der er sich Kraft, Energie und Motivation für die nächsten 48 Stunden abzapfte. Meine sehr gute und in Energiearbeit bewanderte Freundin Sandra riet mir damals: „Du musst dich schützen und auftanken!"

Und das tat ich dann auch mit einem speziellen Mentaltraining und mehrmals im Jahr mit ein paar Tagen Aufenthalt im bayerischen Wald. Freunde besaßen dort ein altes Häuschen in der Nähe einer Kleinstadt. Malerisch an einem Fluss gelegen, unweit eines Waldrandes, mit einem großen Garten. Und wenn ich abends auf der kleinen Terrasse saß, konnte ich den Geräuschen und den Stimmen aus dem Wald lauschen, fast wie im Urwald. Ohne Zweifel ein spiritueller Ort.

Die gute Frau Thieler schaute derweil auf Werner und hielt mich telefonisch auf dem Laufenden.

Im Sommer lud ich ab und an wieder Freunde zum Grillen ein und versuchte mein eigenes soziales Umfeld zu pflegen – abseits von der Beschäftigung mit dem „Fall Werner".

Kapitel 11 – Der erste Aufenthalt in einem Bezirkskrankenhaus

Es geschah am Sonntag, den 11. Mai, und es war Muttertag. Tags zuvor war ich bei Werner gewesen, es ging ihm nicht gut. Er klagte über Schmerzen in den Beinen und im Rücken, konnte kaum laufen, war fahrig und depressiv. Trotzdem verabredeten wir, dass er am Sonntag zu seiner Mutter fahren solle, um ihr zum Muttertag zu gratulieren.

An jenem Sonntag gegen Mittag läutete mein Telefon. Die Ärztin einer psychiatrischen Klinik in München war am Apparat. Sie fragte, ob mir ein Herr Goldmann bekannt sei. Vor einiger Zeit schon hatte ich Werner eine Geldbörse zum Umhängen gekauft, in der ich einen Zettel mit knappen Fakten seiner Krankengeschichte und meinen sämtlichen Telefonnummern deponiert hatte.

Diese Ärztin erzählte nun kurz, dass Werner am Ostbahnhof von der Polizei in desorientiertem Zustand aufgegriffen worden sei und man ihn in ihre Klinik gebracht habe. Aber das sei der falsche Platz, der Patient gehöre nach Haar in das Bezirkskrankenhaus. Ob ich kommen könne, um ihn dorthin zu fahren. Ich solle mich beeilen, sie könne den Patienten nicht länger festhalten, und ein Krankentransport sei nicht möglich.

Inzwischen hatte ich stets eine kleine Reisetasche für Werner mit dem Notwendigsten an Wäsche und Toilettenartikel parat. Die schnappte ich mir nun, sprang ins Auto und fuhr zu der Klinik.

Dort saß Werner etwas desolat im Foyer und freute sich, mich zu sehen. „Gaby! Gut, dass du da bist. Kannst du mich nach Hause bringen?"

Ich sprach kurz mit der Ärztin, die inzwischen schon die Aufnahmeabteilung in Haar informiert hatte. Meine Sorge war nun, dass Werner mir unterwegs aus dem Auto springen könnte, wenn er wüsste, wohin die Fahrt wirklich ging. Unterwegs flunkerte ich ihn deshalb an und erzählte, dass wir einen kleinen Ausflug machten und dann einen Cappuccino trinken gehen würden. Er blieb brav angeschnallt neben mir sitzen.

Nach 30 Minuten erreichten wir das riesige Gelände. Werner fragte: „Wo sind wir, Gaby?"

„In einem anderen Krankenhaus", antwortete ich. „Hier wird man uns helfen, und du kommst jetzt bitte mit!"

Wir fanden die Aufnahme, tatsächlich war man da bereits informiert. Die Aufnahmeschwester hörte sich kurz meinen Bericht an, dann schaffte sie es tatsächlich, den sonst so zahmen Werner mit ziemlich merkwürdigen Fragen zu provozieren. Zum Beispiel „Wenn Sie schlafen, denken Sie dann an Sex und Liebe? Wie viel Alkohol trinken Sie täglich? Haben Sie Halluzinationen und sehen kleine Tiere …"

Ich fragte mich, was das denn sollte. Werner wurde tatsächlich wütend, was ganz selten vorkam und sagte: „Ich will jetzt gehen!"

Die Aufnahmeschwester reagierte ein wenig rabiat. Werner ging mich verbal an, schimpfte: „Gaby, wo bringst du mich hin? Ich will hier sofort weg!"

Das Wortgefecht zwischen uns ging hin und her, und die Aufnahmeschwester meinte: „Ja, er bleibt jetzt hier. Aus, basta!"

Man begleitete uns in den zweiten Stock und öffnete eine geschlossene Station, die jedoch gar nicht wie die Station eines normalen Krankenhauses aussah. Die Schwester dort befahl Werner gleich mitzukommen, nahm mir die Reisetasche ab und sagte: „Das war's erst mal, ich komme später noch mal zu Ihnen."

Werner folgte ihr mit hängendem Kopf und würdigte mich keines Blickes.

Ich wartete in einer Sitzecke, schaute mich ein wenig um und entdeckte einen geräumigen Aufenthaltsraum. Daneben befand sich ein rundum gläsernes Schwestern- und Pflegerzimmer, aus dem alles Geschehen auf der Etage beobachtet werden konnte. Eine Pinnwand weckte mein Interesse, auf der alle möglichen Angebote wie Gruppenstunden, autogene Trainingseinheiten, Besuchsstunden von Seelsorgern, Treffen der Anonymen Alkoholiker usw. angeboten wurden. Unter anderem lag dort auch ein Merkblatt bezüglich Besuchszeiten und Verhalten der Besucher. Ich steckte dieses ein.

Nach einer gefühlten Ewigkeit kam die Schwester wieder und erklärte, dass Werner nun auf der Wachstation sei und die nächsten 48 Stunden dort bleiben würde, bis sich am Dienstag ein Vormundschaftsrichter des Falles annehmen werde. Der musste dann entscheiden, ob Werner wieder entlassen werden könnte oder ob er ungefähr zwei Wochen dort bleiben musste.

Ich war ziemlich aufgewühlt, als ich ging. Aber gleichzeitig war ich unglaublich beruhigt, da ich den Eindruck hatte, dass Werner zunächst einmal gut aufgehoben war.

Im Auto informierte ich per Handy seine Mutter und kündigte an, dass ich zu ihr kommen würde.

In der Wohnküche fand ich die Mutter und die ältere Schwester mit einem Erdbeerkuchen vor. Es war schließlich Muttertag, und man hatte mit Werner gerechnet. Stattdessen erzählte ich den beiden die Geschichte der letzten drei Stunden. Werners Mutter sagte ständig: „Oh mei, oh mei … Haar, das Krankenhaus, wo die Irren sind!"

Ich konnte sie beruhigen, denn Werner war in guter Obhut.

Am Abend rief ich meine Anwältin an, die mir riet, gleich am nächsten Tag unbedingt mit dem Vormundschaftsrichter in Kontakt zu treten. „Oh mein Gott", antwortete ich. „Und was erzähle ich dem bitte? Ich habe darin keinerlei Erfahrung!"

Sie antwortete: „Finde im BKH Haar den Namen und die Kontaktdaten des diensthabenden Richters heraus und schildere den Fall schriftlich. Und dann kündige gleich deinen Anruf an!"

Guter Plan! Ich bedankte mich, machte mich an die Arbeit und listete kurz und präzise die Vorgeschichte auf, erwähnte ebenfalls, dass Werner wohl Epileptiker sei und sich in keiner ärztlichen Behandlung befinde.

Am Montagvormittag recherchierte ich den Namen dieses Richters und sandte mein Fax ab. Inbrünstig bat ich alle Heiligen um ihren Beistand für uns.

Am Nachmittag holte ich dreimal tief Luft, konzentrierte mich und rief diesen Vormundschaftsrichter an. Der war sehr freundlich am Telefon, hatte mein Fax schon gelesen und meinte, er würde die geschilderten Fakten in seiner Anhörung berücksichtigen.

Wieder beschlich mich die Angst. Am Dienstagabend bangte ich immer noch. Eine Rückmeldung der Klinik oder des Richters hatte ich natürlich nicht erhalten. Etwas verzweifelt rief ich das Patiententelefon auf der entsprechenden Station an – die Nummer hatte ich ja dank des eingesteckten Merkblattes!

Ich fragte nach dem neuen Patienten Werner Goldmann. Mein Gesprächspartner meinte, dass er ihn nicht kenne, und ich erklärte: „Der Gesuchte ist sehr groß, hager, hat dunkle Haare und trägt eine Brille."

Mit Knall legte er den Hörer beiseite, und ich hörte ihn laut nach Werner rufen. Nach vielen bangen Minuten war Werner am Telefon, begrüßte mich freudig und erklärte, dass er jetzt erst mal hierbleiben würde. Kein Wort vom Vormundschaftsrichter, keine Klagen, kein Verdruss.

Und ich war völlig perplex.

Wir verabredeten, dass ich ihn tags darauf besuchen komme. Ich versprach, ihm Tabak, Schokolade und ein bisschen Geld mitzubringen.

Erleichtert verabschiedete ich mich und legte mit dem Gedanken auf: Endlich ist er in einem Fachkrankenhaus!

*

Am nächsten Tag läutete ich an der Stationstür. Ein Pfleger öffnete, fragte nach meinem Namen und wen ich besuchen wolle. Dann meinte er freundlich, dass ich schon erwartet würde. Aber zunächst bat er mich in dieses gläserne Stationszimmer, um meine Handtasche und meinen Tragebeutel zu leeren. Die mitgebrachten Utensilien wurden auf Alkoholgehalt oder sonstige Substanzen überprüft.

Während dieser Prozedur empfand ich eine wohltuende Ruhe, gepaart mit der Gewissheit, dass Werner hier am richtigen Platz war.

Er wartete schon freudig in der Sitzecke auf mich. „Weißt du, Gaby", erzählte er vom Verlauf seiner ersten zweieinhalb Tage. „Bei meiner Ankunft auf der Station musste ich alle Gegenstände und auch meine Kleidung abgeben. Alles wurde mit meinem Namen beschriftet, und dann habe ich in der Wachstation beinahe 24 Stunden nur geschlafen. Wir werden dort mit Monitoren überwacht. Gestern wurde ich in ein Zweibett-Zimmer verlegt, und alle meine privaten Utensilien wie die Geldbörse, das Feuerzeug und den Rest Tabak habe ich zurückerhalten."

Er erzählte weiter, dass es ja gar nicht so schlecht hier sei. Dann führte er mich herum, und ich war sehr erstaunt! Die komplette, sehr weitläufige Station sah nicht unbedingt nach Krankenhaus aus. Es gab einen Raum mit Waschmaschine, Trockner und Bügelbrett und auch eine sehr große Kleiderkammer, da wohl viele der Eingelieferten nicht einmal das Notwendigste auf dem Leib trugen und mit Kleidung versorgt wurden.

Aha, dachte ich mir, sehr interessant! Eine Welt, die ich noch nicht kannte, die mich aber zugegebenermaßen neugierig machte.

Werner lud mich auf einen großen vergitterten Balkon mit Gartenstühlen und kleinen Plastiktischen ein. Dort konnte man rauchen und Kaffee oder Tee trinken, den man von einem Rollwagen im Flur holen durfte. Wir nahmen Platz, und er stellte mich ein paar Mitpatienten vor. Prima, Werner hatte schon Kontakt geschlossen mit seiner offenen Art. Hier in dieser Umgebung sahen alle wirklich sehr gesittet, nett und harmlos aus. Na wunderbar, ist doch gar nicht so schlimm, dachte ich und teilte Werner leise meine Gedanken mit.

„Ja ja", antwortete er, „aber ein Stockwerk über uns sind die ganz schlimmen Fälle untergebracht. Oft dringen das Geschrei und das Stöhnen bis hier nach unten. Fürchterlich, so will ich nicht werden, Gaby!"

Er erzählte mir freudig, dass täglich ein Zweierteam jener Patienten, die schon länger auf der Station waren, in den auf dem Gelände befindlichen Supermarkt gehen durfte. Alle Mitpatienten konnten am Abend zuvor eine Bestellung aufgeben. „Das ist ja direkt luxuriös", befand ich grinsend und gab Werner ein wenig Taschengeld.

Dann holte ich eine von mir vorbereitete Erklärung aus der Handtasche. Es war eine Art Einwilligung, die mich berechtigte, Auskunft über seine Behandlung zu erhalten und Gespräche mit dem zuständigen Arzt führen zu dürfen. Werner willigte ein und unterschrieb.

Nach meinem zweistündigen Besuch fühlte ich mich auf meinem Nachhauseweg sehr erleichtert und dankte allen Heiligen im Universum, die ich vor drei Tagen noch bemüht hatte. Endlich war Werner in einem Krankenhaus mit entsprechenden Fachärzten, und er selbst empfand seinen Aufenthalt dort nicht als Strafe. Im Gegenteil, es war eher wie eine Erholung für ihn. In den folgenden Jahren sollte Werner noch unzählige Male die Dienste dieses Bezirkskrankenhauses in Anspruch nehmen.

*

Etwa alle drei Tage besuchte ich Werner. Es ging ihm gut, und nach elf Tagen führte ich ein Gespräch mit der behandelnden Stationsärztin. Ich erzählte ihr ganz kurz die Vorgeschichte und erwähnte, dass der Patient seit dem Unfall vor fünf Jahren nicht mehr eingehend medizinisch untersucht worden sei.

Die Ärztin erklärte mir ausführlich und in medizinischer Fachsprache, dass man eine Computertomografie (CT) durchgeführt habe und dass der Patient entgiftet sei. Aber interessanterweise zeige er kaum Entzugserscheinungen, und man hätte ihn auf ein Medikament eingestellt. Eine weitere Behandlung sei dringend notwendig. Schließlich sei der Patient alkoholabhängig mit teilweisem Verwirrtheitsausbau und einem cerebralen Anfallsleiden (Epilepsie) sowie einer beginnenden Korsakow Psychose (Erkrankung des Gehirns, die sich durch starke

Gedächtnisstörungen äußert; auftretende Gedächtnislücken füllen Betroffene meist mit erfundenen Inhalten). Darüber hinaus war beim CT festgestellt worden, dass der Patient rechts eine ältere occipitale Fraktur habe, was etwa so viel bedeutet, dass Werner eine Schädelfraktur erlitten haben musste, die nie behandelt worden war.

Ich war entsetzt! Diese Diagnose erklärte mir endlich die zeitweilig auftretende Verwirrtheit, die Inkontinenz, die Unfähigkeit, rational zu entscheiden, den Mangel, Konfliktsituationen zu lösen, den zuweilen unkontrollierten Bewegungsablauf und vieles mehr.

An diesem Tag im Mai 1997 wurde mir schlagartig klar, dass Werner wohl kaum mehr ein total selbstbestimmtes Leben würde führen können. Selbst dann nicht, wenn ihn seine Alkoholabhängigkeit durch Entwöhnung zu einem „trockenen Alkoholiker" machen würde.

Niederschmetternd!

Aber jede noch so miserable Situation im Leben hat eine gute Seite. Es gab nunmehr eine realistische Diagnose, die gedruckt auf Papier vor mir lag. Ein wichtiges Schriftstück für die weitere Vorgehensweise mit den inzwischen involvierten Behörden. Eine bedeutsame Erkenntnis auch für seine Mutter. Werner war nicht allein schuld an diesem Desaster! Vielmehr handelte es sich um eine folgenschwere und unglückliche Aneinanderreihung von falschen Einschätzungen, Versäumnissen und leider auch von unterlassener Hilfeleistung.

*

Drei Tage später wurde er aus dem Krankenhaus entlassen. Die Story ging weiter mit all den Höhen und Tiefen, resultierend aus den Folgen einer massiven Hirnschädigung. Wir trafen uns weiter regelmäßig an den vereinbarten Tagen. Werner verschönerte seine Wohnung, malerte seine Wände, baute Regale und half mir in Haus und Garten so gut es ging. Auch wenn ihn das alles viel Kraft kostete. Und dazwischen gab es immer wieder diese „dunklen Tage".

Kapitel 12 – Die erste Therapie und der steinige Weg in eine neue Zukunft

Jedes Schicksal hat seinen Ursprung. Könnte es möglich sein, überlegte ich für mich, dass das Universum oder vielleicht eine übergeordnete Macht diesen schweren Weg für Werner gewählt hatte, als er in dieses Leben trat? Vielleicht war es das Karma aus einem vergangenen Leben, das bereinigt werden musste? Eventuell sollte Werner als letzter männlicher Nachfahre der väterlichen Linie diese Tendenz zur Alkoholabhängigkeit besiegen oder aufarbeiten, sinnierte ich vor mich hin.

Was war meine Rolle in diesem Wirrwarr? Wir waren wie Schwester und Bruder; man könnte sagen, so etwas wie Seelenverwandte, geprägt von Vertrauen und tiefer Verbundenheit. Hatte das Universum bestimmt, dass wir gemeinsam diesen irdischen Weg gehen? Sozusagen in guten wie in schlechten Tagen – und auch in den katastrophalen Phasen? Etwa so, wie es in diesem Ehegelübde heißt, obwohl wir ja niemals vor dem Traualtar standen?

Ich sprach damals und in den folgenden Jahren mehrfach mit Werner darüber. Er meinte, es sei ja im Grunde alles seine Schuld, und die Veranlagung zur Alkoholabhängigkeit wäre über zwei Generationen in der väterlichen Familie zu finden.

Ich antwortete: „Werner, umso mehr ist es offensichtlich deine Aufgabe, in der dritten Generation der männlichen Nachfahren diese Sucht zu überwinden – so schwer es auch sei!"

Ich versuchte ihm klarzumachen, dass es eben nicht um Schuld gehe, sondern um die Erfüllung eines Planes. Möglicherweise sogar unser beider Lebensplan, der uns unmerklich und schleichend miteinander verwoben habe. Wenn also – rein hypothetisch betrachtet – ein solcher Plan existierte, welcher Sinn ergäbe sich daraus? Was sollten Werner und ich lernen? Denn offensichtlich war ich ein Teil dieses Planes.

Letztendlich hat Werner es geschafft, seine Lebensaufgabe zu erfüllen. Darauf darf er zu Recht stolz sein. Mehr noch, er wird uns in diesem Buch selbst schildern, wie es zu all dem kam und wie er jetzt aus der Perspektive einer anderen Dimension diese Jahre erlebte, überlebte und noch vieles mehr!

Aber dies waren zu dem damaligen Zeitpunkt Vermutungen, Spekulationen und Gedankengänge meinerseits. Fakt war eher, dass ich mich mit dem Wissen des familiären Hintergrundes und den pathologischen Ursachen sowie diesen neuen Untersuchungserkenntnissen, innerlich wehrte. Und zwar gegen die Stigmatisierung eines nach außen scheinbar Alkoholkranken, dem man jedoch nach dem ersten Aufenthalt in einem Fachkrankenhaus einen nachweislich organischen Hirnschaden diagnostiziert hatte. Ich hatte also ein „Bündel Hilflosigkeit" im Schlepptau. Wer A sagt, muss auch B sagen, war meine Devise. So beschloss ich für mich, dass Werner ab sofort und bis ans Ende seiner Tage unter meinem persönlichen Schutz stehen sollte.

*

Seine Grundversorgung war gesichert, und es dauerte nicht lange, bis sich die sogenannten „Schmarotzer" einfanden: Zwei Saufbrüder aus dem früheren Umfeld, die ihm Alkohol brachten, dafür aber die von mir eingekauften Konserven mit Fertiggerichten klauten. Die beiden machten sich einen Spaß daraus, den arglosen Werner zu verführen und zu bestehlen. Das wollte ich nicht dulden.

Ich hatte alle Mühe, dem Herr zu werden. Auch Werner wurden diese Versuchungen zu viel, aber er konnte sich den hart gesottenen Burschen nicht entgegenstellen. Ich schon! Hierzu eine aus heutiger Sicht sicherlich bizarr anmutende Situation: Eines sonnigen Samstagnachmittags fuhr ich Werner zurück nach Starnberg zum Bahnhof. Er hatte fleißig im Garten gearbeitet. Keine halbe Stunde später rief er mich von der Telefonzelle in Feldafing an und beklagte sich, dass in seiner Wohnung die beiden Kumpanen säßen und es sich gutgehen ließen. Ich verabredete mich mit Werner bei einer Parkbank, und dreißig Minuten später lud ich ihn in mein Auto. Wir fuhren zu seiner Wohnung, und tatsächlich lümmelten die beiden dort mit ein paar Flaschen Bier auf der Couch herum und schauten im Fernsehen ein Fußballspiel. Ich baute mich vor ihnen auf und sagte laut und bestimmt: „Freunde, die Party ist zu Ende!. Packt eure Klamotten und euren Sprit zusammen, und die entwendeten Lebensmittel legt ihr hier auf den Tisch. Ich zähle jetzt bis zehn – dann seid ihr draußen!"

Ich schaute in diese bierselig grinsenden Gesichter, und keiner von beiden machte Anstalten, den gemütlichen Ort zu verlassen, bis ich ziemlich rabiat wurde und sie zogen es vor, die Wohnung in weniger als zehn Sekunden zu räumen, bevor ich mit dem Besenstil nachhelfen konnte. Leid taten die mir schon ein wenig, denn mir war klar, dass auch diese beiden an der furchtbaren Erkrankung Alkoholismus litten. Trotzdem ... ich musste Werner schützen. Werner schaute mich erleichtert und gleichzeitig bewundernd an. „Super, Gaby. Du kannst ja immer noch so wütend wie früher werden! Dann kann ich ja jetzt in Ruhe meine Spiegeleier essen."

Auf unserer To-Do-Liste stand immer noch das Thema Therapie. Eine der Bedingungen des Sozialamtes. Der Psychologe beim Gesundheitsamt regte an, eine Therapie über die Bundesversicherungsanstalt zu beantragen. Er erklärte mir, welche Dokumente wir beibringen sollten, aber das könne dauern.

Zwischenzeitlich überzeugte ich Werner, zu den AAs (Anonyme Alkoholiker) zu gehen. Ich begleitete ihn und schloss mich der Angehörigengruppe an, die zur gleichen Zeit dort ihr Treffen abhielt. Diese Treffen waren durchaus eine Bereicherung für uns beide.

Werner begegnete Menschen mit gleichem Schicksal und konnte reden, ohne sich schämen zu müssen. Man sprach sich nur mit Vornamen an, und er lernte, dass Alkoholismus eine Krankheit ist, die sich durch alle Gesellschaftsschichten zieht – vom gebildeten Akademiker bis zum sozial Schwachen.

Ich dagegen erfuhr in der Angehörigengruppe, welche Katastrophen sich gerade in Familien mit Kindern abspielten, in denen es einen Suchtkranken zu betreuen gab. Und ich lernte, wie lange und steinig der Weg sein kann, bis der Betreffende ein sogenannter „trockener Alkoholiker" ist. Auch begriff ich, dass es trotz des vorhandenen guten Willens immer wieder zu Rückfällen kommt. Das ist normal im Verlauf einer solchen Krankheit, und es war eine wichtige Erkenntnis für mich!

*

Werner wurde immer wieder in unregelmäßigen Abständen von diesen Epilepsieanfällen heimgesucht. Wenn er unterwegs in Feldafing oder Starnberg war, lief stets das gleiche Muster ab. Mutige Passanten alarmierten einen Notarzt, Werner kam ins örtliche Krankenhaus, wurde dort eine Nacht lang versorgt und lief am nächsten Tag auf eigene Verantwortung wieder davon. Er konnte ja nicht mehr rational denken und die Folgen seines Tuns abschätzen.

Ich bezeichnete diese Schwankungen bereits an anderer Stelle als die „hellen" und die „dunklen" Tage. Wenn ich am verabredeten Vormittag mit einer Tüte Bäckersemmeln und frischem Aufschnitt in der Tasche vor seinem Wohnblock parkte, stand Werner schon geschniegelt und wohlauf winkend auf seinem Balkon im ersten Stock und rief „Der Kaffee ist schon fertig!" – das waren die wirklich „hellen" Tage für uns beide. Und davon gab es viele.

An einem „dunklen" Tag hingegen musste ich sein Appartment mit meinem Schlüssel öffnen und fand Werner weinend und eingenässt in seinem Bett sitzen und mit ängstlichen Augen fragen „Gaby, was ist nur mit mir geschehen, warum bin ich so?"

Dann versuchte ich ihm zum x-ten Mal behutsam zu erklären, dass dies die Folgen seiner Kopfverletzung und des Alkoholkonsums waren und dass eine längere stationäre Therapie unausweichlich sei und möglicherweise Abhilfe schaffen könne. An solchen Tagen hatte er keinerlei Kontrolle über das, was in seinem Kopf und in seinem Körper vor sich ging.

*

An einem Novembertag besuchte Werner auf Drängen des Gesundheitsamtes endlich einen praktischen Arzt in Starnberg. Für die geplante Therapie waren einige Untersuchungen notwendig. Ich fuhr ihn dorthin.

Aber es tat sich zunächst nicht viel. Der Psychologe hatte ja bereits angekündigt, dass die Beantragung und Genehmigung dauern könne, wenn es überhaupt eine Genehmigung und Kostenübernahme seitens der BFA gäbe. Irgendwie hatte ich den Eindruck, für alle involvierten externen Stellen war das ein aussichtsloser Fall und wir kämpften einen einsamen Kampf!

Am Heiligen Abend veranstaltete ich einen Brunch mit Freunden, Werner war auch dabei, genoss die Gesellschaft, beteiligte sich an der Unterhaltung und war sehr ausgeglichen. Am ersten Feiertag trafen wir uns in Starnberg zum Schweinebraten-Essen. Das gehörte zu den besonderen Ereignissen, denn Werner ging alleine in keine Wirtschaft oder Restaurant. Er hatte Angst, wenn ich nicht dabei war. Umso mehr freute es ihn, in einem Restaurant zu essen. Das war ein kleines Stückchen Feiertagsglück.

Mitte Januar an einem Samstag trafen wir uns zum Cappuccino in Starnberg. Werner schob mir einen verschlossenen Brief von der Saaleklinik in Bad Neustadt über den Tisch. Ich öffnete den Umschlag und las. Die Klinik gab bekannt, dass die Therapie genehmigt sei und Werner am 4. März entgiftet in ihrer Einrichtung erscheinen solle!

Welche Erleichterung, die Tränen liefen uns über das Gesicht. Der Kellner des Cafés freute sich mit uns. Ein wenig kannte er uns ja schon und spendierte uns einen Kaffee. Nun galt es, viele Vorbereitungen zu treffen. Mit dem Kleidergeld vom Sozialamt besorgten wir die fehlende Kleidung (Bademantel, Badehose, Trainingsanzug usw.). Aber letztendlich schlug alles fehl.

Um es kurz zu machen: Zwei Wochen vorher sollte Werner in das Krankenhaus Tutzing zur Entgiftung. Der kleine Koffer war bereits gepackt.

Am Tag zuvor war ich bei ihm. Er war froh gelaunt und bestand darauf, am nächsten Morgen allein zu fahren. Mein Angebot, ihn abzuholen, lehnte er ab.

Werner kam nie im Krankenhaus Tutzing an! Meine Suche nach ihm verlief ergebnislos. Er war zwei Tage lang wie vom Erdboden verschwunden. Als er wieder auftauchte, fehlte seine Brille, der Koffer war natürlich verschwunden, seine Geldbörse mit dem Taschengeld auch. Sein Gesicht war verletzt, und er tischte uns eine wilde Geschichte auf, dass man ihn beraubt und in den See geschubst hätte, und zur Therapie gehe er auch nicht.

Ich wurde zum ersten Mal so richtig wütend. Bei allem Verständnis, das ging zu weit! Ich drohte, den Kontakt abzubrechen, wenn er nicht zur Besinnung käme und die Abmachungen einhielte. Bei der Angehörigengruppe hatte ich gelernt, was Co-Abhängigkeit bedeutet. In dieser Sackgasse wollte ich auf keinen Fall landen.

Ich informierte das Sozial- und das Gesundheitsamt, und wir beschlossen, dass Werner seine Sozialhilfe per Auszahlung wöchentlich allein abholen und selbst für sich sorgen sollte. Wir wollten die Entwicklung erst mal beobachten.

Es sollte sieben Wochen dauern, bis Werner sich etwas kleinlaut bei mir meldete und fragte, ob wir mal wieder zusammen einen Kaffee trinken könnten.

Bei dem Treffen machte ich unmissverständlich klar, wohin „unsere gemeinsame Reise" gehen würde. Nämlich schnurstracks in eine Langzeittherapie! „Werner, ich bin gerne bereit, dich dabei zu unterstützen. Ich halte auch weiterhin Kontakt mit dem Gesundheitsamt und dem Sozialamt und werde für dich da sein. Aber du kennst meine Konsequenzen!"

Anfang Juni verstarb sein Vater. Ich begleitete Werner zur Beerdigung. Zum einen aus Solidarität zu seiner Familie, und zum anderen, um ihm eine Stütze zu sein.

Die folgenden Monate sollten ein einziges Chaos werden. Es gab viele „dunkle" Tage, einer seiner „Saufbrüder" nistete sich bei Werner ein, die epileptischen Anfälle häuften sich und meine „Noteinsätze" auch.

So konnte das nicht weitergehen. Ich machte Druck bei den Behörden, wandte mich an den Sachbearbeiter für Betreuungen im Landratsamt. Der meinte nur: „Das braucht Zeit und ich habe viele offene Fälle hier liegen …"

Eines Morgens, es sollte eine Besprechung beim Gesundheitsamt stattfinden, war Werner nicht am Treffpunkt. Ich fand ihn in Feldafing träge und wankend am Bahngleis auf und ab laufen. Als ich mich ihm näherte, stellte ich fest, dass sein Gesicht verletzt und die Brille schon wieder kaputt war. Er war desorientiert, aber nicht alkoholisiert.

„Hattest du einen Anfall, bist du aufs Gleis gefallen?", fragte ich.

Er wusste es nicht und wollte nach Hause. Ich bugsierte ihn mühsam in mein Auto und fuhr geradewegs nach Starnberg zu dem Diplom-Psychologen vom Gesundheitsamt. In dessen Dienstzimmer setzte ich Werner auf den Sessel.

„Nun", sagte ich zu dem Herrn Diplom Psychologen, „so sieht jemand aus, der sich nicht mehr zurechtfindet, der sich in hohem Maße selbst schädigt, ohne dass ein Vorsatz oder Absicht zugrunde liegt. Ich bestehe jetzt auf höchste Dringlichkeit in diesem Fall! Beschleunigen sie bitte jetzt und heute das Betreuungsverfahren!"

Der Psychologe gab mir recht, er hatte Werner ja noch nie in diesem Zustand gesehen. Noch in unserem Beisein rief er beim Landratsamt an und brachte die Angelegenheit ins Rollen. Das hatte gesessen!

*

In der Tat, wenige Wochen später war eine Anhörung bei der Vormundschaftsrichterin im Amtsgericht Starnberg anberaumt. Außer der Richterin waren ein Rechtsvertreter für den Betroffenen anwesend sowie ein Diplom-Sozialpädagoge, der mit mir die Betreuung im juristischen Sinn übernehmen sollte.

Werner willigte freudig ein. Ich war nicht sicher, ob er verstanden hatte, um was es da ging. Vielleicht dachte er, wir sprängen künftig zu zweit um ihn herum und versorgten ihn täglich.

Der Sozial-Pädagoge, Herr Guido Ottmann, war etwa 40 Jahre alt, sehr kompetent und erfahren. Nach dem offiziellen Termin unterhielten wir uns zu dritt, um uns besser kennenzulernen und zu besprechen, wie wir dieses „Unternehmen Werner" bewerkstelligen sollten. Wie schön, ich war nicht mehr allein an dieser Front, und die beiden schienen einander sympathisch zu sein.

In einem Zweiergespräch informierte ich Herrn Ottmann später über die lange Vorgeschichte und die Vorkommnisse in den vergangenen Jahren. Er besuchte Werner einige Male in dessen Appartment, manchmal auch unangemeldet, um sich selbst ein Bild seiner Lebenssituation machen zu können. Er bestellte darüber hinaus einen unabhängigen Gutachter für eine psychologische Stellungnahme. Auch dieses Gespräch fand in Werners häuslicher Umgebung statt.

Nach weiteren sechs Wochen stand fest, dass Werner erneut in das BKH Haar zum Entgiften musste und Herr Ottmann einen Therapieplatz suchen wollte. Doch nach 14 Tagen wollte Werner nach Hause.

Ich rief die Vormundschaftsrichterin in Starnberg an. Diese meinte, sie habe aufgrund des Gutachtens vom BKH Haar keine juristische Grundlage für einen Beschluss zur Unterbringung. Außerdem gäbe es kaum eine Akte über Herrn Goldmann.

„Waaaaas – keine Akte?!", antwortete ich. „Verehrte Frau Richterin, eine Akte kann ich Ihnen liefern, da ich in den letzten Jahren alles schriftlich dokumentiert habe. Und wenn ich Herrn Goldmann in den nächsten Wochen wieder in total desolatem Zustand auffinde, bringe ich ihn persönlich zum Amtsgericht und setze ihn vor Ihr Dienstzimmer. Garantiert wird Ihnen die Frühstückssemmel im Hals stecken bleiben!"

Ende der Durchsage und Stille am anderen Ende der Leitung. Ich verabschiedete mich artig und legte auf. Verflixt noch mal, hatten die denn alle keinen Mut?!

Herr Ottmann erklärte mir, dass viele Vormundschaftsrichter Angst hätten, bei Ausstellung eines Beschlusses vom Betroffenen wegen Freiheitsberaubung belangt zu werden.

Ja, um Himmels Willen, was waren denn das für Weicheier? Werner wäre aufgrund seines Zustandes und seines Wesens gar nicht in der Lage gewesen, ein solches Verfahren anzustrengen. Ich war wütend und enttäuscht zugleich. Aber ich verstand. Eine Akte musste her, damit Frau Richterin sich ein besseres Bild machen konnte.

Werner war nach drei Wochen BKH Haar wieder in Feldafing und das Trauer-Spiel ging weiter. An den „hellen" Tagen half er mir im Garten oder baute Regale und Vogelhäuschen bei sich zu Hause. Immerhin, sein Appartment war inzwischen wohnlich. Im Möbellager der Caritas hatten wir preiswert ein paar Kleinmöbel und auch ein richtiges Bett erstehen können. Den Balkon hatten wir gemeinsam hergerichtet, Werner hatte aus seinem Sammelsurium an Tischplatten und Stahlrohrbeinen einen Tisch gebaut, ich stiftete Plastikstühle und Auflagen. Aber was nützte das alles?

Die „dunklen" Tage häuften sich und es folgten noch einige Aufenthalte im BKH Haar. Der Dipl.-Sozial-Pädagoge nahm einen positiven Einfluss auf Werner und setzte durch, dass er regelmäßig zu einem Psychiater in Starnberg ging. Er wurde medikamentös eingestellt, und Herr Ottmann aktivierte den „Nachbarschaftshilfe e.V.", deren Pflegerinnen jeden Morgen und jeden Abend mit einem Zweitschlüssel nach Werner schauten und ihm seine Tabletten verabreichten.

Überhaupt, diese Zusammenarbeit mit Herrn Ottmann war eine große Bereicherung für Werner und natürlich auch für mich. Er initiierte viele Dinge, die Werners Leben erleichterten, wie beispielsweise einen Telefonanschluss und einen Schwerbehindertenausweis.

Es sollten weitere sieben Monate vergehen, bis Werner mit Hilfe der guten Einflüsse von Herrn Ottmann, dem Psychiater aus Starnberg, dem Psychologen vom Gesundheitsamt und dem Druck vom Sozialamt und zu guter Letzt auch von mir, einwilligte in eine Langzeittherapie zu gehen. Im Mai 1999 war es soweit! Nach vier Wochen Entgiftung und erneuten Untersuchungen, und u.a. einem sehr positiv ausgefallenen Intelligenztest, kam Werner in eine Therapieeinrichtung für psychisch Kranke.

Werners entsetzliche Angst vor diesem Schritt sollte sich bald lösen. Mehr noch, er war begeistert, fand schnell Kontakt, unter anderem zu einer Afghanin namens Rona und deren Familie. Wir freundeten uns miteinander an, und alle drei Wochen sonntags lud ich Ronas kleine Tochter, ihre Schwester und die Oma ins Auto, und wir fuhren nach Taufkirchen. Das waren sehr nette und entspannte Nachmittage. Die gastfreundliche afghanische Familie hatte alle möglichen landesüblichen Leckereien dabei, angefangen vom Fladenbrot, über Hackbällchen bis zu den köstlichen Süßspeisen. Eine kleine Gruppe der Bewohner, zu denen Werner inzwischen auch gehörte, erwartete uns schon freudig. Es war jedes Mal ein kleines Fest. Einmal hatte Werner mir sogar vom drei Kilometer entfernten Blumenfeld einen riesigen Strauß Sonnenblumen geholt – zu Fuß, versteht sich.

Ein anderes Mal hatten seine vier Mitbewohner Martin, Max, Fredi, Rona und Werner ihr spärliches Taschengeld zusammengelegt und mir ein paar schicke schwarze Sommerpumps geschenkt, weil ich die Familie immer abholte. Ich war total gerührt.

Überhaupt, Werner blühte dort regelrecht auf – sowohl körperlich als auch geistig! Er engagierte sich bei der täglichen Arbeitstherapie in der Schreinerei, denn Holz war ja sein Metier Er nahm an den therapeutischen Gruppen- und Einzelstunden teil, saß abends mit den anderen im großen Aufenthaltsraum zusammen und unterhielt sich, versprühte seinen Charme wie früher oder spielte mit seinen neuen Freunden „Mensch ärgere Dich nicht". Der Gedanke an Alkohol war wie weggeblasen.

Manchmal fragte er: „Gaby, warum hatte ich solche Angst davor? Warum habe ich das nicht schon viel früher gemacht?"

„Tja, Werner", antwortete ich, „das war ein langer und steiniger Weg bis hierher. Aber nun wird alles gut."

Ich war überglücklich, wusste Werner bestens aufgehoben. Die Spannung der letzten Jahre fiel von mir ab. Jetzt konnte ich mich wieder konzentriert meiner Arbeit widmen, andere private Kontakte pflegen und öfter in das Häuschen im Bayerischen Wald fahren. Wunderbar!

Doch Herr Ottmann., der erfahrene Sozialpädagoge, warnte mich: „Kann sein, dass dies zwar die erste Therapie von Herrn Goldmann ist, aber vielleicht nicht die letzte."

Er erklärte mir, dass aufgrund seiner langen Erfahrung – und vor allem in diesem speziellen Fall mit der Kopfverletzung – mehrere Anläufe nötig sein könnten.

Ich konnte das kaum glauben, so positiv wie Werner jetzt wirkte. Aber Herr Ottmann sollte recht behalten.

Werner verließ die Einrichtung nach sechs Monaten in dem Glauben, er sei nun fit und entwöhnt, den täglichen Anforderungen des Lebens gewachsen und könne sich auf Arbeitssuche begeben.

In der Tat zeigte die Tendenz nach oben, sein geistiger Zustand hatte sich verbessert, seine körperliche Konstitution war grundlegend gut. Doch da war diese von Herrn Ottmann angekündigte Selbstüberschätzung, die bei der vorliegenden und inzwischen bestätigten Diagnose häufig vorkäme.

Trotzdem unternahmen wir den Versuch, eine stundenweise und vorerst unentgeltliche Beschäftigung einzugehen. Siggi, unser Freund von früher, der regen Anteil an Werners Schicksal nahm, bot mir an, Werner an zwei Vormittagen in seinem Hotel leichte Hausmeisterarbeiten verrichten zu lassen.

Das ging drei Monate gut. Bis Werner dem Druck und den an ihn gestellten Anforderungen nicht mehr gewachsen war. In freundschaftlichem Einvernehmen mit Siggi beendeten wir dieses Experiment.

Werner fiel eine Weile wieder in das dunkle Loch der Depression und es sollten noch zwei weitere jeweils sechsmonatige Therapieaufenthalte folgen. Aufenthalte, in denen er neuen Lebensmut schöpfte, engagiert in deren Kreativwerkstätten arbeitete, neue Mitbewohner und deren Lebensgeschichten kennenlernen durfte, seine humorvolle Grundeinstellung zurückgewann und durch die regelmäßige Tagesstruktur und das gute Essen seine körperliche und geistige Kapazität steigerte.

Bei meinen Besuchen fand ich dann stets einen glücklichen und gut gelaunten Werner vor. Auch in den Therapiepausen gab es viele Tage der Zuversicht, des Lebensmutes und der Freude. Daneben jedoch tauchten auch immer wieder die ungezählten Tage der Rückfälle, des Chaos und der Aufenthalte im BKH Haar auf.

Dennoch – die Kurve zeigte eine Entwicklung zum Positiven. Und das war letztendlich ein ausschlaggebender Grund für mich, die Situation zu akzeptieren und mit aller Kraft das Beste daraus zu machen, so dass Werner eines Tages sein Leben noch durchaus als lebenswert erachten konnte.

Teil 2

Kapitel 1 – Der Besuch bei einem Medium

Es ist später Vormittag an diesem sonnigen Mittwoch, dem 1. Juli 2015. Ich bin auf dem Weg nach Gröbenzell zu einem Medium und ziemlich aufgeregt.

Vor knapp zwölf Wochen ist mein allerbester Freund und Seelenverwandter Werner, mit dem ich 42 Jahre lang innig verbunden war, in die andere Welt gegangen. Sehr sanft, bei vollem Bewusstsein und ohne eine Spur von Groll, Hader oder etwa Zorn im Rückblick auf seinen schweren Lebensweg in den letzten zwanzig Jahren.

*

In unglaublich freundlicher Gelassenheit saß Werner in seinem Krankenbett und war nett zu allen. Bewundernd und voller Dankbarkeit durfte ich diesen Prozess des langsamen Loslassens über Monate begleiten. In dieser intensiven Zeit bat ich Werner um die Erlaubnis, ein Buch über seine außergewöhnliche Geschichte schreiben zu dürfen. Er willigte ein, und er war klar bei Verstand.

Unsere letzten gemeinsamen irdischen Stunden verbrachten wir am Donnerstag, den 9. April 2015. Werner lag auf der Pflegestation des Selberdingerheims, einer Langzeiteinrichtung für psychisch Kranke in der Nähe von Traunstein, wo er seit vier Jahren lebte.

Sein gesetzlicher Betreuer kam an diesem Nachmittag für etwa vierzig Minuten zu Besuch. Zwei seiner Heimbewohner-Freunde schauten ebenfalls vorbei. Werner saß lächelnd in seinem Bett, sichtlich erfreut über die Besucher und die freundschaftliche Zuwendung, und konnte der Unterhaltung gut folgen. Aufgrund eines Lungenemphysems musste ihm durch Nasenkanülen Sauerstoff zugeführt werden. Aber das schien ihn nicht sonderlich zu stören.

Ich hatte für ihn Kaviar, ein hart gekochtes Ei und Fleischsalat mitgebracht – eines seiner Lieblingsessen. An diesem späten Nachmittag und in den frühen Abendstunden konnten wir noch einmal über das „Leben danach" philosophieren, wie so oft in den vielen Jahren unserer Freundschaft. Irgendwann sagte ich: „Werner, wenn dem so ist, wie wir es seit vielen Jahren annehmen, dann bitte ich dich eindringlich: „Wenn du fliegen kannst, dann komm mich besuchen und gib mir Zeichen, damit ich spüre, dass du da bist."

Seine Augen waren klar, als er nickte und meine Hand fest umklammert hielt. Ich sang für ihn den Refrain des Liedes „Über sieben Brücken musst du geh'n", spielte ihm einige andere seiner Lieblingslieder auf dem CD-Player vor. Wir beteten unter anderem den Psalm *Joh. 11,25-26*: „Ich bin die Auferstehung und das Leben. Wer an mich glaubt, wird leben, auch wenn er gestorben ist; und jeder der lebt und an mich glaubt, wird nicht sterben in Ewigkeit …"

Und so sollte es geschehen. Schweren Herzens verließ ich abends den schlafenden Werner, streichelte noch einmal über sein entspanntes Gesicht und fuhr nach Hause.

Am nächsten Mittag war der Pater noch einmal bei ihm. Nachmittags rief ich im Heim an um zu erfahren, ob mit Werner alles okay sei, weil ich eine große Unruhe verspürte. Die diensthabende Schwester beruhigte mich und meinte, er sei wie am Tag zuvor ansprechbar, aber er schlafe viel.

Später fragte ihn die diensthabende Schwester, ob er etwas essen wolle. Werner verneinte. Eine viertel Stunde später ist er leicht wie eine Feder davongeflogen.

Schon zwei Tage später schien sich Werner (oder besser: sein Geist) auf meiner Terrasse niederzulassen. Mein Hund Leo, der Werner so geliebt hatte, stand ohne ersichtlichen Grund plötzlich breitbeinig und winselnd da. Sein Blick war fest auf den Stuhl gerichtet, auf dem Werner immer gesessen hatte, wenn er zu Besuch gewesen war.

Wenige Tage später am Abend. Ich hole mir eine Zigarette aus der Wohnzimmeranrichte und ging wieder zurück in mein Arbeitszimmer, um weiter an einem Seminarskript zu schreiben. Plötzlich machte es einen „Schepperer" drüben!

Ich ging zurück ins Wohnzimmer, machte Licht und schaute nach. Werners Knobelbecher mit den Würfeln war buchstäblich von einem antiken Stuhl geworfen worden. Hier hatte ich einige von Werners Gegenständen gelagert, die ich am Abend seines Dahinscheidens wahllos aus seinem Nachttisch im Heim mitgenommen hatte; seine Brille, seinen Wecker, sein Handy und eben auch seinen Knobelbecher samt der Würfel.

Sehr bezeichnend: die Brille für den Durchblick, den Wecker für die richtige Zeit, das Handy für die Kommunikation und den Becher als Fingerzeig für das Sprichwort von Julius Cäsar „Die Würfel sind gefallen", welches ein Synonym für eine getroffene Entscheidung ist!

Ich rief: „Werner, wunderbar – du bist hier!"

Ich sammelte die Würfel ein und zählte die Augen. Sie ergaben die Zahl 33 – die Meisterzahl oder die Zahl Christus' gemäß der Lehre der Numerologie! Welch eindeutiges Zeichen – oder doch nur Fantasie?

Das ging mir nicht mehr aus dem Kopf. Wenige Tage später nahm ich selbst den Knobelbecher in die Hand, würfelte einmal, und wieder ergab die Augenzahl die Summe 33.

Zufall, Wunschdenken oder ein weiteres Zeichen? Ich war total unsicher.

Mitte April traf ich mich mit Werners älterer Schwester, um seinen Lebenslauf für die Trauerfeier und die Urnenbeisetzung zu besprechen. An dem Abend eröffnete sie mir, dass die Trauerfeier am Morgen meines Geburtstages stattfinden werde und auch auf ihre Intervention hin vom Bestattungsinstitut nicht umzuändern sei.

Ich war geschockt. So krank Werner auch oft war – niemals hatte er meinen Geburtstag in all diesen vielen Jahren vergessen. Wieder ein Zeichen, fragte ich mich?

Trotz des schmerzlichen Verlustes war ich neugierig geworden. Ich suchte eine ältere handschriftliche Notiz von einer Kollegin in meiner Schreibtischschublade. Sie hatte mir einmal von einem Medium erzählt, das sie für die Trauerfeier ihrer verstorbenen Mutter in Anspruch genommen hatte und auch um danach noch einmal mit der Mutter zu reden.

Der Name Vera Luchsinger stand auf dem Zettel und eine Telefonnummer. Ich rief an.

Veras angenehme Stimme flößte mir Vertrauen ein. Ich erklärte ihr kurz, um was es ging, und auf wessen Empfehlung ich anrief. Sie fragte mich, wann denn der Betreffende „gegangen" sei und meinte dann, dass das ja noch viel zu früh sei, um Kontakt aufzunehmen.

Ich erklärte ihr, dass ich das dringende Gefühl habe, dass Werner mir etwas mitzuteilen habe. So vereinbarten wir ein Treffen bei ihr. Ich fragte, ob sie irgendwelche Angaben, ein Foto des Betreffenden oder Sonstiges benötige. Vera verneinte.

Am vereinbarten Tag fand ich zunächst vor lauter Aufregung die angegebene Adresse nicht. Es dauerte etwas, und als ich endlich an der Haustür stand, öffnete mir eine stattliche, groß gewachsene Dame mit langen weiß-blonden Haaren, einem hübschen Gesicht und hellwachen

Augen. Sie machte einen bodenständigen Eindruck und führte mich im Souterrain in einen weiß eingerichteten und lichtdurchfluteten Raum. Sie bat mich Platz zu nehmen, und ich erklärte ihr, dass ich mich in den vergangenen vierzig Jahren immer wieder mit dem Thema auseinandergesetzt hatte, ob unser Geist nach dem Verlassen des physischen Körpers weiter funktioniert. Und vor allem, ob es möglich sei, zu kommunizieren.

Sie antwortete, dass dem so sei.

Eine solche Sitzung mit einem Medium hatte ich allerdings noch nie in Anspruch genommen. Deshalb bat ich Vera, sie solle mir erklären, wie der Ablauf sei.

Noch immer wollte sie keine genauen Angaben über den Verstorbenen haben, sondern nur seinen Vornamen und in welcher Beziehung ich zu ihm stand oder besser „noch stehe". Dann beschrieb sie mir das Prozedere.

Seit vielen Jahren steht sie in Kontakt mit einer Wesenheit aus der anderen Welt. Talim sei deren Name. Mit ihr würde sie als erstes in das Gespräch einsteigen, und Talim sorge dann dafür, dass keine unerwünschten Wesenheiten in unsere Sitzung hineinfunkten, sondern tatsächlich das Wesen sich zeige, um das es ginge.

Aha, dachte ich, das leuchtete mir ein. Weiter erklärte sie, dass sie nicht in Volltrance fallen werde, sondern viel mehr ihr Pendel schwingen lasse, um sich besser konzentrieren zu können und um ihre eigenen Gedanken auszuschalten.

Zu meiner großen Überraschung sagte Vera, dass sie die Sitzung aufzeichnen würde und ich eine CD mit dem Gespräch mit nach Hause nehmen könne.

Das war erstaunlich. Ich bekam sozusagen ein Audio-Protokoll. Das zeugte davon, dass Vera aus ihrer Begabung keinen Hehl machte und sich ganz offensichtlich ihres Handelns bewusst war und die Verantwortung dafür trug. Immerhin nahm sie ja Geld für diesen Service.

Schließlich fragte sie, ob ich bereit sei und ob ich mir ein paar Fragen für Werner notiert hätte. Ich war sehr gespannt und zugegebenermaßen auch ein wenig skeptisch, was wohl weiter passieren würde.

Vera bat mich, mit meinen beiden Handflächen in geringem Abstand an meinem Körper entlang zu streichen, um mein Energiefeld zu reinigen. Das kannte ich schon von anderen Mentaltrainings.

Sie erklärte während des Vorgangs, dass sie dafür eine Aura Soma Quintessenz benutze, die Christusenergie. Vera reinigte ihr Energiefeld auf gleiche Weise und sprach ein kurzes Gebet.

Dann ging es los!

Ich werde dieses Gesprächsprotokoll sowie alle weiteren Protokolle mit der freundlichen Erlaubnis Veras und natürlich Werners hier wiedergeben. Es mag Ihnen, liebe Leserin und lieber Leser, unwirklich erscheinen; für mich jedoch ist es wie eine Offenbarung.

Der Wortlaut dieser Aufzeichnungen wurde von mir 1:1 übernommen, darum bitte ich, die manchmal langen Sätze und eventuellen Wortwiederholungen zu entschuldigen.

1.2 Protokoll der Sitzung am 1. Juli 2015 mit Vera und Werner

Vera:
Heute ist Mittwoch, der 1. Juli 2015. Talim, ich grüße euch und ich bitte euch um eine Nachricht für die Gabriele, und wir würden auch gern mit Werner sprechen.

Talim:
Wir, Talim, die Gnade Gottes, grüßen euch in diesem Raum des Lichts. Wir grüßen auch Gabriele, die den Weg zu uns gefunden hat. Sie hat ihn gefunden durch eine tiefe Verbindung, die eine tiefe Liebe darstellt. Eine Liebe, wie sie zwischen zwei Menschen nicht oft vorkommt, die sich so lange begleiten. Aber wir sehen natürlich, dass sie beide aus einer Seelenfamilie stammen und Zwillingsseelen sind. Und in dieser Zwillingsseele, die Gaby und Werner innewohnt, ist eine große Liebe entstanden, eine Liebe bis in andere Dimensionen. Sie reicht weit und sie berührt viele Herzen, sie berührt die Herzen bei euch und sie berührt die Herzen bei uns. Zunächst einmal möchten wir Gabriele sagen, dass Werner sich sehr freut. Sein Herz läuft über vor Freude, dass sie den Weg gefunden hat, mit ihm Kontakt aufzunehmen auf eine etwas ungewöhnliche Art und Weise. Aber es ist für ihn ganz großartig, dass sie diese Hilfe in Anspruch nimmt, und er überreicht ihr eine Rose, die das Zeichen ihrer tiefen Verbundenheit und Liebe ist, und wir möchten Werner auch diese Möglichkeit geben, mit Gabriele Kontakt aufzunehmen und ein Gespräch mit ihr zu führen. Denn er drängt sehr darauf, ihre Worte zu hören, und es gibt tatsächlich eine Menge, was er ihr sagen möchte. Wir müssen nur schauen, ob Vera das so lange aushält.

Vera:
Okay (lacht), *dann begrüße ich jetzt den Werner. Und Talim, Ihr könnt noch irgendetwas sagen, was ihr Gabriele mitteilen möchtet, bevor ich jetzt mit Werner spreche.*

Talim:
Wir möchten Gabriele sagen, dass sie ein sehr kraftvolles Energiefeld besitzt, und dass dieses kraftvolle Energiefeld für sie auch wieder spürbar wird in dem Moment, wo sie spürt, dass eine tiefe Verbindung zu Werner immer noch da ist und immer sein wird. Und wir möchten ihr auch sagen, dass ihr Energiefeld von uns aufgeladen wird während sie hier sitzt, denn die Jahre die sie sich um Werner bemüht hat, und die Jahre, wo diese Energie zu einer einzigen Energie geworden ist, haben ihr Energiefeld angegriffen. Wir möchten ihr also sagen, dass wir sie auffüllen mit ihrem Einverständnis, damit sie aus diesem Raum geht und ein wunderbares Gefühl des Angefüllt-seins mit sich nimmt, was auch ihr physischer Körper braucht, denn ihre Zeit ist noch nicht gekommen. Ihre Zeit ist erst in Jahren. Und deshalb möchten wir sie ausrüsten, das liegt auch Werner sehr am Herzen, der sie auf alle Fälle in einem guten Zustand wissen möchte. In einem glücklichen und zufriedenen Zustand. Und vor allen Dingen möchte er ihr diese Energien zurückgeben, die sie ihm geschenkt hat, denn es ist viel von ihr zu ihm geflossen in diesen Jahren. Und damit sie nun wieder ganz vollständig ihren Weg gehen kann, geben wir ihr die Energien mit auf den Weg. Wir möchten nun Werner das Wort geben, denn er ist sehr ungeduldig und kann es kaum erwarten, zu Wort zu kommen.

Vera:
Dann machen wir das jetzt.

Werner: (hier senkt sich Vera´s Tonfall leicht und sie spricht schnell und ohne Punkt und Komma!)
Ich möchte zunächst einmal sagen, dass ich in einer anderen Dimension lebe, aber das wird dem Medium ja bereits bekannt sein. Ich möchte auch Gaby sagen, dass es hier in dieser Dimension keine Namen mehr gibt. Ich möchte ihr sagen, dass alles nur noch Schwingung ist. Also wenn du von mir wissen möchtest, ob eine Energie wie Otto hier ist, kann ich sagen ja. Wenn du von mir wissen möchtest, ob eine Energie wie meine Mutter hier ist, kann ich sagen ja. Wenn du von mir wissen möchtest, ob eine Energie hier ist, die mir sehr bekannt ist und die ich zu Lebzeiten schon wahrgenommen habe wie Guido, dann muss ich dir sagen, all diese Energien sind hier und vieles mehr. Aber sie sind nicht auf ein bestimmtes Wesen spezifiziert beziehungsweise gebunden. Sie sind eine Energie, mit der ich mich umgebe, weil sie eine Energie ist, die mich weiterführt. So wie mich diese Menschen auch zu Lebzeiten begleitet und weitergeführt haben, sowohl auf der intellektuellen Ebene, als auch auf der Gefühlsebene. Ich möchte dir also sagen, dass ich in wunderbarer Gesellschaft bin und dass es hier eine Welt ist, die mich von Tag zu Tag mehr fasziniert. Vieles von dem, was hier geschieht, habe ich noch nicht begreifen können. Aber vieles ist mir so vertraut, dass ich mich zu Hause fühle. Ich bin einfach angekommen in mir, weil ich jetzt das Ausmaß dieses weltlichen Daseins spüren kann. Das Ausmaß, Mensch zu sein, das Gefühl, innerhalb eines Körpers und außerhalb eines Körpers zu sein. Das Gefühl, außerhalb eines Körpers zu sein, ist

unnachahmlich. Es ist ein Gefühl der absoluten Freiheit, besonders nachdem ich mich in einem Körper wiedergefunden habe, der nicht mehr sinnvoll und nutzvoll war. Deshalb ist es für mich jetzt von einer unbeschreiblichen Schönheit, mich frei bewegen zu können und jawohl, ich habe dir ganz bewusst den Becher fast vor die Füße geworfen, weil es mich zum einen amüsiert hat, dass ich dazu in der Lage bin, und zum anderen wollte ich dir ein klares Zeichen geben, so wie wir es verabredet haben. Erinnerst du dich?

Vera an mich:
Habt ihr das verabredet?

Gaby:
Ja, wir haben verabredet, dass, wenn er fliegen kann, er etwas umwerfen soll, eine Kerze löschen oder sich irgendwie anders bemerkbar machen möge.

Vera:
Genau (lacht).

Werner:
Also das mit dem Knobelbecher hat mir mehr Freude gemacht, weil es etwas ist, das ich mir zu Lebzeiten nie habe vorstellen können. Ich habe zwar immer gedacht, es wird schon gehen. Aber ich wusste nicht, wie. Denn nun geht alles energetisch. Ich benutze also mein Energiefeld um etwas zu bewegen. Es ist eine große Anstrengung, glaub mir. Es ist nicht einfach. Ich musste mich erst einmal daran gewöhnen, weil ich immer geglaubt habe, ich müsste einen Finger ausstrecken, den ich nicht mehr habe.

Vera:
Er hat einen wunderbaren Humor, toller Humor.

Werner:
Es ist für mich eine große Freude, dass das Medium mit mir Freude hat.

Vera:
Ja es ist wirklich für mich auch eine große Freude.

Werner:
Ja, liebe Gaby, ich stehe hier nicht nur mit einer Blume, ich stehe hier mit einem ganzen Strauß voller wunderbarer Rosen, und eine ist schöner als die andere. Natürlich ist es nur energetisch. Aber ich überreiche sie dir trotzdem. Ich überreiche sie dir aus einer tiefen Demut heraus. Die Demut für dein großes Herz , die Demut für dein Mitgefühl, die Demut für deine innerliche Kraft. Denn mir ist erst heute wirklich bewusst, wie viel Kraft es dich gekostet hat, mich so zu sehen. Es war ja nicht nur die Begleitung eines gesunden Menschen, es war die Begleitung eines Menschen, der sich sehr verändert hatte. Und wie du schon richtig erkannt hast, zeitweise hatte ich auch noch Besuch in meinem System, das mir schwer zu schaffen gemacht hat. Aber wie du siehst, ist meine Seele stark genug, auch so einen Witzbold wieder aus meinem System zu katapultieren, sodass ich letztendlich wieder ich war. Sodass ich es letztendlich erkannt habe, und es war auch dieser Schreck, der mir gezeigt hat, dass ich in meinem Energiefeld nur zu Hause sein kann, wenn ich mich ganz darauf konzentriere und wenn ich alles nehme, was ich an Hilfe bekommen kann. Und glaube mir, es ist eine Korona von Helfern, die jeder von

uns hat. Ich werde also nicht der einzige Helfer sein, der dich begleitet, sondern es ist eine Engelschar. Wir nennen sie so, weil sie die Menschen begleiten und weil sie eine Energie haben, die so wunderschön ist, dass sie mit menschlichen Worten nicht zum Ausdruck gebracht werden kann. Ich möchte dir also danken aus tiefstem Herzen heraus. Ich benutze das Wort Herz, weil ich weiß, dass du dann weißt, wovon ich spreche. Ich benutze dieses Wort, weil es als Mensch eine große Bedeutung hat, und in dieser Bedeutung lasse ich dich teilhaben an meinen Gefühlen. Wenn du in einer Welt bist, wo du keinen Körper mehr hast, ist es einfach eine besondere Schwingungsenergie; eine Schwingungsenergie, die ihr als Mensch in Worte umsetzt, und wenn ihr ein Wort dafür benutzt, ist es das Herz. Dieses Wort gibt es in jeder Sprache, die ihr auf eurem Planeten habt, und es ist immer noch der Sitz der Liebe. Es ist nicht nur der Sitz der Liebe, sondern es ist der Sitz von sehr viel mehr. Auch das ist in allen Kulturen bekannt. Nur manche haben es vergessen. Ich gebe dir also diese Energie, ich gebe sie dir in dein Herz, denn ich möchte, dass du tief berührt bist von dem was ich dir jetzt schenke. Und damit du es wirklich spüren kannst und ganz bewusst wahrnimmst und nie mehr vergisst, möchte ich, dass du jetzt die Augen schließt und dich mit geschlossen Augen auf dein Herz konzentrierst. Und dann werde ich dir diese Rose, die ich in meiner Hand halte, hineinsetzen in dein Herz. Die Rose, die der Ausdruck der Liebe ist, die auch er Ausdruck des Christus-Bewusstseins auf der Erde ist. Auch das weiß ich heute. Denn diese Christus-Energie, die euch so bekannt ist, aber die mit Jesus selbst wenig zu tun hat, ist es, die ich dir nun in dein Herz lege, damit dort ein Rosengarten erblühen kann. Ein Rosengarten, der dich erfreut an jedem Tag. Wenn du deine Augen schließt, kannst du sehen, wie er größer und größer wird, und eines Tages werde ich dir in diesem Rosengarten begegnen, und dann ist es Zeit für dich, deinen Körper abzulegen. Dann ist es Zeit, mir auf der energetischen Ebene die Hand zu reichen, und dann wirst du spüren, dass wir beide fliegen. Wir konnten es im Grunde genommen als Menschen schon, als sich unsere Herzen verbunden haben. Wir konnten es auch mit unseren Körpern, weil unsere Vorstellungskraft über vieles hinausgegangen ist, was das Menschsein häufig so einengt. Daher möchte ich dir jetzt sagen, dass diese Verbundenheit eine Verbundenheit über viele Leben ist und sie wird auch im nächsten Leben wieder von uns gelebt werden. Das kann ich dir heute schon sagen, denn ich bin ja in einem Zustand, wo ich das neue Leben bereits plane.

Es geht alles so schnell. Eigentlich wollte ich noch ein bisschen mehr von dieser geistigen Welt erspüren, um zu lernen. Aber man hat mir gesagt, dass ich sehr bald wiederkommen kann auf diese Erde. Nun wirst du sagen, wenn du bald wieder da bist, wie kannst du mich dann im Rosengarten erwarten? Aber das ist ein Mysterium, das ich mit Worten nicht auszusprechen vermag. Und du kannst vertrauen, wenn ich dir sage, dass es möglich ist, denn wir bestehen aus so vielen Anteilen wie du sie dir nicht vorstellen kannst. Der eine Anteil ist in dieser Welt, der andere ist in eurer. Auch hier gibt es einen Anteil von dir, du würdest dich wundern. Er entspricht energetisch genau dem Anteil, den du besitzt. Aber er hat natürlich keinen Körper, und irgendwann fügen sich diese beiden Teile zusammen und dann sind wir fertig. Dann sind wir wirklich fertig mit allem, was die Welt zu bieten hat. Und ich bin schon ganz gespannt, wie dieser Zustand sein wird, der dann aber wirklich mit Worten nicht mehr zu beschreiben sein kann.

Ich bitte dich noch um eins. Ich bitte dich, immer wieder in diesen Rosengarten zu gehen, weil du spüren wirst, dass er dich erfreut. Auch wenn du durch Herausforderungen in deinem Leben gehst, erinnere dich an diesen Rosengarten, der nun in deinem Herzen erblüht. Dann wirst du immer diese Verbindung haben, stets in der Freude sein und auch die Herausforderungen schnell meistern, die dich eventuell noch in diesem Leben heimsuchen werden. Ich möchte dich damit nicht beunruhigen, ich möchte dir nur ein Werkzeug an die Hand geben, mit dem du dich in einen guten Zustand versetzen kannst beziehungsweise dir Kraft gibt für den weiteren Weg, denn ich habe ja selbst erfahren, dass das Leben selbst kein Spaziergang im Park ist. Es ist eine große Herausforderung, in einem Körper gefangen zu sein, besonders wenn er nicht mehr funktioniert. Ich habe oft gedacht, was ist dieser Körper nur für eine Last. Ich habe oft gedacht, dass mein Kopf doch sehr viel besser dran wäre, wenn der Körper nicht wäre. Aber es ging ja nicht um den Kopf, es ging um ein Ganzes, der ich bin. Um die Essenz, die diesen Körper bewohnt hat und diese Essenz, die immer wusste und immer wissen wird. So ist es nun ein großes Vergnügen, mit dir sprechen zu können, und diese Kommunikation können wir jeder Zeit nehmen wenn du sie wünscht, denn ich bin in einem guten Zustand. Ich weiß, dass das Medium Bedenken hatte, mich aus der Ruhephase zu reißen. Aber die Ruhephase war bei mir nicht besonders groß, weil in der Zeit, in der ich bettlägerig war, ich bereits in der Ruhe war. Ich bin also mit einem Gewilltsein aus diesem Körper gegangen. Ich war vorbereitet und diese Vorbereitung kam mir jetzt zu-

gute. Wenn aber jemand durch einen sehr schweren körperlichen Leidensweg geht, sodass der Körper in einem Zustand ist, wo er praktisch zerfällt, dann braucht die Seele hinterher einen langen Zeitraum. Bei mir ist der Körper nicht in dem Maße zerfallen, bei mir ist ein anderer Weg gewählt worden, der mir bereits Ruhe beschert hat während ich noch im Körper war. Das möchte ich auch dem Medium sagen, das Bedenken hatte.

Vera:
Dankeschön, das ist sehr lieb von dir, Werner, das du das bedenkst!

Werner:
Ich habe mich auch gefreut Vera, dass du die Zahl gesehen hast, die ich dir heute mehrfach geschickt habe. Ich wollte dir einfach nur ein Zeichen geben, mit was für einem Wesen du es zu tun haben wirst. Jawohl, ich bin ein sehr technischer Mensch gewesen. Aber es ist eine wunderbare Aufgabe, die mich sehr erfreut hat, die ich auch in das nächste Leben als Talent und als Potential mitbringen werde. Denn es geht ja auf dieser Welt darum, viele Erfindungen zu kreieren, die natürlich nicht wirklich Erfindungen sind, sondern die längst existieren. Aber wir bringen sie auf die Erde, damit es den Menschen auf der Erde besser geht. Denn so wie es jetzt aussieht, befindet sich die Erde in einem großen Schlamassel. Wir können das auf dieser Ebene viel besser erkennen als ihr. Aber die nächste Generation von Menschen, die auf die Erde kommt, wird dafür sorgen, dass die Erde weiter besteht. Das wollten wir euch nur mit auf den Weg geben, denn es wird in nächster Zeit viele Tumulte geben, und ich möchte, dass ihr euch sicher fühlt auf dem Planeten

Erde. Es ist so wichtig, dass man sich in Sicherheit wiegt und weiß, dass das Leben weitergeht und dass es immer gute Wege gibt, besonders, wenn man sich in einen Rosengarten verliert und an Liebe denkt.

Vera:
Das ist ein wunderschönes Bild, lieber Werner. Gibt es noch eine Frage, Gaby, die du hast?

Gaby:
Das Bild ist wirklich interessant. Der Werner hat viel in meinem Garten gearbeitet, und ich habe die letzten Wochen die roten Rosen geschnitten und auf sein Grab in München gestellt. Die Rosen sind durchaus ein Thema. Und ich möchte wissen, ob Werner einverstanden war, dass ich mit seiner Schwester überein gekommen bin, dass sein Körper eingeäschert wird, weil ich der Meinung war, er, der Schöngeist, möchte nicht in der Erde verfaulen.

Werner:
Du hast mir aus der Seele geredet, denn es war für mich eine schlimme Vorstellung, dass ich angeknabbert werde. Es ist mir sehr viel lieber, dass nun eine saubere Asche hinterlassen ist, mit der ich natürlich nicht mehr viel zu tun habe. Aber es ist doch eine runde Sache, und für mich als Ästheten ist es wichtig, dass es so geschehen ist.

Gaby:
Und bitte frag den Werner – obwohl das banal ist –, ob er bei seiner Trauerfeier war. Und warum und wer hat beschlossen, dass seine Trauerfeier auf meinem Geburtstag stattfinden soll.

Werner:
Ich hoffe, du hast es richtig verstanden, denn es war mir wichtig, dass diese Verbindung bleibt und dass du weißt, dass ich da bin. Natürlich war ich auf der Trauerfeier auch noch eine Weile, obwohl es für mich nicht mehr von so großer Bedeutung war. Mir war es nur wichtig, dass du das Zeichen verstehst, das ich dir gegeben habe. Denn nur diese Zeichen sind es, die dem menschlichen Verstand genügen. Es genügt dem menschlichen Verstand nicht, wenn ich ein Zeichen gebe mit dem er nicht zufrieden ist, denn er wird doch immer sehr viel stärker sein als das Fühlen selbst. Vielleicht befinden wir uns irgendwann auf einer Ebene, wo du mich so stark spüren kannst, dass es keine Zeichen mehr geben muss. Aber im Moment macht es mir auch Freude, dass du weißt, dass ich da bin und dass diese Zeichen von mir kommen. Ich werde sie auch weiterhin dir geben, denn es ist mir von großer Bedeutung, dass du weißt dass ich da bin wenn du mich brauchst. Natürlich habe ich hier auch meine Aufgaben die ich zu erfüllen habe, aber es ist nicht so, dass ich nicht zu dir kommen kann um dir etwas zu zeigen. Und es ist auch weiterhin so, dass ich dir Fragen beantworten kann, die du in deinem Herzen trägst. Du brauchst nur die Augen zu schließen, versetz dich in den Rosengarten und ich werde mich mit dir treffen und sie dir beantworten.

Gaby:
Vielen Dank, Werner. Ja, ich freue mich auf die weiteren Zeichen. Ach ja – und der Hund Leo, dein vierbeiniger Freund. Lebt in ihm eine menschliche Seele?

Werner:
Ich möchte dir sagen, dass in diesem Hund ein Wesen lebt, das sehr menschlich ist. Aber in Hunden leben keine Menschen, liebe Gaby. Es sind nur Energien, und diese Energie ist dir so vertraut, dass du in ihm das Menschliche siehst, und es ist wunderbar, dass es so ist. Denn dieser Hund ist dir sehr ergeben, er weiß, dass du und ich eine Verbindung haben und dass es im Grunde unser Hund ist. Es ist unser Hund, der in das Leben gekommen ist und der dir viel Freude bereiten kann. Nimm diese Freude an, schau ihm in die Augen und sieh vielleicht auch manchmal mich darin.

Gaby:
Danke Werner, das werde ich tun.

Vera:
Gibt es noch irgendetwas, was ihr euch beide sagen möchtet?

Gaby:
Ja, ich möchte dem Werner danken, was ich ja auch in seinen letzten Monaten gemacht habe. Es war mir eine Freude, diesen Prozess zu begleiten, auch wenn er mühsam war, aber trotzdem mir sehr viel Erfahrung gebracht hat und ich viel gelernt habe. Und ich habe großen Respekt für den Werner.

Werner:
Das erkenne ich und das erfreut mich sehr, dass wir so einen guten Weg haben und als Seelengeschwister immer wieder auf die Erde kommen dürfen, sodass wir immer wissen, dass wir uns aufeinander verlassen können. Auch

hier in der geistigen Welt ist es noch so, dass wir Wesenheiten brauchen, auf die wir uns verlassen können, denn das Lernen hört nicht auf. Es ist nicht so, dass wir nur auf Wolken sitzen, sondern es ist wirklich so, dass wir große Aufgaben haben, besonders wenn wir an die Erde denken. Aber es gibt auch noch andere Planeten. Ihr würdet euch wundern, wie viele Bewohner anderer Planeten zu finden sind und wie diese Bewohner aussehen! Es ist manchmal ganz gut, dass sie euch nicht besuchen, weil ihr sonst in Angst verfallen würdet (Vera lacht dabei). Aber ich möchte euch sagen, dass wir hier in der geistigen Welt immer über euch wachen. Ihr seid niemals allein. Es gibt das Alleinsein nicht. Auch wenn ihr euch verlassen fühlt, so ist das doch ein irres Gefühl. Ein Gefühl, das euch in die Irre leitet, so wollte ich sagen. Es ist eine Illusion zu glauben, dass ihr jemals alleine seid. Ihr vergesst nur um Hilfe zu bitten und da möchte ich Gaby noch einmal daran erinnern. Wenn du Hilfe brauchst, dann bitte um Hilfe, und wir werden sie dir schicken in jeder erdenklichen Form. Als Tier, als Mensch, als Wesenheit, als Energie, als Donner und Blitz – wir schicken sie dir in Form einer Rose, wir schicken sie dir in allen möglichen erdenklichen Formen. Als eine Emotion, ein Gefühl oder ein Gedanke, und dann folge ihm so wie Vera heute Morgen. Ihr fiel ein Haar aus ihrer Pracht, und dieses Haar kam auf dem Boden zu liegen als eine Form der Drei und sie hat es erkannt. Sie hat gesehen, jawohl, das ist ein Zeichen. Und so soll es dir auch geschehen. Es sind ganz banale, einfache Dinge, aber halte deinen Fokus auf den einfachen Dingen, denn sie werden dir die Schlüssel geben für viele große Dinge. Und so wirst du eine Tür nach der anderen aufschließen, bis du eines Tags selbst diesen Körper verlassen kannst und wir uns wieder in die nicht mehr vorhandenen Arme schließen können.

Gaby:
Ja, Werner das ist eine wunderbare Vorstellung. Obwohl ich es schon geahnt habe, weil du ab und zu auf der Terrasse sitzt. Ich kann das richtig spüren. Es ist gut zu wissen, dass du da bist und dass du hilfst, wenn ich dich brauche. Danke!

Werner:
Ja, darauf kannst du dich verlassen, denn deine Hilfe war für mich unbeschreiblich. Es ist eine Gabe und es sind die größten Geschenke, die wir uns als Menschen geben können, wenn wir uns begleiten. Wenn jemand da ist, der uns an die Hand nimmt und sagt: Es ist Zeit, dass du den Körper verlässt, denn ich komme so zurecht. Es war mir so wichtig zu wissen, dass du ohne mich zurechtkommst. Und es war mir so wichtig zu wissen, dass ich meine Aufgabe erfüllt habe. Ich danke dir sehr für diese Bestätigung, denn die habe ich gebraucht. Ich brauchte einfach jemanden, der sagt: Alles ist gut, jetzt kannst du gehen. Denn das ist doch eine ganze Menge, was hinterlassen wurde. Und nun bin ich einfach frei und glücklich, dass es dir auch gutgeht und dass die Wesenheiten an dir arbeiten um dich energetisch wieder ins Lot zu bringen. Es war mir eine große Freude, mit dir zu sprechen, und wenn du nun keine Frage mehr an mich hast, dann würde ich mich gerne zurückziehen, weil ich doch merke, dass es mich anstrengt.

Gaby
Alles ist gut. Vera, sag dem Werner, ich fahre ins Heim am Sonntag und besuche seine Mitbewohner.

Vera:
Hast du gehört, Werner?

Werner:
Ja, das ist eine wunderbare Aufgabe, aber ich möchte dir trotzdem mitteilen, dass es wichtig ist, dass du eine Rose von mir mitnimmst. In dieser Rose wirst du die Energie finden, die du brauchst für diesen Besuch. Denn in jedem Wohnheim ist die Energie des Todes vorhanden. Und diese Energie des Todes raubt dem Leben ein wenig Leben. Und so nimm diese Energie mit, damit du keine Energie verlierst, denn es geht ja jetzt darum, dich aufzufüllen, dich prall zu machen und dich richtig gut leben zu lassen.

Vera und Gaby:
Danke! Danke, lieber Werner – und ich danke dir ganz herzlich und wünsche dir alles, alles Gute für deinen Weg. Und ja – bis wir uns wieder hören oder wieder sehen.

Vera:
Talim, seid Ihr noch da? Gibt es noch irgendetwas, was ihr der Gabriele sagen möchtet?

Talim:
Wir haben unseren Teil dazu beigetragen, dass sie nun wieder bessere Energien hat und möchten ihr aber sagen, dass sie diesen morgigen Vollmond nutzen sollte. Er ist ein starker Sommervollmond, und dieser Sommervollmond kann ihr gute Dienste tun.

Vera:
Vielen, vielen Dank, Talim, das ist ganz reizend von Euch. Und auf Wiedersehen.

Das Gespräch mit Werner in der anderen Welt ist beendet, ich sitze Vera in dem angenehmen, lichtdurchfluteten Raum gegenüber und bin sprachlos.

War das Gespräch der letzten 40 Minuten real oder bin ich einer Art Fata Morgana aufgesessen? Ich bin verwirrt und ausgelaugt, obwohl die Wesen aus der anderen Welt mir versprochen haben, mich mit Energie aufzuladen.

Vera lässt mich einige Minuten allein, um das Gespräch auf CD zu brennen, und ich kann meinen Gedanken nachhängen. Werner, warst das wirklich du, den ich seit 42 Jahren so gut kenne wie niemanden sonst auf der Welt?

Vera überreicht mir meine CD, wir reden noch kurz über das eben Erlebte, und ich fahre heim wie in Trance.

*

Es brauchte etwa drei bis vier Tage, bis ich abends bereit war, mir das ganze Gespräch noch einmal anzuhören. Mir kamen bei etlichen Passagen die Tränen. Der Inhalt griff mich an, denn es war tatsächlich Werner, der da zu mir sprach. Kleine Redewendungen und vor allem der immer wieder durchscheinende Humor und dass er mich während des Gesprächs Gaby nannte – das war Werner!

In seinen letzten irdischen Tagen hatte ich ihm öfter versichert, wie stolz ich auf ihn sei und wie gut er seine Aufgabe gemeistert habe. Vera hatte ich über diese sehr privaten Gespräche nicht informiert. Gleichzeitig war ich glücklich, es ging ihm sehr gut in der anderen Welt, und sein langer Weg der Prüfung hatte ein Ende. Mehr noch: Alles schien sich in reines Glück verwandelt zu haben. Wunderbar – wenn es denn wirklich zutraf.

Ich befand mich in einem Wechselbad der Gefühle. Zwanzig Jahre hatte ich mir Sorgen um Werner gemacht, obwohl er in seinen Heimjahren relativ stabil war. Trotzdem ... diese Besorgnis war unterschwellig immer präsent. Und nun dieses Befreitsein; diese Art der Absolution in dem mit Werner geführten Dialog. Ich war bewegt, überwältigt und erschüttert zugleich.

Kapitel 2 – Werners Weg ist auch mein Weg

Um das ganze Ausmaß der Lebensaufgabe von Werner und gleichzeitig auch meiner eigenen zu verstehen, habe ich in Teil 1 unsere gemeinsame Geschichte beschrieben. Zugegeben, an vielen Stellen stark gekürzt, trotzdem ein Abriss dessen, was uns verbindet. Die Lektüre dieses Tatsachenberichts soll dem Leser jedoch keine Angst machen, sondern ihn vielmehr mit Mut und Zuversicht erfüllen. Damit er versteht, dass jede noch so beängstigende persönliche Katastrophe kein Fall ohne Hoffnung ist. In diesem Zusammenhang erinnere ich mich an ein TV-Interview vom Mai 1997 in „Boulevard Bio" mit Herrn Heinz-Gregor Johnen, damals Geschäftsführer der Firma Zentis, der von seiner an Drogen erkrankten Tochter berichtete. Am Ende der Sendung richtete Herr Johnen einen eindringlichen und emotionalen Appell an die Zuschauer: „Wenn Sie in Ihrem Umfeld einen ähnlichen Fall haben, dann bitte – geben Sie die Hoffnung niemals auf, es gibt immer Hilfe und einen Weg!"

Ich war Herrn Johnen zutiefst dankbar für diese Aussage, die mich damals im höchsten Maße motivierte, Werner weiter auf seinem schweren Weg zu begleiten.

*

Ich gehe zurück in das Jahr 2002. In jenen Tagen im September war Werner wegen tiefer Verzweiflung, Depression und dem x-ten Rückfall mal wieder in Haar untergebracht. Die drei jeweils sechsmonatigen Therapien hatten ihn zwar körperlich und geistig stabilisiert, nicht zuletzt durch eine gute Medikamentation. Werner gab sich auch größte Mühe, trocken zu bleiben. Obwohl ich ihn an drei Tagen pro Woche mehrere Stunden sah, entweder hier oder in seinem Appartement, lebte er jedoch allein. Und das ist für einen psychisch kranken Menschen nicht die beste Voraussetzung, um ausgeglichen, positiv und stabil durchs Leben zu gehen.

Für mich war es eine Zeit voller Stress. Schließlich kam es, wie es kommen musste. Die ständige Doppelbelastung mit meiner Künstleragentur und der Betreuung eines hilfebedürftigen Menschen forderte ihren Tribut. Es ereilte mich ein Herzinfarkt, den niemand außer mir selbst so richtig diagnostizierte.

Ich saß im Notbett auf dem Flur eines angesehenen Münchner Klinikums; die diensthabende junge Notärztin hatte nach einem fünfstündigen Check gesagt, ich könne jetzt nach Hause gehen. Da war es etwa 23.00 Uhr in der Nacht, und ich bestand intuitiv darauf, in einem der auf dem Flur aufgestellten Notbetten zu bleiben.

Ich hatte große Angst, weil ich spürte, dass mein Körper außer Balance war, mein Herz stolperte und ich unter Atemnot litt! Bis ein erfahrener Arzt beim Schichtwechsel um 5.00 Uhr früh offensichtlich in mein Krankenblatt geschaut und die Katastrophe erkannt hatte. Ohne zu zögern schob er mich in meinem Notbett eilends auf die Intensivstation. Gerettet in letzter Sekunde!

Am gleichen Tag wurden Werner im BKH Haar und sein gesetzlicher Betreuer verständigt. Es wurde sehr schnell klar, dass unser um Werner aufgebautes „Versorgungsteam" unter den gegebenen Umständen so nicht mehr funktionieren konnte. Damals teilte ich mir die gesetzliche Betreuung von Werner mit dem bereits erwähnten Diplom-Sozialpädagogen Guido Ottmann. Dieser war entsetzt ob meines Zustandes und strebte eine endgültige Lösung im Fall Werner an, was bedeutete, sein

Appartment in Feldafing aufzulösen und für Werner eine sogenannte Unterbringung (eine vom Vormundschaftsrichter angeordnete Einweisung) in einer Einrichtung mit einer „beschützenden Abteilung" zu organisieren.

Diese Zulassung haben nicht viele psychotherapeutische Einrichtungen in Bayern. Es war die Rede von Tittmoning, einer kleinen alten Stadt an der Salzach unweit der österreichischen Grenze, nahe Burghausen, mit einem großen rechteckigen Marktplatz und mittelalterlichen Häusern, in denen viele kleine Geschäfte, Cafés, eine Metzgerei, eine Bäckerei und ein hübsches Hotel untergebracht waren. Trotzdem etwas „am Ende der Welt" gelegen. Jedoch verfügte das Tittmoninger Pflege- und Therapiezentrum über fünf Häuser, sodass die Betroffenen eine gute Chance hatten, nach sechs Monaten bei gutem Krankheitsverlauf von der beschützenden Abteilung in eines der anderen Häuser verlegt zu werden.

In einem dieser Häuser gab es eine große betreute Wohngruppe mit knapp zwanzig Bewohnern. Im Rückblick gesehen war Werners Umzug nach Tittmoning ein einziger Glücksfall!

*

In den ersten Wochen seines Aufenthaltes war Werner schweigsam und etwas betroffen wegen der richterlich angeordneten Unterbringung. Es schmerzte ihn, sein Appartment aufzugeben und in einem Heim leben zu müssen. Derweil war ich von meinem Krankenhausaufenthalt zurück im Homeoffice, an Reha war jedoch nicht zu denken. Ich litt unter einer unglaublichen Müdigkeit, die ich so vorher nicht gekannt hatte. Selbst im dicksten geschäftlichen Trubel war ich niemals so erschöpft gewesen.

Ich lernte, dass meine Herzmuskulatur durch den Infarkt beeinträchtigt war, deshalb dieser Mangel an Antrieb und Elan. Trotzdem löste ich mit Werners Einverständnis das Appartment auf, verkaufte einige Gegenstände, um ihm ein Taschengeld zu sichern und packte eine Grundausstattung an Hausrat und einige Kleinmöbel zusammen und lagerte diese ein. Ich wusste ja zu diesem Zeitpunkt nicht, ob es gelingen würde, Werner irgendwann in einer betreuten Wohngemeinschaft unterzubringen. Falls dem so sein würde, konnte er seine Kleinmöbel und die Haushaltsgegenstände sicher gut gebrauchen.

*

Ende Oktober holte ich Werner mit Erlaubnis des Heims für ein Wochenende ab. Ich wollte, dass er seinen Schreibtisch und viele seiner persönlichen Gegenstände, seine Elektronik-Ersatzteile und seinen immer noch großen Bestand an Werkzeug, selbst aussortieren sollte um gleichzeitig Abschied zu nehmen und um sich zu lösen von seinem bisherigen Leben.

Werner schaffte es durch sein kooperatives Verhalten und seine immer noch vorhandene Intelligenz, nach nur drei Monaten von der beschützenden Abteilung in das sogenannte „Gelbe Haus" direkt am Stadtplatz umzusiedeln. Eine betreute Wohngemeinschaft, bestehend aus etwa 18 Mitbewohnern und zwei Betreuern.

Er blühte zusehends auf, freundete sich mit einigen Bewohnern an und fühlte sich zu Hause. Täglich ging er in das „Blaue Haus" zur Arbeitstherapie, nahm in seiner Freizeit seine geliebten Bastelarbeiten wieder auf und konnte am Wochenende in eines der netten Cafés am Stadtplatz zum Cappuccino trinken gehen, meist begleitet von einer Mitbewohnerin. Wunderbar!

In dieser Zeit schöpfte nicht nur Werner wieder physische und psychische Kraft, sondern auch ich, sodass ich nach dem Infarkt meine freiberufliche Tätigkeit zwar etwas langsamer, jedoch wieder voll aufnehmen konnte.

Weihnachten 2004 war Werner sogar in der Lage, allein und selbstständig mit dem Zug zu fahren. Er war ja inzwischen zu hundert Prozent schwerbehindert und hatte somit freie Fahrt. Ich holte ihn vom Hauptbahnhof München ab.

Das war eines meiner schönsten Weihnachtsfeste überhaupt. Werner war in seinem Verhalten, seiner Persönlichkeit und seinem feinen Humor fast wie früher. Es kam einem Wunder gleich! Inzwischen hatte ich Zuwachs in Form eines sehr agilen Schäferhund-Dobermann Mischlingsrüden namens Leo bekommen. Leo schloss den Werner sofort in sein großes treues Hundeherz, und die beiden wurden ein Herz und eine Seele. Fortan wurde Leo mein treuer Begleiter, wann immer ich Werner besuchte.

*

Werner verbrachte sieben wirklich gute Jahre in Tittmoning, war positiv und kreativ. Er fertigte die schönsten Bastelarbeiten an – vom Schmuckbaum bis zur ausgefallenen Vogel-Villa – und konnte etliche dieser Unikate immer wieder an Mitbewohner, Personal und neu gewonnene Bekannte verkaufen. In der Wohngemeinschaft übernahm er zusammen mit einer Mitbewohnerin mit Freude die Zubereitung des Mittagessens für immerhin 19 Personen, und alle lobten seine Kochkünste.

Auch ich war völlig erstaunt und voller Bewunderung, wie bravourös er dieser Herausforderung gerecht wurde. „Gaby, brate du mal Schnitzel für 19 Personen, die punktgenau um 12 Uhr mittags auf dem Tisch stehen sollen – natürlich mit Kartoffelsalat", sagte er einmal. „Das ist nicht so einfach!"

Er hatte recht und ich war stolz auf ihn. Endlich hatte er wieder Aufgaben, die ihn erfreuen. Und vor allem: Er bekam Anerkennung und war nicht mehr allein.

In der Nähe am Tachinger See suchte ich mir eine Ferienwohnung. So konnte ich Werner mehrmals im Jahr für einige Tage besuchen und zusammen mit ihm schöne Dinge unternehmen. Wir machten kleine Ausflüge, ich lud ihn abends zum Essen ein, wir besuchten Musikveranstaltungen oder gingen zum Minigolf spielen. Hund Leo war immer dabei.

Bei diesen Unternehmungen sagte er oft zu mir; „Gaby, ich kann endlich wieder lachen!" Sein Gesichtsausdruck war sehr entspannt.

Etliche seiner vielen Anlagen hatte er nicht verloren, seine unglaubliche Geduld und seine ruhigen Hände. Dies zeigte sich im Reparieren und Anfertigen von kniffligen kleinen Gegenständen. Egal ob es um das Auffädeln zerrissener Halsketten inklusive Verschluss ging oder um das Herstellen von Mini-Engelchen für die Weihnachtsdekoration. Er wurde sogar für eine Weile zum Bewohner-Sprecher ernannt, da er seine gute Sprache und schriftliche Ausdrucksweise wiedergefunden hatte und sich für die Belange der Heimbewohner engagierte.

*

Trotz der zurückgewonnenen positiven Grundeinstellung und der Anerkennung gab es immer wieder mal einen Durchhänger und einen depressiven Rückfall, verursacht durch den einen oder anderen Flachmann Cognac. In einem Heim zu leben bedeutet natürlich auch, gelegentlich in Konfliktsituationen zu geraten. Werner war vor seinem Unfall kein streitsüchtiger Mensch gewesen. Nach dem Unfall jedoch war diese Fähigkeit zur Konfliktbewältigung einfach nicht mehr da.

Zum Glück wurde in der Heimstruktur ein Rückfall sofort bemerkt, und der Betroffene musste ohne Verzug für einige Wochen zur Stabilisierung in das zuständige Bezirkskrankenhaus Gabersee (jetzt Inn-Salzach Klinikum).

Das ist eine sehr große, parkähnliche Anlage mit vielen kleineren, meist zweistöckigen Häusern, in denen alle möglichen Abteilungen zur Behandlung von psychisch kranken Menschen untergebracht waren. Von den Schizophrenen bis zu jenen, die abhängig von verschiedenen Substanzen waren, eben auch Alkohol. Es gab ein nettes Café dort auf dem Areal und auch eine Einrichtung für kreative Beschäftigungstherapie und Ergotherapie. Letztere hatte zum Ziel, Menschen dabei zu helfen, eine durch Krankheit, Verletzung oder Behinderung verlorengegangene Handlungsfähigkeit im Alltagsleben wiederzuerlangen.

Manchmal hatte ich den Verdacht, dass Werner sich sogar absichtlich einen Flachmann genehmigte, um aus der Monotonie des Heimalltags zu entfliehen, um sozusagen „Urlaub vom Heim" im angenehmen Ambiente des BKH Gabersee zu machen. Das war zugegeben eine kindlich clevere Aktion und machte ihn ja so liebenswert.

Ich habe ihn nie direkt darauf angesprochen, allerdings bemerkte ich bei meinen Besuchen, dass er sich dort regelmäßig schnell wieder fing, ein spitzbübisches Grinsen aufsetzte und gut erholt und sehr positiv gestimmt war.

Der Jahreswechsel 2005/2006 und das darauffolgende Jahr sollten uns einige Aufregung bescheren, aber auch große Freude bringen.

Werner verbrachte ab dem 23. Dezember zehn unbeschwerte Tage bei mir. Am Heiligen Abend besuchte er mit mir die Christmette in der Basilika im Kloster Schäftlarn. Es war ein Ereignis der höchsten Freude, tiefer Demut und außerordentlicher Dankbarkeit für mich. Nach all den vielen Jahren der Krankheit, des Verzichts, der Katastrophen stand Werner aufrecht und in bester Verfassung neben mir und sang, wenn auch etwas schräg, „Stille Nacht, heilige Nacht". Und fürwahr, dies war eine der heiligsten Nächte unseres Lebens.

Ich war tief berührt. All meine Bitten, Anstrengungen und Gebete waren erhört worden!

Am zweiten Januartag fuhr Werner bei starkem Schneesturm mit der Bahn zurück nach Tittmoning. Ich spürte, dass er lieber noch geblieben wäre.

Nur zwei Wochen später hatte er leider einen Rückfall, und die Heimleitung brachte ihn in die vertraute Umgebung des BKH Haar. Ich besuchte ihn dort, versorgte ihn mit Tabak, Geld und Süßigkeiten. Nach zwölf Tagen wurde er entlassen, und er bestand darauf, allein mit der Bahn nach Tittmoning zurückzufahren, weil er sich in stabilem Zustand befinde.

Abends rief der Leiter des „Gelben Hauses" an. Ziemlich rüde fragte er: „Wissen Sie, wo der Goldmann steckt?"

„Nein", antwortete ich. Ich war sehr aufgeregt und bat den Herrn, die Polizei zu verständigen, um eine Vermisstenanzeige aufzugeben.

„Ja ja", bekam ich zur Antwort, „ich weiß schon, was zu tun ist."

Es war tiefer Winter, und ich befürchtete Schlimmes.

Später am Abend suchte ich zusammen mit Hund Leo mehrmals die S-Bahn Station bei mir in der Nähe ab. Wenn Werner sich nicht mehr zurechtfand, so wusste er doch immer genau, wie er hierherkommen konnte. Das hatte er ja oft genug praktiziert.

Meine Suche verlief ergebnislos. Am nächsten Tag, einem Samstag, rief ich selbst die Münchner Polizei an, fragte mich durch, schilderte den Vorfall und bekam zur Antwort, dass die Mühldorfer Kollegen zuständig seien. Dort jedoch wurde ich wieder zurück an die Münchner Kollegen verwiesen, denn schließlich sei das Verschwinden ja im Raum München passiert. Und überhaupt, eine Person mit dieser Beschreibung sei nicht als vermisst gemeldet.

Ich rief im Heim an. Der Heimleiter meinte, er habe alles im Griff. Nichts hatte er im Griff, verflixt! Ich telefonierte noch einmal mit beiden Polizeistationen und drohte den diensthabenden Kommissaren, dass ich sie zur Verantwortung ziehen würde, würde der Vermisste erfroren aufgefunden.

Sofort verband man mich mit einem Kollegen, einem wirklich äußerst hilfsbereiten und umsichtigen Polizisten, der mich bat, ein Fax mit der Personenbeschreibung und in welchem Verhältnis ich zu der Person stünde zu senden. Eine Hundestaffel jedoch oder einen Hubschraubereinsatz könne er jetzt nicht initiieren.

„Das verstehe ich", antwortete ich. „Aber geben Sie bitte die Meldung an Ihre Kollegen weiter. Derweil versuche ich weiter zu recherchieren."

Am Nachmittag rief ich Werners Mitbewohnerin Michaela an, mit der er befreundet war. Die erzählte mir, dass Werner am Freitagnachmittag mit seinem letzten Guthaben von zwanzig Cent auf ihrem Handy angerufen und gesagt habe, er sei in Mühldorf und wisse nicht mehr weiter. Ein wichtiger Hinweis, den ich sofort an den netten Polizisten weitergab.

Am Sonntag meldete sich der Polizist und meinte, er hätte vielleicht eine Spur und wäre mit den Kollegen in Mühldorf in Kontakt. Ich solle abwarten.

Derweil bemühte ich mal wieder alle Heiligen im Himmel, dass Werner unversehrt auftauchen möge. An diesem Sonntag erhielt ich am frühen Abend endlich einen Anruf des freundlichen Polizisten, der Entwarnung gab. Die Polizei Mühldorf hatte Werner bereits am Freitagabend aufgegriffen und ihn in das BKH nach Gabersee gebracht.

Ich rief dort an, brach in Tränen aus, nachdem ich Werner mit ruhiger Stimme am Telefon hatte, und erzählte ihm die Story. Und wieder einmal hatte eine Armada von Schutzengeln ihn an einen sicheren Ort geführt. Einfach unglaublich!

*

Im gleichen Jahr gab es jedoch auch sehr schöne Ereignisse. An Ostern mietete ich mich in der Ferienwohnung in Taching ein und verbrachte viel Zeit mit Werner und Michaela, seiner Mitbewohnerin. Abends lud ich Werner zum Essen ein und erzählte, dass ich für den anstehenden Papstbesuch im September zusammen mit Münchner Künstlern eine CD zu Ehren von Papst Benedikt produziere. Schließlich hatte er ja vor seiner Berufung zum Kardinal Ratzinger in Tittmoning und Traunstein gewirkt.

Werner war total interessiert und begeistert und verfolgte in den kommenden Monaten mit großem Interesse die Entstehung des Projektes. Einige Wochen vor dem

Papstbesuch in Bayern fand die Veröffentlichung statt. Der Titel der CD war „Benedetto", und wir bekamen höchst positives Feedback von allen Seiten, vor allem von den katholischen Printmedien.

Ich fragte Werner, ob er Lust habe, am 11. September mit mir nach Altötting zu fahren. Er war hingerissen von der Idee. Dort, in Kardinal Ratzingers alter Heimat und Wirkungsstätte, sollte der designierte Papst gegen 10.30 Uhr einen großen Festgottesdienst auf dem Kapellplatz abhalten.

Als es endlich soweit war, fuhr ich an einem sonnigen Sonntagabend nach meinem Seminar direkt nach Tittmoning, mietete mich in dem kleinen Hotel am Stadtplatz ein, vis-à-vis des „Gelben Hauses", in dem Werner wohnte.

Werner war voller Vorfreude und schon ganz aufgeregt. Am Montag früh fuhren wir zeitig nach Burghausen und von dort mit dem Zug weiter nach Altötting.

Wir fanden einen guten Stehplatz nahe dem Kapellplatz, um die Ankunft unseres Papstes mit dem Helikopter zu verfolgen. Der Platz war an diesem geschichtsträchtigen Vormittag ausschließlich für die vielen geladenen Gäste reserviert. Aber wenige Schritte weiter konnten wir das Geschehen auf dem Volksfestplatz, der eigens für dieses Ereignis hergerichtet war, auf Großbildleinwänden verfolgen. Die Sonne schien, und über der Szenerie stand ein tiefblauer bayerischer Himmel. Strahlender hätte der Tag nicht sein können. Es gab ein Versorgungszelt, es waren viele Stände aufgebaut, und Werner half mir, meine mitgebrachten Flyer zu verteilen, die ich anlässlich der CD-Veröffentlichung hatte drucken lassen.

Am Mittag wurde der Kapellplatz, sozusagen das Zentrum des Ereignisses, wieder der Öffentlichkeit zugänglich gemacht. Es gab ein wirklich ansprechendes Rahmenprogramm mit Gospelchor, einer Band und etlichen anderen Darbietungen. Es waren Bierbänke und Tische aufgestellt.

Werner fand ich fröhlich inmitten einer Gruppe Nonnen sitzen, mit denen er sich angeregt unterhielt. Es war einfach alles wunderschön, harmonisch und heiter.

Am Nachmittag kam Papst Benedikt mit den Vertretern der Bischofskonferenz, ging zu Fuß einmal rund um den Platz, begrüßte viele Besucher, streichelte unzählige Kinderköpfe, segnete die Menschen und wirkte so entspannt und glücklich, wie ich ihn niemals zuvor und auch nicht mehr nach diesem Heimatbesuch gesehen habe.

Wir standen ganz vorne in der Reihe, und auch Werner erhielt den päpstlichen Segen. Ein bewegender Moment, der mich so sehr berührte, dass mir heute noch die Tränen kommen, wenn ich daran denke.

Ich umarmte den ebenfalls sehr ergriffenen Werner und sagte: „Werner, du bist göttlich bestrahlt, und der Himmel ist mit dir."

Es war einer dieser wahrlich unvergesslichen schönen Tage in unserem Leben. Unabhängig davon, welcher Religion jemand angehört oder ob man Atheist ist; an Orten, an denen sich Massen von Gläubigen versammeln, herrscht eine ganz besondere Atmosphäre. Man könnte diesen Rahmen durchaus als spirituell bezeichnen, und genau das war an jenem schönen Spätsommertag in Altötting der Fall. Alle, die wir das erleben durften, waren eingebettet in diese Art göttlicher Geborgenheit. Das hat Werner und mir sehr viel Kraft verliehen.

Kapitel 3 – Ein weiteres Gespräch mit Werner in der anderen Welt

Oktober 2015. Wieder waren mehrere sicher als „merkwürdig" einzustufende Dinge passiert. Aber nach den Ereignissen der vergangenen Monate wunderte mich gar nichts mehr.

Anfang September pumpte meine Waschmaschine das Wasser nicht mehr ab. Ich wiederholte etliche Tage den Waschgang, musste immer wieder mühsam das Wasser aus dem Ablauf der Maschine lassen. Erst dann funktionierte der Schleudergang.

„Mmmhhhh", dachte ich laut, „es kann ja nicht so viel kaputt sein. Ach Werner, wärst du als alter Bastler noch da, du hättest sicher eine Lösung parat!" Wieder einmal stellte ich fest, wie sehr ich ihn vermisste.

Am Abend stellte ich entnervt Werners Werkzeugtasche auf die Waschmaschine, entnahm einiges an Kleinwerkzeug wie Schraubenzieher, Zange und Hammer und sagte laut vor mich hin: „Na, Werner, jetzt zeig, was du kannst, du Super-Techniker. Reparier jetzt bitte meine Waschmaschine, auch wenn du in der anderen Welt bist – oder gerade deshalb!"

Ich verließ die „Baustelle" und erledigte derweil meine Büroarbeit. Später am Abend schaltete ich die Maschine zur Probe ein. Und dann – oh Wunder! – die Maschine pumpte das Wasser ab!

Ich konnte es nicht fassen. Zufall, Mysterium, wundersame Reparatur? Keine Ahnung, auf jeden Fall bedankte ich mich bei Werner für diese Glanzleistung und sah ihn für einen kurzen Moment mit sehr triumphierendem Gesichtsausdruck an seinem Platz am Küchentisch sitzen!

War ich jetzt total verrückt? Aber die Maschine arbeitete tadellos wie von Geisterhand repariert – und das war die Hauptsache. Oder doch ein Wunder?

*

Im Herbst hatte ich in meiner beruflichen Tätigkeit Hochsaison. Es liefen Veranstaltungsprojekte und Shows, gerade in dem Herbst- und Winterhalbjahr hielt ich etliche Fachseminare und nahm Prüfungen bei der IHK ab. Das bedeutete, viele Abendstunden daheim am Computer zu sitzen, um Seminar-Skripte zu aktualisieren, Ablaufpläne für Veranstaltungen zu schreiben und Prüfungsaufgaben zu formulieren und zu dokumentieren. Sicherlich Tätigkeiten, die mit außerirdischen Wahrnehmungen oder gar esoterischen Tendenzen so gar nichts zu tun haben.

Vertieft in diese Arbeiten saß ich spät am Abend noch am Computer. Zwischendurch holte ich mir in der Küche eine Tasse Tee. Zurück bei meiner Arbeit hörte ich plötzlich einen lauten Knall. Ich lief zurück in die Küche, schaltete das Licht ein – und was lag da auf dem Boden? Die oben auf dem Küchenregal aufgestellte Schiefer-Schultafel aus meinem ersten Schuljahr samt Griffelkasten!

Ich konnte es nicht fassen. Geschockt beobachtete ich das Szenario. Das Ding stand dort seit 25 Jahren, hatte keine Beine und war noch niemals runtergefallen! Ich fragte: „Werner, bist du da? Was willst du mir damit sagen?"

Die Tafel samt den Griffeln legte ich auf den Tisch an Werners Sitzplatz. Sollte ich etwas aufschreiben oder was passierte jetzt?

Natürlich, es geschah nichts dergleichen. Keine unsichtbare Hand schrieb irgendeine Botschaft auf die Tafel. Ich war mir ziemlich sicher, dass dies auch wieder ein Zeichen von Werner sein musste. Aber was wollte er mir sagen?

Das wollte ich ergründen und rief Anfang Oktober bei Vera an. Ich bat um eine erneute Sitzung, weil sich hier „merkwürdige Dinge" abspielen. Mehr verriet ich ihr nicht. Wir verabredeten einen Termin zwei Tage nach Werners Geburtstag.

3.1 Protokoll der Sitzung mit Werner am 22. Oktober 2015

Vera:
Heute ist Donnerstag, der 22. Oktober 2015. Talim ich merke, dass ihr da seid, ich habe euch gesehen. Ist es okay, dass wir heute mit Werner Kontakt aufnehmen? Ich weiß, dass er schon sehr winkt, ich kann ihn total spüren in seinem Überschwang! Ist es wirklich in Ordnung, dass wir jetzt Kontakt mit ihm aufnehmen und unsere Fragen an ihn richten?

Talim:
Wir, Talim, die Gnade Gottes, grüßen euch in diesem Raum des Lichts, Wir grüßen auch Gabriele, die den Weg wieder gefunden hat zu uns und zur geistigen Welt und auch zur Energie von Werner. Die starke Verbindung ist deutlich spürbar, und es gibt noch sehr viele weltliche Anteile in Werner, die er mit hinüber genommen hat in diese Dimension. Daher ist auch der Anteil an Energie, der noch mit Gabriele kommunikationsfähig ist, sehr groß. Wir finden auch, dass es ein guter Weg ist für beide, noch eine weitere Entwicklung gemeinsam zu gehen und auch noch etwas entstehen zu lassen, das wertvoll ist für Menschen und Erde. Es wird ein neues Licht auf die geistige Welt geworfen werden wenn dieses Projekt zu Ende gegangen ist. Wir möchten aber nicht zu viel vorwegnehmen, nur so viel, dass diese Verbindung momentan noch gewünscht wird, weil es noch eine Zusammenarbeit gibt. Es wird in nächster Zeit sehr viel Zusammenarbeit zwischen der geistigen Welt und den Menschen geben, auch von Menschen, die ihren Körper abgelegt haben. Nicht nur von denen, die in der geistigen Welt verweilen, son-

dern gerade von denen, die frisch verstorben sind, oder was ihr als „Versterben" bezeichnet. Die, die ihren Körper verlassen haben und noch ein gutes Gefühl für die Erde besitzen. Es ist noch sehr erdig um sie herum, auch in ihnen als geistiges Wesen. Mit dieser Verbindung können sie gut Kontakt aufnehmen mit den Menschen, mit denen sie eine starke Seelenverbundenheit spüren und zu Lebzeiten gehabt haben. Deshalb ist es auch so lange erlaubt, dass Gabriele und Werner ihre Verbindung weiter zelebrieren, um zum Wohle der Menschen Informationen auszutauschen, die jetzt auf die Erde kommen dürfen. Sie werden in diesem Fall von Werner übertragen und durch Gabriele in die Menschheit fließen. Das möchten wir sagen, und wir übergeben jetzt auch gerne an Werner, denn wir spüren auch die Dringlichkeit und das Drängen von seiner Seite, was auch uns zum Schmunzeln bringt, weil wir diese Dringlichkeit nicht kennen. Wir aber selbst spüren, dass sie auf uns übertragen wird und Vera sehr schnell sprechen muss.

Vera:
Ja, das kann man laut sagen, ihr gebt mir ganz schön schnelle Worte. Dann verabschiede ich mich jetzt von euch und danke für diesen Hinweis und freue ich mich jetzt, mit Werner Kontakt zu haben, der mich wirklich auch sehr humoristisch berührt. Werner, wir haben ein paar Fragen vorbereitet, die du ja gerne beantworten möchtest mit einer großen Dringlichkeit. Ich wäre dir aber dankbar, wenn du diese starke Energie etwas zurücknimmst, damit ich wieder ein bisschen langsamer sprechen kann ... ich habe Zeit. Es ist nicht so, dass wir irgendwie unter Zeitdruck stehen, und wir können uns Zeit nehmen für deine Worte.

Werner:
Ich möchte mich zunächst einmal bedanken; bedanken für das, was mir hier möglich gemacht wird. Bedanken für das, was ich erleben darf; bedanken für die Verbindung, die Gaby mir ermöglicht. Es ist für mich ein großes Geschenk, in dieser Verbindung zu sein und Kontakt aufzunehmen. Es ist für mich auch immer wieder Spaß, wenn ich sogar Materie bewegen kann um ihr zu zeigen, dass ich in ihrer Nähe bin. Ich möchte wieder und wieder zum Ausdruck bringen, diese Dankbarkeit und dieses Glück das ich empfinde. Ich hätte fast gesagt: in meinem Herzen. Denn es gibt immer noch eine Energie, die ich als Herz empfinde, auch wenn ich selbst keinen Körper mehr habe. Diese Energie, diese Herzenergie habe ich mitgenommen, und ich spüre, wie sehr sie mich leitet an Orte und mit den Gefühlen, die ich immer noch habe. Es ist nicht so, dass ich ohne meinen Körper nichts mehr fühlen kann, Nein, das Fühlen ist einer Klärung unterzogen. Es ist so rein und so klar und so bedeutsam, dass ich ihm Ausdruck verleihen muss! Immer wieder auch durch die Worte, die Gaby spricht! Es ist ein großes Gefühl der Verbundenheit, und es ist wichtig, dass diese Geschichte, die wir gelebt haben, und die Geschichte, die sich jetzt fortsetzen darf, dass wir sie den Menschen mitteilen. Das ist das Zeichen, das Zeichen dieser Schultafel, die vor Gaby auf den Boden fiel. Es ist mir ein großes Bedürfnis mit ihr zu schreiben, mit ihr das Geschehnis in Worte zu fassen. Das ist auch ihr Drang, wieder etwas schreiben zu wollen. Es ist alles geführt und gewollt, und es werden meine Worte durch sie hindurchfließen und sich mit ihrem Gedankengut und mit ihren Worten vermischen, sodass wir ein gemeinsames Werk kreieren werden. Es ist durchaus gewollt, dass auch ich mit meinem Namen in diesem

Buch erscheine, sowohl als Autor, als auch als Mitwirkender. Es ist also etwas ganz Besonderes. Es wird das erste Buch sein, das von einem Autor geschrieben wird, der durch ein Medium sozusagen dieses Buch in Auftrag gibt. Natürlich gibt es sehr viele Bücher, die von Wesenheiten aus der geistigen Welt geschrieben werden. Es haben sich schon viele Propheten zu Wort gemeldet, aber dieses ist nun ein neues Werk. Ein Werk, das geschrieben wird von einem Menschen; ein ganz normaler Mensch, möchte ich betonen, denn ich habe ja zu Lebzeiten weder als Heiler noch als irgendein großer Prophet gelebt. Aber doch habe ich viel zu sagen, und wir möchten diese großen Propheten etwas ins rechte Licht rücken, wie ich auch diese ganze geistige Geschichte in ein rechtes Licht rücken möchte. Denn es wird von vielen Menschen nicht akzeptiert, weil es nicht bodenständig genug vermittelt wird. Diese Bodenständigkeit kann ich hier durchaus bieten, weil ich noch dieses starke Körpergefühl in mir spüre. Es sollte baldmöglichst geschehen, damit dieses Gefühl nicht verloren geht, denn es verschwindet langsam aus uns, wenn wir den Körper abgelegt haben. Ich merke jetzt, dass ich nun etwas langsamer sprechen kann durch Vera, weil meine erste Aufregung, euch all das mitzuteilen, hat sich aus mir heraus gelöst, sodass wir jetzt auch wieder normal kommunizieren können und sich der Herzschlag von Vera wieder beruhigen kann.

Vera: (lacht)
Ja, Werner das kann man laut sagen ... ihr habt mir ganz schön Aufregung beschert. Wir haben ja die Fragen vorbereitet, aber ich möchte jetzt gerne mal eine Pause machen und auch der Gaby das Wort geben. Gaby möchtest du ihn begrüßen?

Gaby:
Ja, Werner, es ist wunderschön mit dir zu kommunizieren und vor allem unsere Idee mit deiner Hilfe zu realisieren, die wir in den letzten Wochen deines irdischen Daseins hatten. Deine Geschichte festzuhalten um damit vielleicht auch anderen helfen zu können, und dass wir diese Geschichte in dieser Form weiter fortführen können, ist einfach genial. Lieben Dank!

Werner:
Ja, es ist auch wunderbar für mich, denn wir hatten das ja schon geplant. Darum hat es mich verwundert, dass du die Tafel nicht ganz verstanden hast. Ich wollte Dich auch ehrlich gesagt wieder etwas anschieben, denn mir bleibt nicht unendlich viel Zeit dafür. Wir haben ein Zeitfenster, das mir gegeben wurde, und in diesem Zeitfenster darf ich mich mit dir auseinandersetzen in Form dieses Buches, mit meiner Geschichte auseinandersetzen in Form dieses Buches und überhaupt mit dieser ganzen Verbindung zwischen der Geistigkeit und der Körperlichkeit. Eine wunderbare Geschichte, die entstehen wird und so noch nicht zu Papier gebracht wurde. Das war ja unser Vorhaben, und wir sollten dieses Vorhaben nun tatsächlich verfolgen und rasch möglichst in die Tat umsetzen. So wie es natürlich deine Zeit erlaubt, auch das werde ich berücksichtigen. Du kannst aber davon ausgehen, dass es ein tägliches Vierundzwanzig-Stunden-Programm geben wird. Du wirst deine Ruhephasen haben, aber sogar im Traum werde ich mit dir arbeiten, damit dir auch ganz klar wird, was es hier zu vermitteln gilt.

Vera:
So, dann haben wir ja das mit der Schiefertafel jetzt geklärt, Werner. Wie das Ganze dann im Einzelnen auszusehen hat, können wir ein andermal gerne besprechen. Oder es kann ja auch durchaus möglich sein, dass du diese Informationen im Traum direkt an Gaby weitergibst, dass ich als Vermittler da gar nicht so unbedingt reinpassen muss. Das könnt ihr unter euch ausmachen, je nachdem ... und wenn ihr mich braucht, ich stehe zur Verfügung.

Jetzt hätten wir noch die Frage zu deiner Schwester. Inwieweit siehst du es für sinnvoll an, dass wir deine ältere Schwester mit einbeziehen in die Tatsache, dass wir mit dir kommunizieren?

Werner:
Es wird sicherlich keine einfache Aufgabe sein, meiner Schwester das zu vermitteln und es muss in kleiner Dosierung erfolgen. Dann wird sie allerdings eines Tages selbst auf die Idee kommen und es wird ihr auch gelingen und ich werde diese Verbindung fördern, indem ich öfter bei ihr vorbeischaue. Es ist aber wichtig, dass es immer nur kleine Informationen sind. Wenn sie dann mehr wissen will, kann sie Gaby gerne ansprechen. Sie muss auch selber aktiv sein wollen, um diese Verbindung zu mir herzustellen. Es wäre ihr durchaus möglich, wenn sie die Schranke in ihrem Gehirn hochfahren würde, die sie daran hindert, letztendlich die letzte Konsequenz doch noch zu glauben und die nötig ist, um in diesen Kontakt einzutauchen. Wenn Gaby sie mit ganz normalen Worten und mit kleinen Stückchen füttert, wird sie die Schokolade fressen.

Vera und Gaby: (lachen)

Gaby: *Nett gesagt. Werner hat zu Lebzeiten immer in „Schokoladen-Einheiten" gedacht! Dann die Feier am 12. November, was sagst du denn dazu, Werner?*

Anmerkung: Ich hatte an diesem Tag einen Gedenkgottesdienst in der Kirche neben dem Heim geplant.

Werner:
Was ich dazu zu sagen habe, habe ich im Grunde genommen schon gesagt. Die Idee an sich finde ich ganz ausgezeichnet, auch wenn es mir jetzt in der geistigen Welt nicht mehr so ganz wichtig ist, wie es vielleicht einem Menschen erscheinen mag. Da ich aber diese Körperlichkeit noch habe und es mir auch gute Energien schenkt, wenn Menschen liebevoll an mich denken, befürworte ich diesen Schritt sehr und werde selbstverständlich anwesend sein, auch in der ersten Reihe.

Vera: (lacht)
Das ist ja herrlich, dieser Humor. Und Gaby kann nur noch „ohhhh" sagen. Also wir wissen jetzt, was eure Verbindung bewirken soll. Oder gibt es da noch etwas, das wir noch nicht wissen?

Werner:
Die Wirkung steht sozusagen noch gar nicht wirklich fest. Das möchte ich noch herausfinden. Denn es geht ja zunächst einmal darum, etwas zu Papier zu bringen, was die Menschen bewegt und was auch aufklärend sein soll. Ein Zwischending zwischen einem Sachbuch und einer Dokumentation. In vielerlei Hinsicht wird es ein Sachbuch werden, denn es ist ja sehr sachlich zu betrachten,

dass die Welten miteinander kommunizieren können und dass es Menschen gibt, die diese Kommunikationsweise erlernen können. Das wird Tür und Tor öffnen für Kritik, aber wir, beziehungsweise ich freue mich schon sehr darauf, auch dem etwas entgegenstellen zu können. Ich warte ja nur darauf, dass jemand das, was wir hier erleben infrage stellt.

Vera:
Ja, davon kann man wahrscheinlich ausgehen, dass da einiges infrage gestellt wird. Aber es gibt ja schon sehr viele Menschen, die bei dem Thema sehr offen sind.

Werner:
Ja, das ist wohl wahr.

Vera:
Gaby möchte etwas sagen.

Gaby:
Aha, ja. Eigentlich wollte ich mein Kochbuch schreiben!

Werner:
Du weißt ja selbst, dass ein Kochbuch zu jeder Zeit geschrieben werden kann. Aber für das, was wir jetzt vorhaben, gibt es ein Zeitfenster und für das Kochbuch nicht.

Gaby:
In Ordnung, ja, das stimmt. Gut, Werner – ich werde mich an die Arbeit machen. Die Schreibzeiten werden – wie du mich kennst – am Abend und in der Nacht sein. Weil ich dann offen bin und besser empfangen kann.

Meine Inspiration ist zu diesen Zeiten gut, darum werden wir uns verabreden, ich werde dir ein Zeichen geben, und dann werden wir schreiben.

Werner:
Auch ich werde dir Zeichen geben, denn die Zeitpunkte werden ganz bewusst von mir gewählt werden. Es werden die Zeitpunkte sein, wo die Schleier zwischen meiner Welt und Deiner Welt ganz dünn sind und manchmal sogar gelüftet sind. Du wirst dich wundern, wie Zeitqualitäten Einfluss haben auf das, was wir miteinander tun und überhaupt ihr Menschen tut. Es war mir nie in diesem Ausmaß bewusst, jetzt weiß ich es aber ganz klar. Daher werden wir diese Stunden wählen, die, wie du richtig sagst, die am Abend und in der Nacht sind, weil dann diese Verbindung eine größere Klarheit hat. Ich werde ebenfalls auch deine Signale beachten und auch deinen Zeitplan bedenken. Ich möchte dir aber sagen, dass ich ebenfalls zu ganz spezifischen Zeiten mit dir in Kontakt treten werde, damit du genau und in großer Klarheit meine Worte zu Papier bringen kannst.

Gaby:
Sehr gut, Werner, so machen wir es. Ich bin gespannt auf diesen Verlauf. Und eventuell in diesem Arbeitsprozess werden wir die Vera nochmal hinzuziehen, wenn ich vielleicht nicht weiterkomme. Wir werden sehen ...

Werner:
Das ist selbstverständlich, Vera ist immer unsere erste Wahl (Vera lacht!) *und ich freue mich sehr, dass sie mir die Möglichkeit gibt, so klar mit dir sprechen zu können. Es kommt eine große Klarheit durch ihre Worte und durch*

ihr Energiefeld. Es ist sehr wohlgeformt, was durch ihren Mund von meiner Energie zu dir fließen darf. Das möchte ich sagen. Es ist auch ein Lob an Vera.

Vera:
Oh, ich bedanke mich, Werner.

Werner:
Ich möchte aber noch etwas sagen indem ich mich selber lobe. Denn das, was mit der Waschmaschine passiert ist, hat mir große Freude bereitet. Es war für mich ein so großer Gewinn, dass ich – wenn ich jetzt noch einen Körper hätte – mit geschwellter Brust vor euch stehen würde und vor Stolz erstrahlen würde. Es war mir wirklich nicht möglich, das zu glauben. Und wenn mir das jemand zu Lebzeiten erzählt hätte, hätte ich ihn nur ausgelacht. Aber jetzt stehe ich hier und weiß, dass ich tatsächlich in der Materie noch etwas bewegen kann, obwohl ich selbst nur noch Geist bin.

Gaby:
Ja, ich weiß Werner ... ich spüre und merke es ... und es ist unglaublich. Aber es beweist auch das, was wir eigentlich schon vor vielen Jahren geahnt oder gar gewusst haben. Ein Geist, wie du jetzt bist, kann Materie bewegen.

Werner:
Es geht aber nur, indem ich auch deine Energien dazu nutze, denn wenn du nicht empfänglich wärest, würde ich ins Leere treten.

Vera:
Es geht nur in der Verbindung, Gaby stimmt dem zu.

Gaby:
Das ist ein guter Hinweis, genauso wie du mir geholfen hast die Teichpumpe auszutauschen. Mir ist das alles bewusst, weil es war immer dein Job zu Lebzeiten.

Werner:
Ja, auch darauf bin ich stolz.

Gaby:
Du hast meine Hände geführt

Werner:
Es ist auch ein wunderbares Gefühl und eine wunderbare Verbindung, sich mit dir als Körper zu verbinden. Das mache ich nicht sehr oft, weil es dich Energie kostet. Aber manchmal bediene ich mich deines Körpers, um dich in eine bestimmte Richtung zu bewegen. Es darf aber nicht allzu oft geschehen, und dessen bin ich mir bewusst.

Vera:
Das ist auch gut zu wissen.

Gaby:
Könnte es sein, Werner, dass du auch manchmal den Körper des Hundes benutzt, um dich bemerkbar zu machen?

Werner:
Der Hund spürt mich, das ist unsere Verbindung. Er erkennt ganz genau, wenn ich bei euch bin. Ich benutze seinen Körper nicht, aber er reagiert auf mein Dasein.

Gaby:
Ja, das haben wir schon bemerkt. Auch das ist ein wirklich gutes Zeichen.

Werner:
Dann freue ich mich, dass ich wieder etwas beitragen konnte und dass ich dir jetzt endlich auch durch Worte mitteilen konnte, was der Plan ist. Und wir werden diesen Plan erfüllen und werden dadurch viel bewegen. Du wirst sehen ... Du hast vorhin nach deiner Seelenaufgabe oder Lebensaufgabe gefragt. Du wirst erstaunt sein, wie sehr sich deine Aufgabe in dem, was wir hier manifestieren, widerspiegeln wird und wie viel Resonanz du erhalten wirst von den Menschen, die dir so dankbar sind, dass das, was sie selber spüren, endlich zu Papier gebracht wurde. Auf eine nicht spirituelle Weise, sondern durch den Mund der die Worte des Volkes ausspricht. Somit werden sie deine Literatur ganz anders verdauen können und ganz anders annehmen als das, was bisher auf diesem Markt zu finden war.

Vera:
Da bin ich aber gespannt. Auf das Buch bin ich schon neugierig.

Gaby:
Ja, Werner, ich habe verstanden.

Vera:
Nun, gibt es noch was zu sagen?

Gaby:
Ich danke Werner für die Begleitung und dass er da ist und wir gemeinsam noch etwas bewirken können.

Vera:
Ich merke, dass die Verbindung dünner wird. Werner, du ziehst dich schon zurück. Und ich möchte mich auch noch von dir verabschieden. Ich bedanke mich für die große Freude, die du immer mitbringst und wie sehr du auch mein Herz erfreust.

Werner:
Ja, ich grüße die beiden Damen in diesem Raum und merke, dass ich mich jetzt zurückziehen soll. Es bleibt mir keine Wahl, denn auch ich muss um Erlaubnis bitten, und es gibt immer nur Zeitfenster, die mir erlaubt werden, weil ich ja auch in dieser Welt noch eine Aufgabe habe und mir vieles bewusst werden muss.

Vera:
Okay Werner, dann verabschieden wir uns von dir.

3.2 Der Plan „Buch" nimmt Form an

Und wieder saß ich in Veras Raum, war ziemlich sprachlos und rang nach Worten. War das wirklich Werner? Vieles sprach dafür, wie zum Beispiel die Redewendung „dann wird sie die Schokolade fressen". Oder seine Aussagen über die ziemlich genaue Vorgehensweise, was das Buch betraf. Das, worüber wir in 40 Jahren immer wieder diskutiert, philosophiert und argumentiert hatten, schien plötzlich Realität zu sein. Ich konnte es kaum glauben, aber es war wahr. Werner war präsent wie eh und je. Kein Wunschgedanke, keine Fata Morgana und kein Hirngespinst. Sein ihm ureigener feiner Humor schimmerte durch in diesen Gesprächen, und das erfüllte mich mit unbeschreiblicher Freude.

Der bei dieser Sitzung entstandene Dialog inklusive der Beantwortung meiner Fragen sprachen Bände! Das kann sich kein Medium in dieser Geschwindigkeit ausdenken, da ich ja die Fragen erst während der laufenden Sitzung gestellt hatte.

Vera verließ den Raum, um die Aufzeichnung der Sitzung für mich zu kopieren, während ich meinen Gedanken nachhing. Als Vera den Raum wieder betrat, unterhielten wir uns über den Inhalt des eben stattgefundenen Gesprächs mit Werner und stellten gemeinsam fest, dass es sich hier um ein gewolltes Projekt aus der geistigen Welt handelte und Vera als Medium ein Teil davon war. Darum bot sie mir an, alle weiteren Sitzungen mit Werner während dieses Prozesses unentgeltlich zu leisten, da auch sie sehr gespannt auf den Verlauf war. Noch nie zuvor in ihrer langjährigen Praxis als Medium wurde ein solches Ansinnen, über eine längere Periode zu kommunizieren, von einer Wesenheit aus der geistigen Welt gestellt. Und Werner brachte ja deutlich zum Ausdruck, dass weitere Gespräche folgen sollten. Ich erhielt meine CD, bedankte mich bei Vera und fuhr nach Hause.

*

Am Tag darauf rief ich einen befreundeten Arzt und Psychotherapeuten an und bat ihn um einen Besuch. Am Montag, den 26. Oktober, kam Ludwig Kirzinger abends zu mir.

Ich erzählte ihm kurz meine Erlebnisse mit dem Medium und spielte ihm die Aufzeichnung des ersten Protokolls vor. Er schien überhaupt nicht geschockt zu sein und meinte, das klänge alles sehr authentisch. In seiner langjährigen Erfahrung als Psychotherapeut und durch die berufliche und private Beschäftigung mit parapsychologischen Phänomenen sei er fest davon überzeugt, dass Seele, Geist oder Energie eines Menschen auch nach dessen irdischem Ende weiter existiere und durchaus kommunikationsfähig sei. Vor allem, da er Werner ja zu Lebzeiten gekannt und eine Weile therapeutisch betreut hatte, traute ich ihm ein solches Urteil in diesem Fall zu.

In dieser Nacht musste ich lange nachdenken und habe meine Gedanken, die Ereignisse und die daraus resultierenden Erkenntnisse in Stichpunkten schriftlich festgehalten.

Real ist, dass am 3. April 2015 (Karfreitag) bei meinem Besuch an Werners Krankenbett in der Pflegestation des Selberdingerheims folgender Dialog stattfand. Hier ein Auszug:

Gaby:
"Werner, ich habe die letzten Jahre durch dich vieles gelernt und ich danke dir für deine Freundschaft. Ich bin sehr stolz auf dich, du hast deine Lebensaufgabe erfüllt und dein Karma abgebaut. Es gebührt dir großer Respekt.

"Danke."

"Bist du auch stolz auf dich?"

"Ja, bin ich."

"Erlaubst du, dass ich über deine Geschichte ein Buch schreibe?"

"Ja."

"Danke, Werner. Was immer auch geschieht, dann schreibe ich ein Buch über deine Geschichte. Hast du das jetzt verstanden, Werner?"

"Ja, habe ich ... ich danke dir."

Dieses Gespräch wurde mit Werners Erlaubnis per Video aufgezeichnet und ist damit ein wichtiges Dokument in dieser Geschichte. Ebenfalls am gleichen Tag sagte Werner sehr klar bei Verstand: „Gaby, ich habe noch ein paar kleine Dinge zu erledigen, und dann will ich nach Hause."

Es war uns beiden wohl klar, was er damit meinte, aber wir sprachen es an diesem Tag nicht aus. Und nun, etwa fünf Monate später, forderte Werner mein Versprechen ein.

Niemand hat von diesem Gespräch gewusst, niemand hat die Videoaufzeichnung gesehen, und niemandem hatte ich von diesem Plan erzählt. Das war sehr intim und sozusagen unser letztes großes Geheimnis.

In den Wochen und Monaten nach Werners „Davonfliegen" war mir allerdings nicht nach Schreiben. Ich war traurig und dachte manchmal an dieses Versprechen. Aber wie das so ist, man schiebt es vor sich her und denkt „ja irgendwann schreibe ich Werners Geschichte auf ..."

Mit der von Geisterhand sich bewegenden Schiefertafel samt Griffelkasten erinnerte mich Werner konkret an mein Vorhaben. So konnten wir es in dem Protokoll hören und lesen. Einen glaubwürdigeren Beweis konnte es nicht geben, dass ich tatsächlich über das Medium Vera mit Werner sprach. Es war für mich wie ein großes Wunder und die Erleuchtung schlechthin. Es war also wahr, worüber wir zu Lebzeiten so oft miteinander diskutiert hatten. Und auch die Behauptung meiner Mutter vor mehr als 50 Jahren, sie könne sich mit ihrer allzu früh verstorbenen Mutter und ihrem erstgeborenen Sohn auf nonverbale Weise austauschen, entsprach der Wahrheit. Als Kind bei den regelmäßigen Friedhofbesuchen hatte ich das allerdings nie so ganz ernst genommen.

*

In den folgenden Wochen musste ich eine wichtige Veranstaltung vorbereiten, ich hielt Seminare, ich dozierte bei Prüfungstrainings, hatte somit viel zu tun, und es lenkte mich ab. Immerhin gelang es mir, die Ferienwohnung in Taching pünktlich zum 12. November für ein paar Tage zu buchen. Ich hatte ja den Heimbewohnern, mit denen Werner befreundet gewesen war, versprochen, eine kleine Erinnerungsfeier inklusive einer Messe in der St. Laurentius Kirche nahe des Heimes zu organisieren.

Eben jene im letzten Protokoll angesprochene kleine Feier. Werner hatte ja angekündigt, ebenfalls anwesend zu sein.

Mein Besuch in Taching sollte für mich ein kleiner Test werden. Ich wollte ausprobieren, wie es mir in der geliebten Ferienwohnung ginge, nachdem Werner ja physisch nicht mehr bei uns war und meine Besuche bei ihm im Heim sich erübrigten.

3.3 Mein Besuch im Selberdingerheim

Am 12. November packte ich meine Sachen und den Korb mit Lebensmitteln sowie Hund Leo in mein Auto. Unterwegs besorgte ich Kekse, Kuchen und vor allem löslichen Kaffee für unser kleines gemütliches Treffen.

Als ich um etwa 17.30 Uhr ankam, warteten schon etliche Heimbewohner hübsch gekleidet im Aufenthaltsraum und begrüßten mich herzlich und voller Respekt. Nach einer Stunde des persönlichen Austauschs bat ich die sechs Bewohner um Verständnis, dass ich nun schon mal voraus zur Kirche gehen wollte, um den Pater und den Mesner vor Beginn der Messe zu treffen.

In meiner Tasche befanden sich der Rest von Werners Kommunionkerze und sein gerahmtes Foto. Die Kommunionkerze, die ich all die vielen Jahre aufbewahrt hatte, war von mir in ein hohes Glas mit Ziersteinen „einbetoniert" worden, und oben hatte ich einen durchsichtigen Plastikbecher mit Loch im Boden um den Docht platziert. Dieses Gebilde hatte bei der Trauerfeier am Waldfriedhof schon gute Dienste geleistet, und weder in der Aussegnungshalle noch bei dem langen Gang bis zum Grab war die Kerze jemals ausgegangen.

Seitlich der Kirche fand ich die Sakristei. Ich klopfte an die Tür und trat ein.

Der Pater stellte sich vor, wir unterhielten uns kurz. Dem ebenfalls anwesenden Mesner gab ich die mit der Pfarrsekretärin verabredete Spende für die Messe und bat ihn, sowohl die Kerze, als auch das Bild vorne links auf dem kleinen Seitenaltar aufzustellen. Er nickte freundlich und sagte: „Das mache ich doch gerne."

Ich bedankte mich, verließ die Sakristei und ging außen um die kleine Barrockkirche herum, fand den Haupteingang und nahm in der zweiten Reihe vorne links Platz. Von hier konnte ich das aufgestellte Foto und die Kerze gut sehen. Die erste Bank blieb leer. Zu mir gesellte sich eine nette Mitbewohnerin aus dem Heim. Die anderen nahmen weiter hinten Platz.

Die Messe begann. Ich fühlte mich unendlich traurig, leer und erschöpft. Immer wieder stiegen die Tränen in meine Augen, und die nette Dame neben mir versorgte mich mit Papiertaschentüchern. Mit meinen verschleierten Augen wähnte ich ab und an Werners markante, schlanke Hand mit den langen Fingern an der Rückenlehne der ersten Bank zu sehen. Aber vielleicht waren ja nicht nur meine Augen sondern auch mein Urteilsvermögen getrübt ob meines Kummers.

In der katholischen Liturgie folgt nach der Gabenbereitung das Hochgebet, das Gebet für die Verstorbenen, insbesondere derer, denen die Messe gewidmet ist. Der Pater nannte laut Werners Namen. Anschließend beten alle gemeinsam das „Vater Unser". Danach folgte der Friedensgruß „Der Friede sei mit Euch ... und gebt aneinander ein Zeichen ..."

Just in diesem Moment ging diese wirklich große Plastikumhüllung der brennenden Kommunionkerze in helle Flammen auf! Ich starre völlig entgeistert dorthin und überlegte, wie ich von der zweiten Bank nach vorne käme.

Flammen schlugen hoch, mein Kerzengebilde brannte lichterloh, die Messe ging weiter und niemand nahm Notiz. Ich winkte einem der Messdiener, der mich zunächst nicht wahrnahm. Nach einer gefühlten Ewigkeit sah er meinen erhobenen Arm und ich deutete ihm, das Feuer zu löschen, als sich in diesem Moment der Rest des schmelzenden Plastikbechers ganz langsam wie in Zeitlupe von der Kerze löste und ebenso langsam und lautlos zu Boden schwebte und die Flamme erlosch.

Das triumphierende Gesicht Werners blitzte ganz kurz auf, ich grinste ihn an und sagte im Geiste zu ihm: „Na Werner, so theatralisch hätte es dann auch nicht sein müssen! Aber ich freue mich natürlich sehr, dass du tatsächlich in der ersten Reihe anwesend bist wie du es bei der Sitzung mit Vera angekündigt hattest!"

Wohlgemerkt, in der Kirche ging kein Luftzug, die Kerze stand fest in diesem Glasgefäß auf dem kleinen Altar, niemand war in der Nähe, die erste Bank war leer, es konnte folglich nicht daran manipuliert worden sein. Ich konnte das alles kaum glauben. Und doch war es Realität. Werner hatte wieder ein – diesmal angekündigtes – Zeichen gegeben. Mit einem Lächeln im Gesicht folgte ich dem letzten Teil des Gottesdienstes. Alles war gut!

Hinterher gingen wir gemeinsam zurück in den Aufenthaltsraum des Heimes und saßen noch eine Weile beieinander, redeten über Werner und über die Episode mit der brennenden Kerzenumhüllung.

Zurück in der kuscheligen Ferienwohnung schrieb ich dann meine Eindrücke nieder, und ich fühlte mich erstaunlich gut dabei. Immerhin hatte ich seit zwölf Jahren die Wohnung ausschließlich dazu genutzt, um Werner zu besuchen. Aber an diesem Abend wusste ich, Werner ist stets mit mir. Wo immer ich bin, wird er mich begleiten bis an das Ende meiner Tage. Ein wirklich gutes Gefühl!

*

Die Tage darauf nutzte ich, um im Keller des Heims Werners Sammelsurium an Kleidung, Bastelutensilien, Aufzeichnungen, CDs, Ordnern, Werkzeugen und Möbeln zu sortieren. Werner war mit mir. Ungestört und mit seiner Hilfe sortierte ich die vielen vollgestopften Umzugskartons, und wir beschlossen, den Großteil seiner Kleidung in den gerade vom Haus organisierten Transport ins Kosovo zu geben. Etliche Kleinteile verschenkte ich an die Bewohner. Der von Werner so geliebte große Schreibsekretär mit samt dem antiken Stuhl ging an eine liebe Mitbewohnerin.

Meine Räumaktion dauerte drei Tage. Und am letzten Nachmittag belud ich mein Auto mit zwei großen Überseekoffern, etlichen gefüllten Plastiktüten sowie dem Flachbildschirm, den seine Schwester und ich ihm nach Weihnachten gekauft hatten. Ich verabschiedete mich von den mit Werner befreundeten Bewohnern und fuhr davon. Aber nicht ohne das Versprechen abzugeben, auch weiterhin ab und an zu Besuch zu kommen.

In diesem Zusammenhang möchte ich anmerken, dass ich in den 14 Jahren meiner Besuche in Langzeittherapieeinrichtungen und Heimen für psychisch Kranke leider feststellen musste, dass die meisten Bewohner nie oder nur sehr selten Besuch von Angehörigen oder gar früheren Freunden bekamen. Eine für mich höchst betrübliche Feststellung. Wie Aussätzige wurden diese durchaus umgänglichen Menschen teilweise von ihren Angehörigen behandelt. Meine Besuche dort waren für jene, die unmittelbar mit Werner zu tun hatten, jedes Mal ein Highlight. An allen Feiertagen wie Weihnachten oder Ostern, die ich all die Jahre stets mit Werner verbracht hatte, hatte ich stets eine Kleinigkeit für seine neuen Freunde dabei.

Nach diesen Besuchen stellte ich mir öfter die Frage, ob diese Menschen da drinnen die wahre Realität darstellten – und ob nicht eher unsere Gesellschaft „hier draußen" verrückt war.

Kapitel 4. Das Buch – der erste Versuch

November 2015, ein Jahr voller schmerzlicher Ereignisse und großer Anstrengungen, privat als auch geschäftlich, lag fast hinter mir. Der Alltag hatte mich – wie immer im Herbst – mit den Vorbereitungen für Veranstaltungen, mit Seminaren und mit Prüfungsabnahmen in Beschlag genommen. Hinzu kam, dass ich mich mit ziemlichem Verdruss von einem von mir seit zwei Jahren betreuten Künstler trennte und diese Tatsache ein ziemliches Minus in meine Kasse riss. Es war alles sehr anstrengend, und ich fühlte mich leer und ausgelaugt.

Trotzdem schickte mir Werner immer wieder gute Impulse, wie ich die berufliche Strategie verändern sollte, sodass wieder Land in Sicht kommen könnte. Und dann war da noch das versprochene Buch mit und über Werner.

Ich machte einen Vermerk in meinem Kalender, am 19. Dezember zu beginnen. Das Inhaltsverzeichnis flog mir zu. In weniger als 30 Minuten tippte ich die Abfolge der Kapitel in den Computer. Eingebung oder geführt?, fragte ich mich.

Ich vertiefte mich in die alten Aufzeichnungen, Protokolle, Kalender und Ordner. Der komplette „Fall Werner" war ja von mir dokumentiert worden. Ich nannte diese Dokumente seit vielen Jahren intern für mich „Das Protokoll eines Desasters". Die Folgen der Geschehnisse waren fatal und eine menschliche Tragödie. Allerdings beinhalteten diese Desaster auch immer wieder Momente des Glücks und der kleinen Fortschritte, die Mut zum Weitermachen gaben.

Kurzum ... ich erlebte alles noch einmal, ein sehr schmerzlicher Prozess. Es wurde mir in dieser Retrospektive sehr klar, dass solch ein Unterfangen, wie wir es damals begannen, nur im Zweiergespann funktionieren konnte. Die eine (ich), welche die Energie, die Motivation und die richtige Vorgehensweise vermitteln konnte – auch unter der Prämisse des Abbruchs der Hilfsmaßnahmen. Und der andere (Werner), der Vertrauen hatte, sich anstrengte und mitging, auch wenn immer wieder Rückfälle vorprogrammiert waren.

Dennoch, im Nachhinein betrachtet, hatte Werner trotz der schweren Behinderung ein unglaubliches Kraftpotential aktivieren können, sodass wir uns über die Jahre an den vielen kleinen Erfolgen gemeinsam hatten erfreuen können.

Nach den ersten 20 Seiten dieses „Reports" bekam ich jedoch meine Zweifel, ob diese chronologische Schilderung einer menschlichen Katastrophe tatsächlich der richtige Weg war, Werner und seiner Geschichte gerecht zu werden. Nach Weihnachten bat ich Vera um eine erneute Sitzung, um Werners Meinung zu dem bisher Geschriebenen zu hören.

4.1 Die dritte Sitzung mit Werner durch das Medium Vera

Anfang Januar 2016 verabredeten Vera und ich, dass wir ein kleines Experiment starten wollten. Auch Vera war mittlerweile ein Teil dieses Projektes und trotz ihrer langen Erfahrung als Medium neugierig geworden. Die geplante Sitzung mit Werner sollte diesmal ohne mich stattfinden, um herauszufinden, ob sich Werner an diese Art der Kommunikation aus der anderen Welt gewöhnt hatte und ob die Inhalte auch ohne mein Beisein authentisch wären. So wollte ich Gewissheit erlangen, dass es tatsächlich Werner war, der da sprach. Ich schrieb ein paar Fragen auf, die Vera an ihn richten sollte.

Vera:
Heute ist Dienstag, der 12. Januar 2016. Talim, ich grüße euch recht herzlich. Es ist mir sicherer wenn ich über euch gehe, damit ihr mir sagt, ob es möglich ist, mit Werner zu sprechen und zunächst auch einmal, was Werner sagt zu den Zeilen, die Gabriele schon geschrieben hat. Wenn ihr noch einen Kommentar habt, so sind wir dankbar, wenn wir den von euch haben können.

Talim:
Wir, Talim, die Gnade Gottes, grüßen dich in diesem Raum des Lichts und grüßen auch Gabriele, die unsere Worte anhören wird. Wir möchten euch sagen, dass euer Projekt ein wunderbares Projekt ist. Es wird viele Menschen berühren, und darum möchten wir es auch mit unserer Energie kraftvoll unterstützen. Wir möchten sagen, dass Werner wenig Zeit gebraucht hat, bis er sich von den Ereignissen auf der Erde erholt hat. Er

wurde sehr gut geführt und wurde abgeholt von einem ganz besonderen Engel – dem Engel der Gnade. Denn es war eine große Gnade für Werner, aus seinem Körper zu gehen. Es war auch eine große Gnade für ihn, erleben zu dürfen, was er erlebt hat auch wenn es von außen nicht immer angenehm ausgesehen hat, so hat er doch in seinem Inneren nur bedingt gelitten. Denn der Engel der Gnade bewirkt, dass eine große Akzeptanz im Menschen entsteht und dass über diese Akzeptanz das Leben angenommen werden kann, so wie es ist. Durch das starke Annehmen von Werner konnte er dann auch den Körper verlassen, anstatt noch Jahre in diesem Körper gefangen zu sein. Die Erkenntnisse, die er gewonnen hat, wird er euch zu gegebener Zeit mitteilen, denn genau darum soll es in diesem Buch gehen. Es soll ja nicht ein Buch des Dramas werden, ein Buch der Frustration und ein Buch, das Angst macht vor dem Leben selbst. Es soll Mut zusprechen, Mut all jenen, die erkennen, dass der Weg, den sie sich gewählt haben für eine Inkarnation ein schwieriger Weg ist, der aber nicht nur ihnen dient, sondern allen, die mit ihnen in Berührung kommen und auch allen Menschen, die auf diesem Planeten zur Zeit inkarniert sind. Da ihr ja alle Eins seid, gibt jeder Mensch sein Bestes, gibt jeder Mensch das, was er geben kann an Erfahrung, an Leben, an Lebenszeit. Und wenn ihr das erkannt habt, dass dieser Planet – der Schulplanet Erde – ein Planet ist, wo jeder von jedem lernen kann, jeder von jedem lernen kann. Dann eines Tages werdet ihr aufhören, das zu verurteilen, was euch fremdartig oder andersartig erscheint. Wir möchten euch also sagen, dass die Zeilen, die Gabriele geschrieben hat, in Werners Sinn sind, die Zeilen sollen einen Weg einleiten. Die Beschreibung eines We-

ges, der kein leichter Weg war, und sie sollten auch immer wieder daran erinnern, dass die Orchestrierung des Universums auf eine ganz wunderbare Weise geschieht. Und dass diese wunderbare Weise geführt und geleitet ist, und dass die Seele zu jeder Zeit und an jedem Ort behütet und aufgefangen wird. Aufgefangen zum einen aus der geistigen Welt und zum anderen natürlich durch euch, die Menschen, die ihr euch gegenseitig Dienste erweist wie die Seelenfamilien, die gemeinsam inkarnieren und die sich immer wieder unterstützen auf ihrem Weg. Der Weg, den er gewählt hatte, war der Weg der Krankheit; der Weg der Erkenntnisse, in einem Körper gefangen zu sein; und der Weg der Erkenntnis, dass der Verstand allein euch im Leben nicht weiterbringt. Denn der Verstand und bestimmte Anteile des Verstandes sind ja von euch geprägt, geprägt von euren Eltern, geprägt von eurer Zellerinnerung, die eine ganze Ahnenreihe beinhaltet, und geprägt vom Anfang der Menschheit. Als die Menschheit auf die Erde kam zu einem Zeitpunkt, der schon so lange her ist und der immer noch in euren Zellen besteht, ist es ein anderes Leben gewesen als das, welches ihr heute führt. Es ist ein langsames Leben gewesen im Vergleich zu dem, das ihr erlebt. Es ist ein Leben gewesen, wo der Mensch noch verbunden war mit der Natur. Ihr aber entfernt euch immer mehr von der Natur, ihr entfernt euch immer mehr von den natürlichen Ressourcen, von den natürlichen Verbindungen des Menschen mit der Erde. Deshalb entstehen genau diese Erkrankungen, in die Werner nun gegangen ist. Er will zeigen, was es bedeutet, in einem Körper gefangen zu sein der geplagt war durch ein Nicht-Erkennen; geplagt durch ein Bewusstsein, das geglaubt hat, es müsse den Erwartungen der anderen entsprechen. Den Weg, den er gewählt hat, ist, genau das aufzuzeigen. Was geschieht mit einem Menschen, der von seinem Weg abkommt, der sich verliert in sich, der sich verliert im Tun, der sich verliert im Verantwortungsbewusstsein den anderen gegenüber. Natürlich hat Werner sich zu keinem Zeitpunkt wirklich verloren, denn er wusste ja genau was er tat. Zumindest das Unterbewusstsein, die Seele wusste es ganz genau. Das hat zu all den glücklichen und unglücklichen Umständen in seinem Leben geführt.

Ein glücklicher Umstand war natürlich die Begegnung mit Gabriele. Der unglückliche Umstand war, dass er in einem Körper und in einem Geist gefangen war, der von außen beobachtet einer Seelenwanderung gleichkam. Denn eine Seelenwanderung ist ja auch in eurem Körper möglich. Dass eine Seele in einen Körper wandert, wenn der Mensch den Körper verlassen hat; wenn die Seele den Körper verlassen hat des Menschen, dessen Weg zu Ende gegangen ist. Aber bei Werner war es keine Seelenwanderung, bei Werner war es eine Veränderung der Persönlichkeit, eine Veränderung im Denken, im Tun und im Handeln. Eine Veränderung, die von außen betrachtet erschreckend war. Und Werner, dessen Seele diesen Vorgang beobachtete, war in sich gefangen. Aber auf eine Art und Weise, die ihn auch oft zum Schmunzeln brachte. Er als beobachtendes Moment hatte immer wieder das Gefühl, dass er in einem Körper ist, der aber nicht sein Körper war, sondern der Körper eines anderen. Er selbst hatte manchmal das Gefühl, eine Seelenwanderung vorgenommen zu haben. Von einem Körper in einen Körper den er nicht kannte, von etwas, das ihm nicht mehr gehorchte. Etwas, das nicht mehr das tat, was er wollte. Bis zu dem Zeitpunkt, an dem er sogar zweifelte, ob er es je gekonnt hatte. Es wird also noch viele

Nachrichten von Werner geben, der euch ganz klar sagen wird, welche Gefühle und welche Emotionen in ihm waren. Wie viel Nöte er hatte. Aber auch, welche Freude in ihm hochstieg, wenn Gabriele bei ihm war. Manchmal hat er Gabriele als sehr streng empfunden, aber er hat dann auch erkannt, dass ohne ihre Strenge und ohne ihre Kraft der Weg für ihn sehr viel schwerer geworden wäre. So möchten wir die Worte von Werner nutzen und möchten euch damit zu verstehen geben, dass es also nicht um das Drama und die Fehlentscheidungen geht, sondern mehr um die Ursache, die dazu geführt hat. Denn wenn ihr euch zu sehr auf eure weltlichen materiellen Dinge verlasst und konzentriert, dann wird euch genau das geschehen. Ihr werdet vom Weg abkommen und werdet euch verlieren. Ihr werdet hilflos dem System ausgeliefert sein. Einem System, das geändert werden muss aber noch nicht geändert werden kann, weil das Bewusstsein innerhalb des Systems einfach noch nicht vorhanden ist. Wenn ihr also einem System ausgeliefert seid, dann werdet ihr erkennen, wie wenig Macht ihr wirklich über euer Leben habt und wie wichtig es ist, eine Verbindung mit Menschen einzugehen, die in eurer Seelenfamilie inkarniert sind und die euch unterstützen. Diese Vereinbarungen sollten deutlich machen, wie sehr ein Mensch vom anderen abhängt und wie sehr das Wohlwollen eines jeden mit dem Leben eines anderen kollidiert – oder liebevoll miteinander ausgeführt werden kann, was die Seele sich gewählt hat.

So ist es geschehen zwischen Werner und Gabriele. Und wenn ihr das in eine lichtvolle Energie packt, dann wird es ein Buch des Lichts sein! Es sollte auch auf dem Cover ein Licht zu sehen sein, ein Licht, in das ihr alle eines Tages zurückkehrt. Aus dem ihr gekommen seid und das euch ewig begleitet, auch wenn es euch nicht bewusst ist. Wir möchten also sagen, dass Gabriele den Fluss nutzen sollte, der ihr geschenkt wird. Den Fluss, sich zu konzentrieren auf die Botschaften von Werner, der ihr immer wieder auch seine Emotionen übermitteln wird. Der ihr ganz klar sagen wird, warum dieser Weg der Weg für ihn war und warum ihm das geschehen ist was geschehen ist, ohne dass ihr verurteilen müsst, was geschehen ist.

Natürlich krankt das System und natürlich werden viele Menschen in dieses System fallen und durch ein Raster der Gesundheit fallen, in die Krankheit fallen, bodenlos fallen. Aber nicht ungewollt, denn ihr dürft nicht aus den Augen verlieren, was die Seele sich gewählt hat und dass die Seele auch Wege wählt, die ihr als Menschen nicht nachvollziehen könnt. Aber diese Erfahrungen dienen einem großen Ganzen, zumal jetzt dieses große Ganze von diesem Vorfall informiert wird. Das wird Diskussionen hervorrufen. Die Diskussionen zum einen im Gesundheitssystem, zum anderen aber auch Diskussionen, die wertvoll sind, um etwas zu verändern. Diskussionen, die auch an den Rand der Verzweiflung bringen werden, nicht nur die anderen, sondern auch euch, weil ihr auf Widerstände stoßen werdet. Und da ihr erkennen werdet, dass es nicht so einfach ist, den Menschen wachzurütteln. Denn viele wollen ja gar nicht aufgerüttelt werden, viele wollen in ihrer Lethargie verharren, in ihrer Apathie, in ihrer Akzeptanz, dass ja ein Eingreifen nichts nützt. Aber das Eingreifen ist immer ein positiver Prozess. Auch wenn er nur zum Nachdenken anregt. Und wenn viele Menschen nachdenken und wenn nur ein einziger dabei ist, der sagt ich werde es jetzt ändern, dann habt ihr euer Ziel erreicht mit dem, was Werner vorhatte.

Werner zeigt seinen Weg auf. Nicht den Weg eines Opfers, sondern den Weg einer Seele, die sich einen Weg gewählt hat, um zu wecken. Den Weg einer Seele, die den Weg gewählt hat, eine Erkenntnis in die Menschheit zu pflanzen. Auf dieser Erde eine Erkenntnis zu setzen, die nicht nur dazu führt, dass die Menschen jemanden belächeln, der selbst nicht anders kann als sich vom Alkohol beruhigen zu lassen. Sondern eine Erkenntnis, die sehr viel tiefer geht, sodass selbst die, die in der gleichen Situation sind, aber noch nicht erkrankt sind, geweckt werden können und vielleicht eine Abzweigung nehmen, die das verhindert, was Werner zugelassen hat, was die Seele von Werner zugelassen hat. Eine Seele, die ihren Weg geht, die einen schweren Weg gewählt hat um zu wecken, um zu berühren und um den Menschen zu dienen. Das ist die Quintessenz, und Werner wird viele Worte benutzen, die euch genau klarmachen, worum es hier geht. Er wird euch auch noch erzählen, wie der Weg war, den er gegangen ist ins Licht. Er wird euch erzählen, wie er empfangen wurde, er wird euch erzählen wie die Kommunikation klar wurde, und er wird euch auch erzählen, wie er Gabriele zu Vera geleitet hat. Er wird euch noch vieles berichten, Gabriele wird die Worte empfangen, und ihr müsst euch gar nicht sorgen, denn es wird zum richtigen Zeitpunkt geschehen. Wir möchten nun noch das Wort an Werner geben, der sehr gerne einen Gruß für Gabriele entlassen möchte.

Vera:
Ja, Werner, dann grüße ich dich ganz herzlich. Schön, dass du da bist. Und das wird ja ein ganz spannendes Projekt. Und ja, du kannst jetzt Gabriele sehr gerne grüßen.

Werner:
Ich möchte Gaby sagen, dass ich sehr stolz auf sie bin, sehr stolz auf ihren Weg und sehr stolz auf das was, sie bereits geleistet hat. Und sehr stolz auch darauf, dass sie immer weiter versucht, mit mir in Kontakt zu treten. Es ist für mich am Anfang eine Anstrengung gewesen, aber jetzt wird es immer leichter. Ich spüre, dass wir verbunden sind, weil wir Seelengeschwister sind, und ich freue mich über dieses Projekt und dass ihr es tatsächlich in die Tat umsetzt. Ich hatte erst Bedenken, weil ich mir nicht sicher war, ob ihr euch die Zeit dafür nehmen könnt. Aber ihr seht, was vom Universum geplant ist, wird auch umgesetzt – wenn es auch manchmal ein wenig länger dauert, was in unserem Fall nicht der Fall ist. Denn ich brauchte erst einmal ein wenig Zeit, mich zu erholen, zu sortieren. Und erst dann kam dieses Projekt wieder in den Sinn, was geplant wurde. Nicht nur von mir alleine, sondern von Gaby und auch von diesen lieben Seelen, die mich hier begleiten. Die lieben Seelen, die einen Plan haben mit mir und mit euch. Und wenn wir uns alle einbinden in diesen Plan, dann wird etwas Gutes daraus entstehen. Ich freue mich, dass der Weg, den ich gegangen bin, nun so vielen Menschen dienen wird. Ihr werdet sehen, er wird vielen Menschen helfen, es ist nicht umsonst gewesen, es ist ein Plan, der in den göttlichen Plan hineingefügt wird. Er wird eingewebt in das Leben vieler Menschen, er wird eingewebt in den großen Raum des Lebens – des universellen und des irdischen. Ihr werdet spüren, dass ich bei euch bin, und ihr werdet auch spüren, dass ich mit sehr viel Humor meine Geschichte rückblickend erkennen kann und auch schildern kann. Es ist wichtig, in dieser Geschichte den Humor nicht zu vernachlässigen, denn er wird den Men-

schen dazu bringen, weiter zu lesen. Das Ziel ist es nicht, die Tragik in den Vordergrund zu stellen, sondern die Akzeptanz, dass jeder Mensch einen Seelenplan hat und dass ich diesem Seelenplan gefolgt bin. Wenn es auch nicht immer einfach war. Aber mit Unterstützung von Gaby, der ich von Herzen danke für alles was sie getan hat, für alles was sie unterlassen hat, damit es mir dient, für alles was sie gegeben hat an Herzensenergie und auch an mentaler und physischer Kraft. Ich möchte ihr danken für diesen Weg und ich freue mich, wenn wir eines Tages wieder beieinander sind als Geist, als Wesen, die miteinander eine starke Verbindung haben, die sich über viele Inkarnationen erstreckt – nicht nur vergangene, sondern auch zukünftige! Ihr werdet also von mir hören, macht weiter, bleibt dran ... wir werden ein gutes Team sein. Ich freue mich auf die Zusammenarbeit und bin euer Werner in einer anderen Welt aber doch immer bei euch. Ich grüße euch herzlich.

Vera:
Dankeschön, Werner, das war aber sehr schön, und ich krieg' eine Gänsehaut nach der anderen, zu spüren, mit welcher Liebe du an diesem Projekt bist und dass wir eingebunden sein dürfen. Dann bis zum nächsten Mal und lass es dir gutgehen.

4.2 Die Aufgabe

Als mir Vera die CD ein paar Tage später sandte und ich mich abends hinsetzte, dieses Protokoll anzuhören, war ich zugleich erschrocken und erstaunt. Das war eine klare Aufgabenstellung. Harter Tobak. Wo sollte ich die Zeit zum Schreiben hernehmen? Und vor allem: Wie sollte ich mich in die mentale relaxte Stimmung bringen, um Werners Botschaften aus der anderen Welt empfangen zu können?

Zu Beginn des Jahres 2016 erlebte ich ein geschäftliches Chaos und musste zunächst einmal meine eigene Krisenintervention initiieren. Doch ich wäre ein schlechter Businesscoach, wenn ich dieses Unterfangen nicht auch für mich positiv durchziehen könnte. Es ist vielen bekannt, dass sich Gewerbetreibende und Freiberufler, die so lange selbstständig arbeiten wie ich, im Laufe der Jahre gelegentlich in einer solchen Situation wiederfinden. Nämlich das eigene unternehmerische Tun infrage zu stellen mit dem Ziel, neue Wege und Herausforderungen zu suchen und auch anzunehmen. Das hält flexibel und öffnet den Horizont.

Aber wie hatte Talim in diesem Protokoll gesagt: „Es gibt immer Seelenverwandte und Helfer, die einen unterstützen, wenn man in einem Dilemma steckt. Man muss nur darum bitten …"

Das habe ich getan, und vor allem habe ich Werner in seiner anderen Welt gebeten, mir zu helfen. Es flogen mir alsdann berufliche Projekte zu, die vorher nicht auf meiner To-Do-Liste standen. Es kamen Lösungshinweise, an die ich nicht gedacht hatte. Aber sie waren schlüssig und ich konnte sie in die Tat umsetzen.

Irdisch betrachtet, war das ein enormes Stück Arbeit und Anstrengung und ich hatte eine Sieben-Tage-Woche mit einem 12- bis 14-Stunden-Arbeitstag. Meine Kondition und die Konzentrationsfähigkeit waren und sind sehr belastbar und meine Gesundheit ist robust. Trotzdem gab ich mir in diesem Jahr ab und an eine kurze Auszeit und entschwand in einer Ferienwohnung mit meinem treuen Begleiter, dem Hund Leo. Neben meinem regelmäßig ausgeübten Mentaltraining und meiner Bewegungsfreudigkeit durch die täglichen Läufe mit dem Hund muss ich sagen, dass Leo zum richtigen Zeitpunkt vom Himmel geschickt wurde. Er zwingt mich zum täglichen Laufen, nimmt mir den Stress, und er schenkt mir bedingungslose Liebe. Kann ich nur empfehlen, besser als jedes Medikament.

*

Trotz allem hatte ich ein schlechtes Gewissen Werner gegenüber, denn ich musste die Aufzeichnungen zu diesem Buch verschieben. In vielen nächtlichen Sitzungen auf meiner Terrasse bedankte ich mich bei ihm für seine Inspiration und seine Hilfe. All diese Eigenschaften hatte er ja schon zu Lebzeiten besessen, und ich war mir sicher, er würde mich und meine angespannte Situation verstehen. Mehr noch: Er nahm aktiv daran teil und schickte mir Ideen, die ich intuitiv aufnahm.

Im Grunde genommen würde ich mich ich ja eher zu den erdgebundenen und realistischen Menschen zählen, die sich stets den anstehenden Herausforderungen stellen. Andererseits verfüge ich über eine seit vielen Jahren gut ausgebildete und trainierte Inspiration, eine angeborene Intuition und tiefe Empfindung. Ich kann sehr gut Eingebungen einfangen. Je älter ich werde, desto erfahrener werde ich im Umgang mit diesem Phänomen. Und darum sagte ich: Nein, ich hatte mir diese nonverbalen Botschaften Werners aus dem Jenseits nicht eingebildet. Es fand tatsächlich statt, und ich zog einen erheblichen Nutzen daraus. Mir wurde eine unschätzbare Hilfe zuteil, dank Werner, der mit Sicherheit seine „nicht mehr vorhandenen Finger" im Spiel hatte.

4.3 Das Buch – Ein neuer Versuch

Wie angedeutet, hatte ich in diesem Jahr 2016 alle Hände voll zu tun, um mich von gewohnten Geschäftspartnern zu trennen, die dadurch entstandenen Scherben zusammenzukehren und einen in die Zukunft gerichteten Plan zu erstellen. Ich folgte meinem Seelenplan, der Veränderungen für mich vorgesehen hatte. Werner und das Buch mussten einfach warten.

Die Monate vergingen und das Ergebnis war beachtlich, so als ob alles „geführt" wäre, genau wie es Werner in dem letzten Protokoll zum Ausdruck gebracht hatte. Im Oktober beschloss ich, einen neuen Versuch zu starten.

So begab ich mich in den folgenden Wochen an die Arbeit und machte eine Zeitreise rückwärts bis zu jenem Tag, als Werner und ich uns zum ersten Mal trafen. Bei meinen nächtlichen Schreibsessionen beschloss ich, das Buch in drei Teile zu gliedern um dem Leser in Teil 1 sowohl unsere ungewöhnliche Verbindung als auch die Tragweite der katastrophalen Umstände zu schildern – um dann Teil 2 und Teil 3 besser verstehen zu können.

Ich wollte aber noch mehr von Werner und seiner neuen Existenz in der anderen Welt erfahren. Darum bat ich das Medium Vera um ein weiteres Gespräch mit ihm.

4.4 Protokoll der vierten Sitzung am 3. November 2016

(Ein weiteres Experiment, die Sitzung fand via Skype statt, da Vera nach Baden-Baden gezogen war)

Vera:
Heute ist Donnerstag, der 3. November 2016. Talim, ich grüße euch ganz herzlich, und ich sehe schon, ihr habt den Werner im Schlepptau. Das heißt – ich muss es anders herum sagen, der Werner hat euch im Schlepptau (lacht). Er steht schon ganz vorne. Und ja, ich brauche euch natürlich auch immer dazu, weil ich mich einfach sicherer fühle, wenn ihr dabei seid, damit ihr mir hier Tür und Tor verschließt für das, was wir hier nicht brauchen. Ich grüße euch und ich grüße den Werner ganz herzlich. Ja Werner, du hast gehört, was die Gabriele gesagt hat. Und nun schauen wir mal, was du zu dem ganzen Projekt zu sagen hast.

Werner:
Zunächst einmal ist es für mich eine neue Erfahrung, dass ihr jetzt nicht in einem Raum sitzt. Aber ich spüre sehr deutlich, dass das überhaupt kein Problem darstellt, denn ich bin in beiden Räumen. Da ich in beiden Räumen sein kann, spielt es für mich auch gar keine Rolle. Ihr seid ja im Grunde genommen auch in einem Raum, denn Raum und Zeit sind ja bekanntlich Illusion. Ja, ich bin sehr gespannt darauf, wie dieses fertige Buch einmal sein wird. Es ist wunderbar zu glauben, dass wir mit diesem Buch viele Menschen erreichen, viel Angst nehmen können, viele neue Impulse geben können und der Welt eine neue Welt zeigen können. Natürlich gibt es viele Bücher, die von anderen Welten sprechen oder auch von der

Welt, in der ich mich jetzt befinde. Aber dieses Buch wird anders, ein Buch, das eine neue Perspektive zeigt und das den Menschen die Angst nimmt, wirklich Kontakt zu ihren Lieben aufzunehmen. Ich habe auch viele Kontakte, und natürlich spüren die Menschen mich, wenn auch nicht immer ganz bewusst.

Es ist so, dass ich in der Gegenwart spreche mit Euch und dass wir diese Gegenwart schön gestalten und aus dieser Gegenwart eine schöne Zukunft werden lassen. Dass wir den jetzigen Zeitpunkt nutzen, miteinander zu kommunizieren und aus diesem Miteinander etwas Großes werden lassen können. Eine wunderbare Nachricht für die Menschen, die so bedürftig sind in dieser Welt, in der sie jetzt leben. Aber diese Beständigkeit, die wir ihnen vermitteln können, wenn wir verständlich machen können, dass der Geist weiterlebt, ist ein großes Geschenk, glaube ich. Es ist auch eine Mission, in der ich noch verwickelt bin, eine Mission, die mich noch auf der Erde hält. Eine Mission, die mir erlaubt, immer wieder hin und her zu gehen zwischen den Welten und die Energien zu spüren. Bis dieses Projekt abgeschlossen ist, ist mir das erlaubt. Ich habe auch gespürt, dass Gaby diese Verbindung noch gerne hat und ich merke ihre Dankbarkeit für all das, was wir miteinander erleben dürfen. Ich nehme diese Dankbarkeit gerne an, nicht nur für das vergangene Jahr, sondern für die Jahre der Gemeinsamkeit. Denn ohne Gaby hätte ich den Mut oft verloren. Ohne sie hätte ich meinen Weg nicht so gehen können, wie ich ihn gehen konnte. Ich hätte sicherlich auch meine Aufgabe nicht so erfüllt, wie ich sie mit ihr erfüllen konnte. Eins muss ich ganz klar sagen, dass sie ein starkes Gefühl hat für Menschen, ein starkes Gefühl für sich selbst, ein starkes Gefühl, welches auch die Schwächen eines anderen akzeptieren kann. Darum ist sie auch so beliebt und darum ist sie so tolerant. Denn diese Akzeptanz ist es, die euch zu einem empathischen Menschen werden lässt. Dass das, was wir in uns tragen, was noch nicht so perfekt ist, ebenso angenommen wird wie all die Dinge, die wir schon können und all die Dinge, die wir gelernt haben, all die Dinge, die bereits perfekt sind. Perfektionismus ist sowieso eine Idee, denn alles ist perfekt, selbst das nicht Perfekte ist perfekt. In sich selbst ist alles perfekt. Das ist es, was der Mensch in erster Instanz lernen muss, damit Toleranz geschehen kann. Wie wichtig die Toleranz im Moment auf eurem Planeten ist, seht ihr ja selbst. Ich beobachte es natürlich aus der Distanz, aber ich bin emotional noch genauso eingebunden wir ihr. Auch ich möchte, dass es funktioniert, auch ich möchte, dass die Menschen miteinander leben können, dass die Menschen miteinander lernen, dass die Menschen miteinander lachen. Darum soll auch dieses Buch geschrieben werden. Es geht um Freude, es geht um erfüllt-sein – auch wenn alles um uns herum dem Untergang geweiht ist. Auch dann soll man noch Freude finden, weil die Seele selbst reine Freude ist. Und je mehr ihr dieser Seele nahe kommt, desto mehr Freude könnt ihr empfinden. Ihr müsst kein perfektes Umfeld haben, keinen perfekten Körper, keine perfekte Beziehung. Alles was ist, ist perfekt. Dieses Perfekte ist nicht im Sinne dessen, was viele Menschen glauben, aber doch perfekt im Sinne des Göttlichen. Ein perfekter Rahmen, ein perfekter Körper, alle Organe funktionieren, auch wenn vielleicht die Beine nicht laufen können, auch wenn vielleicht das Gedächtnis leidet. Vieles von dem ist von außen gesehen eine Katastrophe, aber von innen gesehen, im Körper zu sein, ist es die Herausforderung, mit der die Menschen lernen sollten umzugehen. Das ist der Schritt in die Glückseligkeit, das ist der Schritt in ein anderes Leben als das, was bisher gelebt wurde. Das musste ich lernen. Ich musste lernen, dass mein Körper mir nicht mehr gehorchte, ich musste lernen, dass es noch ein anderes Leben gibt als das, was ich gelebt hatte. Ich konnte meine Arbeit nicht mehr verrichten, ich konnte eigentlich gar nicht mehr viel.

Ich konnte aber erkennen, dass es doch noch lebenswert ist, deshalb habe ich es noch viele Jahre leben können. Ich habe es nicht von Anfang an akzeptiert, nein, ganz und gar nicht. Aber ich habe es gelernt, auch durch die Liebe von Gaby. Denn sie war der Mensch, der mir gezeigt hat, dass mein Leben auch so noch lebenswert sein kann. Sie hat mich behütet, sie hat mich auch beschützt, das muss ich schon sagen. Sie hat mir gezeigt, dass ich weiter machen kann, und zum Schluss, in der völligen Akzeptanz, gab es nichts als Glückseligkeit, auch als ich meinen Körper verließ. Dafür habe ich zu danken. Wie du siehst, liebe Gaby, es ist ein Geben und Nehmen auf diesem Planeten und wir haben es gut gekonnt. Wir hatten es gelernt, zu geben und zu nehmen. Letztendlich bleibt nichts anderes übrig als eine tiefe Dankbarkeit und eine tiefe Zuneigung, die wir füreinander haben. Über den – wie ihr es nennt – Tod hinaus.

Vera:
Was möchtest du denn jetzt noch wissen, Gabriele? Was möchtest du sagen?

Gaby:
Ich möchte dem Werner danken für die guten Impulse während der letzten Monate. Es war ein ziemlich hartes

berufliches Jahr. Ich kann sehr wohl seine kreativen Ideen empfangen und danke ihm dafür. Werner, bleibe bitte weiter so kreativ wie du es auch zu deinen Lebzeiten warst. Das ist schön!

Werner:
Ein Tag der Danksagungen und natürlich ist der Dank auch auf meiner Seite, denn ich brauche ja um gehört zu werden einen Menschen, der hören will. Und da du hören willst, ist es wunderschön, mit dir zu kommunizieren. Ich spüre, dass du mich spürst, ich spüre dein ganzes Energiefeld und ich höre deine Worte, wie du mit mir sprichst. Es ist wichtig für mich, immer mal wieder mit dir kommunizieren zu können, weil du mir ja noch so nah bist und es immer sein wirst.

Gaby:
Wunderbar, Werner. Und ach ja – vielleicht erfreut es dich zu erfahren, dass du auch im Heim – obwohl du sagtest, dass an einem solchen Ort immer auch der Tod sitzt – bei deinen Mitbewohnern bleibenden Eindruck hinterlassen hast. Und wir haben deinen irdischen Geburtstag vor 14 Tagen zelebriert mit dem Genuss deiner geliebten Dominosteine.

Werner:
Jetzt muss ich aber doch schmunzeln. Denn hast du wirklich etwas anderes erwartet, liebe Gaby?
(Gelächter von Vera und Gaby)
Es ist schön zu wissen, dass die Menschen mich in einem guten Gedenken haben. Es ist schön zu wissen, dass sie mich nicht vergessen. Auch das ist eine Verbindung, die mich erfreut, und es ist auch schön zu sehen, dass du

dich noch erfreuen kannst an einem Ort, wo wir Freude und Leid miteinander geteilt haben.

Gaby:
Du hast ja eben schon gesagt, ich sei sehr tolerant und habe kein großes Problem damit. Ich möchte mich bei dir entschuldigen, aber du kennst ja keine Zeit und keinen Raum mehr. Es hat ein wenig gedauert, und ich musste erst mein irdisches Dasein ordnen, sodass meine Gedanken frei werden, um dieses Buch zu beginnen. Ich bin jetzt ziemlich sicher, dass wir ein gutes Zeitfenster finden, dieses Werk zu Papier zu bringen.

Werner:
Davon bin ich überzeugt, und das ist auch ein großer Wunsch von mir. Es geht nicht darum, wann dieses Buch fertig wird. Es geht mir darum, dass es fertig wird. Ihr werdet zusammen geführt genauso so ,wie ihr es braucht. Sowohl für dich als auch für Vera ist es ein gutes Werk, und es wird ein Meilenstein in eurem Leben sein. Es ist schön, dass ich euch darin unterstützen kann, dass ihr der Welt einen Dienst erweist, der auch durch mich ein Dienst ist und ein Dienst sein wird.

Vera:
Ja, danke schön, Werner. Und ich danke dir, dass du mich hier mit einbindest und dass wir so wunderbar kommunizieren können. Ich hätte dich gerne als Mensch kennengelernt, aber ich habe immer dein Bild vor Augen, wenn ich mit dir spreche. Denn Gabriele hat mir ja inzwischen Bilder von dir gezeigt.

Werner:
Ja, es wäre schön gewesen, aber wir treffen uns sicher in einem anderen Leben, und dann werden wir uns erkennen.

Vera:
Das ist schön zu wissen.

Gaby:
Gut, dann würde ich sagen, Werner, wir werden mit der Vera noch ein paar mehr Sitzungen machen, weil es gibt ja einen kleinen Plan. Ach ja, ganz wichtig ist deine Erlaubnis, die Protokolle, die wir jetzt aufnehmen, sozusagen unsere Gespräche mit dir in der anderen Welt, in schriftlicher Form festhalten zu dürfen und in dem Buch zu veröffentlichen.

Werner:
Das ist für mich eine Selbstverständlichkeit. Diese Kommunikation ist ja kein Geheimnis. Es ist wichtig, dass die anderen Menschen erkennen, dass es ein Kommunizieren zwischen den Welten gibt. Das könnt ihr ja nur beweisen, wenn ihr meine Worte zu Papier bringt. Natürlich wird es von vielen noch angezweifelt werden, aber wir müssen diese Zweifler nicht nähren. Wir machen einfach unser Ding, und dann werden wir sehen, welche Menschen sich davon angezogen fühlen und welche nicht. Natürlich gibt es viele Dinge, die wir hier privat besprechen, die nicht unbedingt in diesem Buch erscheinen müssen. Aber das überlasse ich euch, was ihr für wertvoll haltet und was nicht. Das ist für mich gar keine Frage. Ich vertraue euch da voll und ganz.

Gaby:
Gut, sehr schön, Werner. Danke für die Erlaubnis.

Vera:
Wir können ja zwischendurch auch immer mal wieder fragen „Du, hör zu, Werner, wie sieht es aus, sollen wir das mit reinnehmen oder nicht?" Das können wir ja machen, wenn wir dann all das lesen, was die Gabriele schreibt.

Gaby:
Drum werden wir mit Hilfe der Vera in regelmäßigen Abständen mit dir sprechen. Ich bin ja ein Laie (lacht), aber ich bin in der Lage, sehr viele Gedanken von dir zu empfangen. Trotzdem, bei einer so wichtigen Sache wie dem Buch sollte Vera als Medium eingebunden sein.

Werner:
Stell dein Licht nicht unter den Scheffel, liebe Gaby. Es ist vor allen Dingen so, dass du noch ein bisschen misstraust, aber du weißt ja sehr wohl, dass auch du eine wunderbare Verbindung hast, der du vertrauen kannst und der du immer mehr vertrauen wirst über die Jahre.

Gaby:
Vielen Dank. Wunderbar hast du das ausgedrückt.

Vera:
Gut, lieber Werner. Gabriele – gibt's noch etwas, was du sagen möchtest, oder brauchst?

Gaby:
Für heute eigentlich nicht. Aber wir werden ganz bald wieder miteinander sprechen, Werner.

Vera:

Gut, lieber Werner, du kannst dich auch bei mir zwischendurch mal melden. Ich gebe dir gerne die Erlaubnis dazu, wenn du irgendetwas sagen möchtest, das ich dann kurz auf spreche und der Gabriele sage. Das ist durchaus möglich.

Werner:

Das ist äußerst freundlich von dir. Ich werde so selten wie möglich solche Dinge in Anspruch nehmen, weil ich sehe, dass du im Moment nicht nur sehr viel um die Ohren hast, sondern auch sehr viel um dein Herz herum und dass dieses Herz eine große Entspannung braucht. Ich werde nicht eingreifen, wenn ich sehe, dass du diese Entspannung gerade genießt. Es ist auch für mich wichtig, dass es den Menschen gutgeht und dass du einen guten Weg findest, der aber vor dir liegt, wie ich es aus dieser Welt sehen kann.

Vera:

Oh, eine nette Nachricht, ich danke dir vielmals, das freut mich sehr. Auch dir weiterhin einen guten Weg. Und ja, bis bald, lieber Werner.

4.5 Das Buch – Ein zweiter Versuch

Kurze Zeit später vertiefte ich mich nochmals in die alten Aufzeichnungen, aber diesmal mit einer neuen Sichtweise. Wie schon erwähnt, verfolgte ich den Plan, das Buch in drei Teile zu gliedern und schrieb und schrieb. Die Witterung draußen an diesen grauen und kalten Tagen versetzte mich in die gleiche Situation und Emotion wie 20 Jahre zuvor im Herbst. Die Vorkommnisse dieser Jahre sind hier in Kalendern niedergeschrieben, und viele Szenen und Ereignisse waren klar und lebendig vor meinem geistigen Auge.

Für Werners Nachbarn, ehemalige Freunde und sein Umfeld war er ein Alkoholiker gewesen; stigmatisiert und verabscheuungswürdig. Nur ich kannte die Wahrheit und die Ursachen. Vor diesem Hintergrund versuchten wir gemeinsam sechs Jahre lang, seine Lebensbedingungen zu verbessern, neue soziale Kontakte aufzubauen und ansonsten die Situation so zu akzeptieren wie sie nun mal war.

Später, in den Jahren im Heim, ging es Werner wirklich gut. Er hatte die für ihn notwendige Tagesstruktur, konnte seinen Bastelarbeiten nachgehen, sowohl in der Arbeitstherapie als auch privat. Er hatte seinen Freiraum und ein soziales Umfeld im Heim durch befreundete Bewohner aber eben auch außerhalb in den Läden und Cafés der Stadt. Trotzdem er manchmal, wenn es Zoff im Heim mit Mitbewohnern oder der Leitung gab, zu mir sagte: „Leb du mal in einem Heim, Gaby".

Dann musste ich ihm zwar bedingt recht geben, wies allerdings darauf hin, dass wir hier „draußen" auch manchmal Streit mit unseren Nachbarn, Arbeitskollegen oder Bekannten hatten und wir zwecks des reibungslosen Miteinanders stets versuchten, Kompromisse zu finden und tolerant zu sein.

Fakt war allerdings, dass ich Werner diese Geborgenheit eines Heimes, verbunden mit dem relativ stresslosen Dasein, bei mir in einem Geschäftshaushalt nicht geben konnte. Aber er wusste, er hatte hier bei mir immer ein zweites Zuhause zum Ausspannen, zum Urlaub machen und um Abstand zu gewinnen. Auch wenn Werner bei seinen Besuchen kleine handwerkliche Arbeiten verrichtete, die ihm ja Spaß machten und über die ich äußerst dankbar und froh war, so nutzten wir seine Aufenthalte doch auch, um zum Essen zu gehen, seine Mutter und Schwestern zu besuchen oder auf der Terrasse zu sitzen und zu philosophieren. Gemessen an den geschilderten Umständen war er in den Heimjahren meist in einem wirklich guten, positiven und stabilen Zustand.

*

Gerade deshalb wollte ich von ihm jetzt, da er in der anderen Welt lebte, noch mehr erfahren und stellte eine Liste konkreter Fragen zusammen.

Zum einen war ja seine körperliche und geistige Einschränkung sozusagen weggefallen, und zum anderen wollte ich erfahren, was er jetzt von meiner neuen Herangehensweise an das Buch hielt.

Ich verabredete mit Vera eine erneute Sitzung. Auch mit dem Gedanken, dass die Leser unseres Buches sicher neugierig geworden sind auf das, was sich denn so in dieser anderen Welt abspielt. Werner konnte ja nun sozusagen die Information aus erster Hand liefern, und ich fand allein diese Tatsache höchst spannend und einmalig.

4.6 Protokoll der fünften Sitzung mit Werner am 13. Januar 2017

Die von mir vorbereiteten Fragen, die ich am Beginn der Sitzung stellte, bezogen sich auf die ersten Seiten des zweiten Versuches zum Buch. Ich wollte wissen, wie Werner das Verlassen seines Körpers empfunden hatte. Weitere Fragen stellte ich während der laufenden Sitzung. Sie sind in dem folgenden Protokoll aufgezeichnet.

Vera:
Heute ist Freitag, der 13. Januar 2017. Werner, du bist schon eine ganze Weile hier, das merke ich und du bist auch ein wenig ungeduldig heute. Ich grüße natürlich auch Talim und schaue mal, wer zuerst sprechen möchte und bitte um Nachrichten für die Gabriele und für uns und zu dem Buch.

Talim:
Wir, die Gnade Gottes, begrüßen euch in diesem Raum des Lichts. Wir grüßen Gabriele, und wir freuen uns über diese wunderbare Entwicklung bezüglich des Buches und bezüglich eurer gemeinsamen Arbeit. Wir geben Werner gerne das Wort, er drängt schon eine ganze Weile, er hat ja selbst jetzt die Ungeduld nicht verloren weil er das Gefühl hat, die Zeit drängt. Wir möchten auch sagen, dass Werner noch mit euch in dieser Form in Kontakt treten kann bis ungefähr Mitte des Jahres. Dann können seine ganzen Arbeiten veröffentlicht sein und er wird sich zurückziehen können. So ist sein Wunsch und so ist es auch sehr realistisch. Wir möchten sagen, dass dann Werner eine andere Aufgabe übernimmt, die auch dazu dient, den Menschen zu helfen so wie wir alle den Men-

schen dienen aus dieser anderen Dimension. Wir geben jetzt gerne das Wort an Werner.

Vera:
Ja, Werner, dann grüße ich dich erst mal ganz herzlich. Es ist mir nicht ganz klar, was so drängt, aber ich verstehe natürlich nicht so viel von dem, was ihr da in der anderen Dimension noch zu tun habt.

Werner:
Ich möchte euch auch begrüßen, ich möchte euch sagen, wie sehr ich mich freue, und diese Freude ist auch ein inneres Gefühl, das mich drängt, mit euch zu sprechen. Es drängt mich, und das ist wohl auch meine Ungeduld. Es ist weniger der Zeitdruck, denn in unserer Dimension gibt es ja die Zeit in dem Maße nicht, auch wenn ich weiß, dass ich Mitte des Jahres eine andere Aufgabe übernehme. Es ist mir aber wichtig, euch zu sagen, dass ich große Freude habe an eurem Zusammenspiel. Die Energien, die zwischen euch fließen, sind schöne Energien und kreative Energien und daher ist es für mich von großer Bedeutung, diese Energien auch für mich zu nutzen. Denn auch ich befinde mich in dem Prozess der Kreativität, zwar in einer anderen Welt, aber immer noch verbunden mit euch. Durch die starke Verbindung mit euch ist es für mich natürlich nicht möglich, mich wirklich dem Geistigen ganz und gar zu widmen. Daher wohl auch das Limit, mich mit euch beschäftigen zu dürfen. Ich freue mich aber sehr über die ersten Zeilen und Seiten, die Gaby bereits geschrieben hat, denn das ist ja eure Frage. Ich bin ja bereits da gewesen, Vera hat es auch schon gespürt, bevor ihr euch für diese Fragen entschieden habt, beziehungsweise auch, als ihr

euch entschieden habt, sodass ich ja bereits weiß, was euch auf dem Herzen liegt. Ich möchte auch Gaby noch mal begrüßen.

Liebe Gaby, ich freue mich, dich hier zu sehen, und ich freue mich, so innig mit dir verbunden zu sein, nicht nur über all die Jahre, sondern auch jetzt noch. Ich möchte jetzt gerne die Frage beantworten, denn es geht ja nun darum, wie ich diese ersten Seiten bewerte. Es ist ein guter Einstieg der gewählt wurde, es ist wohl der perfekteste überhaupt, denn es ist wunderbar, wenn der Zuhörer nun in eine Spannung geleitet wird und neugierig wird auf mehr, denn genau das wollen wir ja auch. Wir wollen ihn faszinieren, wir wollen ihm neue Wege zeigen, die viele Menschen gar nicht kennen. Wir wollen aufzeigen, was alles möglich ist und wir wollen aufwecken, das ist ja der Sinn der ganzen Reise. Wir möchten auch klarmachen, wie viel mehr Sinn in dem Leben steckt als der normale Mensch oder Otto Normalverbraucher, wie man sagen könnte, weiß. Es gibt in allem einen Sinn, es ist ein Sinn in jedem Blatt, das auf dem Baum wächst, es ist ein Sinn in jedem Haar, das ihr auf dem Kopf habt, in jedem Fingernagel, den ihr tragt. Es ist ein Sinn in jedem Finger, in jeder Zelle, in allem was ist. Jedes Geschehnis ist ein Teil eines großen Ganzen, alles wirkt aufeinander ein, sodass auch der Flügelschlag eines Schmetterlings einen großen Orkan auslösen kann. Es ist alles miteinander verwoben und verbunden. Selbst wenn jemand vor die Tür geht, tut er es nicht, weil er einen Brief in den Briefkasten werfen will, sondern er tut es, weil jetzt der richtige Zeitpunkt ist, seine Energie unter das Volk zu mischen in einer bestimmten Art und Weise. Er geht genau zu diesem Zeitpunkt, weil er dann exakt die Menschen unterwegs trifft, bei denen ein Energieaustausch zwischen zwei Menschen stattfinden muss. Er gibt seine Energie also genau zu dem Zeitpunkt ins Feld, zu dem es sein muss.

Ihr wisst ja, dass viele Menschen nichts anderes tun, als Kommen und Gehen oder zu meditieren. Sie sind praktisch diejenigen, die die Energien halten, die zu einem bestimmten Zeitpunkt den Körper verlassen, der bereits gewählt ist. Nun ist es so, dass, wenn ein Mensch einen Körper verlässt, er eine ganz bestimmte Energie freisetzt. Eine Energie, die jetzt gerade zu diesem Zeitpunkt auf dem Planeten gebraucht wird. Das bedeutet, es ist nichts dem Zufall überlassen.

Es ist manchmal schon möglich, dass die Dinge aus dem Ruder laufen, weil die Menschen so sehr beeinflusst werden von den Geschehnissen und natürlich von ihrer eigenen Denkweise. Dann kann es schon mal sein, dass die Sachen durcheinander geraten, aber das geschieht nicht so oft wie ihr glaubt. Meistens verläuft alles nach Plan, dieser große Plan, der gesetzt wird, der ja schon entschieden ist, bevor ihr überhaupt inkarniert und bevor wir uns einen Körper suchen. Und so habe auch ich meinen Körper genau zu dem Zeitpunkt verlassen, wo meine Seele es geplant hatte, genau zur Stunde, genau zur Minute, genau zur Sekunde. Es ist in der geistigen Welt ein anderes Denken, es ist ein anderes Fühlen. Hier geht alles genau nach Gefühl, oder nach einem gefühlten Plan. Das heißt, wir haben hier kein Zeitgefühl, bei uns ist die Zeit nicht linear so wie bei euch. Wir sehen auch von der Perspektive, in der ich mich befinde, dass alles parallel abläuft. Alles von dem ihr glaubt, dass es linear ist. Als ich also meinen letzten Atemzug ausgehaucht habe, war es so wie sich befreien. Es ist ein befreiendes Gefühl und der Prozess des Aus-dem-Kör-

per-Gehens ist nichts anderes als die Geburt. Bei der Geburt zwängen wir uns durch den engen Geburtskanal, und so ist es auch, wenn der Körper sich wieder von der Seele löst, beziehungsweise umgekehrt, wenn die Seele sich vom Körper löst. Sie benutzt auch da einen Ausgang, manche benutzen sogar den letzten Atemzug um mit dem Atem hinaus zu strömen, andere benutzen das Kronen-Chakra um aus dem Körper auszutreten. Bei mir war ein großer Teil bereits über den Atem ausgetreten und der Rest ist dann über das Kronen-Chakra gefolgt. Ihr seht also, der Geist kann verschiedene Wege zur gleichen Zeit nutzen. Es ist ein eigenartiges Gefühl, in dieser Körperlosigkeit zu sein, aber es ist ein tiefes Gefühl von Frieden, ein tiefes Gefühl von Es-ist-vollbracht. Das ist ja wohl ein berühmter Satz, den ihr alle kennt. So ist es auch bei mir gewesen. Dieses Es-ist-vollbracht hat etwas hinterlassen, aber hat gleichzeitig etwas Neues kreiert. Es hat eine alte Energie wiederbelebt, die jeder von uns hat, wenn er keinen Körper hat. Es hat eine alte Energie hinter sich gelassen, die jeder von uns hat, wenn er einen Körper besitzt. Und so bin ich in der geistigen Welt angekommen, es ist wie ein kleines Ruckeln, aber es ist auch ein sehr fließender Vorgang. Angst habe ich überhaupt nicht verspürt, denn ich hatte ja bereits Kontakt zu all den Lieben, die vor mir gegangen sind. Zu Menschen, die ich gekannt habe zu Lebzeiten und auch die Wesen, die ich schon kenne, seitdem es uns gibt. Denn wir alle sind ja schon seit ewigen Zeiten und wir werden immer sein. Das ist eine Dimension, die man in der Körperlichkeit einfach nicht begreifen kann, eine Unendlichkeit, die vom Verstand nicht begriffen werden kann. Das zu erspüren und dieses Wissen zu leben, ist etwas ganz anderes. Natürlich gibt es auch Menschen, die dieses Wissen leben, denn das Leben ist ja generell nicht abhängig vom Körper. Es ist grundsätzlich nicht abhängig von irgendwas. Es ist einfach. Und das ist nicht anders zu beschreiben, als dieses es ist. ES IST und ICH BIN. Darum geht es letztendlich, dass der Mensch, der einen Körper besitzt, begreift, dass er ist und dass er existiert und immer und immer das sein wird, in welcher Form auch immer. Viele Menschen begreifen diesen Vorgang nicht. Auch ich habe ihn nicht wirklich begriffen, ich konnte es gar nicht begreifen, weil der menschliche Verstand es uns nicht begreifen lässt.

Diesen Zustand des immer währenden Daseins, der Unendlichkeit. Aber nun ist es für mich eine Reise, die neu und doch nicht neu war, denn ich bin diese Reise schon viele Male gegangen. In einem Körper habe ich mich nicht so wirklich daran erinnern können. In dem Moment, wo ich den Körper unter mir gesehen habe, wo ich den Körper zurückgelassen habe, wusste ich, dass es nur ein ganz winziger Teil, ein Staubkorn eines ewigen Lebens ist, das ich hinterlasse. So ist meine Welt jetzt eine ganz andere als die eure, und es ist mir erlaubt, an eurer Welt immer noch teilzuhaben. Ich partizipiere an euch. Ich sitze mit dir, liebe Gaby, auf der Terrasse, ich genieße es auch, mit dir durch den Wald zu gehen. Es ist nicht immer möglich, weil meine Aufgaben hier dicht gedrängt sind. Wir wählen uns bestimmte Bereiche, und ich habe den Bereich gewählt, den Menschen noch eine Botschaft überbringen zu dürfen durch euch. Das ist eine schöne Aufgabe, die mir sehr viel Freude macht. Ihr seht also, auch als Geist empfinden wir Freude. Wir empfinden die menschlichen Dinge, aber eben auf einer geistigen Ebene. Das ist etwas völlig anderes, denn der Körper ist nicht mehr involviert. Das heißt, wir fühlen auch keinen Schmerz. Wir fühlen nur so etwas wie Trauer, wenn wir spüren, dass die Menschen lange um uns trauern. Wir spüren also den Schmerz emotional. Wir können dann auch zu euch kommen, um euch zu trösten. Wir sind eigentlich immer da, der eine mehr, der andere weniger oder intensiver und weniger intensiv. So wie der Tag, an dem du dich getroffen hast mit meiner Cousine. Es war ein interessantes Zusammentreffen und eure beiden Energien zusammen zu sehen. Und ich habe mich auch darüber gefreut, wie sie jetzt die Dinge gelöst hat. Es ist sicherlich ein gutes Werk und eine gute Entscheidung, dieses Haus zu behalten. Es ist ja doch unsere Familienenergie, in der sie sich weiter bewegen kann. Nun ist es sicherlich sinnvoll, alte Energien heraus zu reinigen, damit neue Energien wieder Platz haben. Aber das zu einem anderen Zeitpunkt und wenn meine Cousine dafür offen ist.

Wir werden uns nun noch ein wenig mit der Frage beschäftigen, wie die ersten dreißig Seiten verlaufen sind. und ich möchte Gaby sagen, dass es wunderbare Seiten geworden sind. Ich bin sehr gerührt über viele Aspekte, die du mit hineingenommen hast. Ich bin gerührt und berührt über die Liebe, die aus deinem Herzen fließt, wenn du an dieses Projekt gehst. Genau darum geht es. Es ist nicht nur das geschriebene Wort, es ist auch die Energie, die in diesem Wort liegt. Die Energie, die in deinem Herzen ist, wenn du es schreibst, und das wird der Leser spüren. Das Wie möchte ich euch noch mit auf den Weg geben. Das ist das Wichtigste in eurem Menschsein, es ist nicht so wichtig, was ihr tut, es ist wichtig, wie ihr es tut. Je mehr Liebe ihr in euer Tun gebt, desto friedlicher wird euer Leben sein und desto unturbulenter wird euer Leben sein, desto einfacher wird euer Leben sein, desto anstrengungsloser wird euer Leben sein. Wenn ihr also die Dinge tut, die ihr wirklich von Herzen tut, dann werdet ihr spüren, wie eine Leichtigkeit in euch einzieht und ihr werdet vieles mit ganz anderen Augen sehen und werdet vieles sehr viel leichter nehmen. So ist es auch mit den Zeilen, die du schreibst. Es ist schön zu sehen, wie dein Herz bei dem Projekt eingebunden ist und wie die Worte aus deinem Herzen fließen. Darum ist es mir oft ein Bedürfnis, mich bei dir zu melden, mich einzumischen, ein wenig mitzumischen, dir auch das eine oder andere Wort zu geben. In dieser Verbindung mit dir entsteht dieses wunderbare Projekt, das ja den Menschen ein Leitfaden sein soll, eine Hilfe sein soll. Es soll die Angst nehmen und es soll Freude bereiten, es soll auch der Humor nicht vernachlässigt werden, aber das hatte ich ja bereits gesagt in einer der vorherigen Sitzungen. Es ist wichtig, auch mal ein kleines Anekdötchen zu erzählen, das zum Schmunzeln anregt. Nun möchte ich auch Gaby nochmal das Wort geben, denn es brennen ihr noch einige Fragen unter den Nägeln.

Gaby:
Ja, Werner, ganz lieben Dank! Ich weiß, dass du hier mit mir sitzt und mir Dinge eingibst, und ich versuche, diese Eingebungen richtig zu formulieren. Aus einer der Sitzungen, die wir bereits hatten, ergibt sich die Frage, warum deine Seele den Weg gewählt hat, den sie gegangen ist. Nämlich diesen schwierigen Lebensweg, der zuweilen sehr steinig war, aber sicherlich nicht immer.

Werner:
Ich verstehe genau, was du meinst, liebe Gaby. Als Mensch betrachtet, ist es sicher ein schwerer Weg. Aus

dieser Perspektive betrachtet, ist es nichts anderes als ein Weg. Es ist ein Weg von vielen. Jeder Mensch wählt sich ja seinen Weg, jede Seele wählt sich ein Programm. Hätte ich diesen Weg nicht gewählt, würden wir jetzt hier nicht alle gemeinsam sein. Dieses Buch würde nicht geschrieben werden, Vera und du hättet euch nicht getroffen. Das sind alles Vereinbarungen, das heißt, mit meinem Leben beeinflusse ich das Leben vieler, im Grunde das Leben aller. Mit deinem Leben beeinflusst du das Leben vieler, im Grunde genommen das Leben aller. Und Veras Leben beeinflusst ganz genauso viele und alle. Somit beeinflussen wir uns alle gegenseitig. Wie ich schon gesagt habe, der Schlag eines Schmetterlingsflügels löst einen Orkan aus, und so ist es auch mit dem Leben. Das Leben, das ihr wählt, das Leben, das alle wählen in ihrer Körperlosigkeit, ist immer ein gemeinsames Spiel. Wie in einem Orchester: Wenn nur ein einziges Instrument fehlt, ist das Stück nicht das gleiche. Wenn nur ein einziger falsch spielt, werden alle aus dem Konzept gebracht. So ist es auch im Leben und mit dem Mensch, jeder wählt sich etwas, um einen ganz besonderen Plan innerhalb eines großen Ganzen zu erfüllen. Dieser Plan beeinflusst viele andere Menschen.

Mein Plan hat alle beeinflusst, die damit in Berührung kamen, alle Ärzte, alle Pflegekräfte und auch das Leben von dir, liebe Gaby. Ich möchte mich noch einmal bedanken für deine rührende Pflege, für deine Aufopferung auf jeder Ebene und für deine große Liebe, die du mir entgegengebracht hast in all dieser Zeit. Für all die kleinen und großen Wehwehchen, die ich bei dir lassen durfte, auch für den Mut, den du mir zugesprochen hast wenn es mal gar nicht mehr ging. Und natürlich auch für die kleinen und größeren Anstubser und die Tritte, die du mir versetzt hast, wenn ich mal ein bisschen zu viel gejammert habe oder es nicht so gemacht habe, wie ich hätte können. Das sind all die kleinen Dinge, die Liebesbeweise, die wir uns gegenseitig gegeben haben. Dafür danke ich dir. Und all die Menschen, die involviert waren, wären sonst einer Aufgabe beraubt gewesen, einer Erfahrung beraubt gewesen. So haben alle Menschen ein bestimmtes Programm und eine bestimmte Erfahrung, die sie weitergeben und die sie selbst machen. Und das wiederum löst etwas aus im anderen. So wie das Berührtsein, wenn man jemandem in die Augen schaut oder wenn man jemanden in einem Zustand sieht wie der, in dem ich war. Das sind all die Dinge, die uns das gegenseitige Miteinander erleichtern oder erschweren oder einfach nur die gewonnene Erfahrung uns bereichert.

Denn wir dürfen nie vergessen, dass dieser Planet, auf dem ihr alle lebt und auf dem ich eines Tages wieder leben werde, ein Schulplanet ist. Alle haben eine bestimmte Aufgabe zu erfüllen. Jeder weiß das auch, wenn er in der geistigen Welt ist. Nur, dann kommt der Körper, und der verdichtet alles so sehr, dass sich der Geist nicht mehr erinnert. Das bedeutet, am Anfang eines Lebens, wenn wir Babys sind und Kind sind, erinnern wir uns genau. Aber wir verlieren diese Erinnerung mit der Zeit, weil die Verdichtung immer stärker wird und die Körperlichkeit immer mehr in den Vordergrund tritt. Durch diese starke Körperlichkeit kommt das Vergessen und dann wundern wir uns auf einmal, dass wir in einem Leben sind, das fatal oder schwer ist oder unglücklich. Einfacher gesagt, mit vielen Hindernissen gespickt. Wir vergessen, dass ist der Grund, warum wir gekommen sind auf diese Erde. Auf dieser Erde wird gelernt, die Erde ist eine Schule, das ist die große Überschrift! Und es wundert sich dann jeder, dass er in dieser Schule Aufgaben zu erfüllen hat. Klar, die Schule als Kind ist auch nicht immer einfach, aber es ist doch eine andere Schule, aber auch hier wird gelernt. Es geht also nur um den Lernprozess. In dem Moment, wo ein Mensch einen Lernprozess begriffen hat, fällt das Problem sofort ab. Das ist das, was ich den Menschen ebenfalls mit auf den Weg geben möchte. In dem Moment, wo du dein Problem akzeptierst, kann sich dieses Problem lösen. Es wird gelöst, denn es gibt viele geistige Helfer, die eure Probleme lösen. Ihr müsst ja gar nichts alleine tun. Ihr glaubt nur, dass ihr es müsst und so wird es zu eurer Realität. Die Realität also in der ihr lebt, ist keine Realität, sie ist eine Illusion. Je mehr ihr aus der Körperlichkeit austretet, desto mehr erkennt Ihr, was Illusion und was Realität ist. Wenn ihr die großen Probleme des Lebens akzeptiert, egal wie irrsinnig euer Verstand es auch immer finden mag, in dem Moment, wo die Akzeptanz überhand nimmt, hat die Angst keine Chance mehr. In dem Moment ist das Gelernte gelernt! Das ist der Prozess.

Wenn also jemand in diese starke Behinderung geht so wie ich, dann kann er nur eines tun: Er kann mit seinem Schicksal hadern und kann daran verzweifeln und zerbrechen oder er kann sein Schicksal akzeptieren, er kann irgendwo in sich die Flamme erkennen, die ihm sagt das ist dein gewählter Weg. Wenn du ihn akzeptierst, wird es leicht. So konnte ich mein Schicksal oft sehr gut akzeptieren, nicht immer, aber doch sehr oft. Darum habe ich nicht so gelitten, wie viele andere leiden, die in dieser Situation sind. Ihr seht also, es ist ein Weg, der nicht nur mich beeinflusst hat, sondern der viele beeinflusst hat. Der auch euch beeinflusst hat, damit wir hier alle sitzen und ich all das zu Papier bringen kann durch Gaby.

Gaby:
Vielen Dank, Werner, ich habe total verstanden. Ich muss nur schauen, dass ich das Gesagte in die richtigen verständlichen Worte einfügen kann, sodass die anderen es eben auch verstehen. Aber wir beide haben diese Akzeptanz schon lange gehabt. Ich habe noch eine weitere Frage. Das ist schon einmal zur Sprache gekommen. Welche Gefühle oder Emotionen hast du empfunden, als du geglaubt hast, du seist in dem Körper eines anderen?

Werner:
Es ist oft bei schlimmen Ereignissen, die die Menschen betreffen, ein großes Hindernis, sich in diesem Körper wieder zurecht zu finden, der auf einmal ganz anderes funktioniert, als er vorher funktioniert hat. Der Geist will zunächst einmal gar nicht wahrhaben was er jetzt erlebt. Er ist ja sowieso schon gefangen in einem Körper. Der Geist ist gefangen, auch wenn der Körper gesund und vital ist. Aber nun als Geist in einem Körper gefangen zu sein, der nicht mehr gehorcht, in einem Körper, der eine Behinderung aufweist, ist ein noch fürchterlicheres Erlebnis. Zunächst einmal gewöhnen wir uns als Kind an diese Körperlichkeit, an diese Behinderung. Dieser Körper ist eine Behinderung, aber er ist notwendig, damit Menschen ihre Erfahrungen machen können, damit sie auf dem Planeten überhaupt herumwandern können, damit sie wahrgenommen werden, damit sie ein Zuhause haben beziehungsweise der Geist ein Zuhause hat. Wenn nun dieser Körper Behinderungen aufweist, wird es nochmal schärfer, es wird nochmal viel, viel schärfer! Es ist ein großes Manko, in einem Körper gefangen zu sein und dann auch noch zu begreifen, dass dieser Körper nicht mehr so funktioniert. Ich habe es an einigen Tagen

begriffen, an anderen Tagen hatte ich das Gefühl, ich gehöre hier gar nicht her, ich gehöre nicht in diesen Körper. Dieser Körper gehört nicht mir, weil ich ihn einfach noch nicht annehmen konnte. Daher habe ich oft das Gefühl gehabt, in einem falschen Körper zu sein. Aber dieser falsche Körper war dennoch der richtige Körper, weil er mich dann genau dorthin geführt hat, wohin ich musste um meinen Seelenplan zu erfüllen. Das ist dieser Zwiespalt, der immer wieder in mir aufgetaucht ist: Immer wieder das Gefühl zu haben, das ist nicht meins. Es geht aber auch manchmal nicht so glatt wie ihr das auf eurem Plan habt oder wie ihr es versteht. Es gibt auch Seelen, die tatsächlich in einen anderen Körper wandern, weil dieser Körper gerade frei geworden ist. Aber wenn diese Seelen einen Körper besuchen, dann haben sie nicht das Gefühl in einem falschen Körper zu sein, weil sie ihn ja ganz bewusst gewählt haben. Also auch im Erwachsenenalter kann es noch zu Seelenwanderungen kommen, das war aber bei mir nicht der Fall.

Gaby:
Danke, Werner, das hilft mir, es zu verstehen. Ich habe noch eine Frage, weil ich neugierig bin, wie du weißt. Du hast bereits in anderen Gesprächen angedeutet, dass du in deiner jetzigen Dimension in der anderen Welt noch andere Aufgaben zu erledigen hast. Welche anderen Aufgaben habt ihr dort?

Werner:
Das ist nicht einfach zu beschreiben. Es gibt viele Aufgaben hier. Es gibt die Aufgabe, die zu betreuen, die gerade erst hier angekommen sind. Es gibt die Aufgabe, jene zu betreuen, die sich einen neuen Körper wählen. Es

gibt auch die kleinen Kinderseelen, die nicht im Erwachsenenalter den Körper verlassen, sondern gleich wieder im Kindesalter. Es gibt überhaupt eine große Entwicklung bei den Seelen. Es gibt die Kinderseelen, es gibt die jugendlichen Seelen, es gibt die alten Seelen und die reifen Seelen. Eine Seele durchläuft genau den Prozess wie die Körperlichkeit auf der Erde. Das bedeutet, wir haben also auch so etwas wie einen Kindergarten hier, der eine reine junge Seele beherbergt. Das heißt, wir betreuen diese Kinderseelen oder diese alten und reifen Seelen. Wir betreuen in vielerlei Hinsicht. Wir dürfen auch die Menschen betreuen, das heißt, wir müssen spezielle Energien kreieren, die wir dann auf der Erde einspeisen. Es gibt viele, viele unzählige Aufgaben, die ich mit den Worten eines Menschen gar nicht zum Ausdruck bringen kann. Ihr glaubt ja nicht, was hier oben los ist. Wenn ich von oben spreche, dann meine ich einfach das Geistige, die anderen Dimensionen. Es gibt unendlich viele Dimensionen, es gibt unendlich viele Planeten, auf denen Wesen sind. Es gibt unendlich Vieles was ich euch berichten könnte, aber heute nicht berichten kann, weil der Rahmen gesprengt werden würde. Aber glaube mir, es wird uns hier nie langweilig.

Gaby:
Vielen Dank, Werner, das gibt mir ein wenig eine Idee, weil ich ja weiß, dass du im Leben sehr aktiv warst. Also wirst du sicher auch jetzt sehr aktiv sein.

Werner:
Es ist nicht so, dass wir alles mitnehmen, was wir als Mensch an Attributen oder Eigenschaften gezeigt haben. Vieles fällt ab, vieles ist einfach nicht mehr notwendig.

So bin ich heute auch mit einer viel größeren Gelassenheit gesegnet, aber es ist doch immer noch so, dass ich manchmal überschwänglich reagiere. Das ist wohl wahr.

Gaby:
Haha ... wir freuen uns ja darüber, Werner. Das ist eine interessante Aussage, dass nicht alle Attribute mitgenommen werden. Ich habe mir immer eingebildet, das, was man hier im irdischen Leben an Eigenschaften und Talenten hat, wird mit in die geistige Welt genommen.

Werner:
Die Talente werden sicher mitgenommen, denn sie gehen nie verloren. Talente und Anlagen, die werden immer bleiben. Es ist sogar so, dass wir noch sehr viel mehr Talente und Anlagen haben, als die, die wir leben, wenn wir einen Körper haben. Sobald der Körper uns einschließt, wird es dunkel, und in dieser Dunkelheit bleibt vieles verborgen, was ein Mensch gar nicht ausleben kann. So, wie ihr nur einen Bruchteil eures Gehirns benutzt. Könntet ihr diese Gehirnkapazität nur ein klein wenig erweitern, würdet ihr vieles sehr viel besser verstehen. Ihr würdet in andere Dimensionen reisen und in andere Dimensionen schauen können, denn dieses Gehirn ist immer mit uns verbunden. Es ist immer mit einer ganz bestimmten energetischen Frequenz verbunden, durch die ihr im Grunde genommen alles entdecken könntet, was das Universum zu bieten hat. Manche Menschen können das. Wenn ihr also an große Komponisten und an große Wissenschaftler denkt, dann haben die einen ganz besonderen Draht in diese unendliche Quelle, die nicht erschöpfbar ist. Unerschöpflich sind Wissen und Weisheit hier verborgen. Jeder von

euch könnte rein theoretisch gesehen mit dem, was ihr mitbekommen habt, diese Quelle zu jeder Zeit anzapfen. Diese Quelle des Lichts, diese Quelle der Weisheit. Aber nur ganz wenige tun es und das ist schade. Denn hier sind alle Anlagen, die man sich wünschen kann, ihr könntet gleichzeitig der größte Komponist und der größte Wissenschaftler sein und ihr könntet gleichzeitig der größte Theologe sein, ihr könntet gleichzeitig der größte Weise sein seit Methusalem. Aber all das bleibt euch verborgen, weil ihr nicht gelernt habt, diese Kapazitäten für euch zu nutzen obwohl all das in euch verborgen ist. Wenn ihr nach Antworten sucht, sucht sie nicht im Außen, es ist alles in euch verborgen. Es gibt die Quellen der Weisheit in euch, die euch immer weiter helfen können und die euch jede Antwort geben, die ihr braucht auf jede erdenkliche Frage.

Gaby:
Vielen Dank, Werner, ich verstehe es sehr gut und versuche mit zunehmendem Alter, mir das, was du gesagt hast, zunutze zu machen, aber es gelingt natürlich nur in kleinen Stücken. Ich würde gerne noch etwas anmerken. Nachdem ich jetzt intensiv und möglichst jede Nacht an unserem Buch schreiben werde, wäre es sinnvoll, wenn wir in regelmäßigen Abständen mit dir sprechen können. All die Fragen, die sich aus dem Gesagten ergeben, können nicht heute und jetzt geklärt werden. Ist das für dich in Ordnung?

Werner:
Für mich ist das völlig in Ordnung. Es ist nur wichtig, dass wir diesen Zeitplan bis Mitte des Jahres einhalten. Alles andere bleibt euch und eurem Zeitplan überlassen.

Gaby:
Sehr gut. Mein Zeitfenster sagt, auch wenn du nicht mehr in Wochen und Monaten denkst, dass wir dieses Manuskript in den nächsten drei bis vier Monaten fertigstellen. Und dann kommt die Feinarbeit, und es folgt die Korrektur. Aber der wesentliche Inhalt des Buches wird in den nächsten zwölf Wochen geschrieben werden. Darum werden wir noch öfter miteinander kommunizieren. Danke auch an die Vera an dieser Stelle.

Werner:
Das ist ein wunderbarer Weg, und es steht ja bereits fest, dass dieses Buch geschrieben ist. In einer anderen Dimension ist es ja bereits geschrieben, du bringst es jetzt in die Materie, und dafür ist der Zeitrahmen weit gesteckt. Wir werden uns also gerne in regelmäßigen Zeitabständen hier treffen, damit ich eure Fragen beantworten kann. Viele von deinen Fragen werde ich dir bereits beantworten, wenn wir uns bei dir sehen und auf deiner Terrasse sitzen. Das sind die Eingebungen. Du wirst also merken, dass deine Fragen immer weniger werden, weil wir beide dieses Buch gemeinsam schreiben und weil die Fragen, die du hast, bereits beantwortet werden durch das, was ich durch deine Hand zu Papier bringe. Deshalb wird es nicht so ausgiebig werden wie du es dir vielleicht vorstellst, weil wir ja bereits miteinander verbunden sind und die Energien und Informationen bei dir einfließen können.

Gaby:
Wunderbar, wunderbar ... so empfinde ich das auch. Aber es ist ein Buch, das hier in dieser irdischen Welt veröffentlicht werden soll und wird. Es werden viele

Menschen lesen, und darum hinterfrage ich lieber zweimal, was du genau ausdrücken willst zu dem einen oder anderen Thema.

Werner:
Du wirst aber auch spüren, dass du immer mehr vertraust und dass es viele Fragen, die du hattest, gar nicht mehr gibt, weil es dir ganz klar ist, was damit gemeint ist, wenn ich durch deine Hand und durch deinen Geist schreibe. In dieser Verbindung verschwinden auch die Zweifel.

Gaby:
Das ist gut zu wissen. Aber ich habe das auch die letzten Tage, wo ich intensiv daran arbeite, bereits so empfunden. Danke, Werner.
Vera, hast du noch Fragen an Werner? Wir bedanken uns sehr herzlich bei dir, dass du uns so beistehst bei diesem Projekt, ohne ein Entgelt zu verlangen.

Werner:
Da schließe ich mich gerne an. Aber jeder von euch, jeder der eingebunden ist, ist ein Teil dieses Projekts und für jeden ist es ein Teil seiner Lebensaufgabe. Ihr erfüllt also eure Lebensaufgabe. Ihr werdet viele Menschen berühren, das habe ich ja bereits gesagt. Und jeder von euch wird auf seine Weise davon profitieren und natürlich gebührt allen ein Dank.

Gaby:
Wunderbar, dann habe ich für heute keine Fragen mehr. Aber ich möchte mich bedanken, dass du mir immer wieder hilfst, in meinem Kopf die Spreu vom Weizen

zu trennen. Das habe ich früher auch schon gemacht, aber seit du in der anderen Welt bist, geht es umso besser. Vielen Dank.

Werner:
Dann werde ich mich jetzt verabschieden und mich wieder anderen Aufgaben widmen. Ich wünsche euch eine gute Zeit. Und seid sicher, ich bin da, wenn ihr mich braucht.

Kapitel 5 – Die guten Jahre

Ich bat Vera, mir das Protokoll im elektronischen Zeitalter per Datentransfer zu senden. Als der Download reibungslos funktionierte und das Gespräch auf meinem Computer gespeichert war, fiel mir ein Stein vom Herzen. Meine Fähigkeiten auf diesem Gebiet sind nicht sehr ausgeprägt, und eine so wichtige und unwiederbringliche Aufnahme durfte nicht verloren gehen.

Ich hörte mir das Gesagte noch einmal in Ruhe an und stellte fest, dass ich mich langsam an die Sitzungen und die Gespräche mit Werner in einer anderen Dimension zu gewöhnen schien. Es war wie eh und je, Werner war sehr höflich, leicht philosophisch, und zuweilen blitzte sein Humor durch. Er war ja zu Lebzeiten kein Gelehrter oder Wissenschaftler. Dennoch, seine ziemlich kultivierte Ausdrucksform, leicht eingefärbt mit dem unwiderstehlichen Münchner Dialekt, habe ich schon immer beneidet. So auch jetzt. Werner beantwortete detailliert meine Fragen und fügte viele interessante Aspekte hinzu. Die Gespräche nahmen jedoch eine andere Qualität an. Er sah ja die Dinge aus der Vergangenheit und die aus der jetzt gerade stattfindenden Gegenwart aus einem anderen Blickwinkel, sozusagen von „oben"!

Seine Worte klangen teilweise sehr gewählt, denn Werner hatte in den letzten 20 Jahren viel und gern gelesen. Es bedeutete für ihn Entspannung. In jedem Heim oder einer psychotherapeutischen Einrichtung gibt es eine Bibliothek, und die Bewohner können sich aller möglichen Lektüre bedienen.

Ich nahm mir vor, ihn bei einer unserer nächsten Sitzungen zu testen. Aber wie hatte Talim zu Anfang dieses Gespräches am 13. Januar angekündigt? Unsere

Gesprächszeit ist limitiert, bis Mitte dieses Jahres haben wir noch Zeit. Dann soll Werner sich anderen Aufgaben zuwenden. Wie immer diese aussehen werden. Ich musste mich also sputen.

Andererseits können wir nicht ewig an diesem Buch schreiben, folgerte ich ganz irdisch und strukturell. Und klar, dieses Zeitlimit könnte manipuliert sein, da doch die andere Welt keine Zeiteinheiten kennt. Aber offensichtlich wollte Talim uns eine Brücke bauen für unsere irdische Zeitrechnung.

Dabei gäbe es noch so viele durchaus positiven Dinge zu berichten. Zum Beispiel, wie Werner mir um Weihnachten 2006 bei einem Besuch half, den Maschendrahtzaun zu erhöhen, der mein Grundstück eingrenzte. Denn Leo, der Hund, büxte immer mal wieder aus, sprang ohne Mühe über den Zaun, um seine eigenen Entdeckungsreisen zu machen oder eine angebetete Hündin zu besuchen.

Werner fand das zwar lustig, aber er machte sich ans Werk. Wieder einmal erstaunten mich seine wiedergewonnene Plansicherheit, seine Geduld und sein handwerkliches Geschick. Es war eine wirklich schöne gemeinsame Weihnachtszeit, wir hatten öfter enge Freunde zum gemeinsamen Essen zu Gast und Werner genoss diese Tage.

Oder das Unterfangen im Sommer 2007, mit Werner gemeinsam mein Büro zu renovieren. Die beantragten zwölf Tage Urlaub wurden vom Heim genehmigt, und Werner reiste mit einer riesigen Werkzeugtasche an und war in seinem Element. Nach fünf Tagen harter Arbeit fiel mir auf, dass ich Werner doch etwas überfordert hatte. Ich organisierte schleunigst Hilfe und nach einer Woche betrachteten wir unser Werk. Super! Ich war begeistert und Werner auch.

Trotzdem wurde mir klar, dass Werner seinen heimlich gehegten Traum, in Tittmoning eine Teilzeitbeschäftigung aufzunehmen, nicht realisieren konnte. Es fehlte die physische Kraft. Aber Werner testete sich selbst, packte bald die Gelegenheit am Schopf und erklärte sich freudig bereit, mit anderen Heimbewohnern dem vom Heim beauftragten Bautrupp zu helfen und fuhr jeden Morgen nach Bad Reichenhall. Dort baute die Heimleitung ein Hotel zu einem weiteren Heim aus. Das geschah unter fachmännischer Betreuung, die darauf achtete, den Betreffenden nicht zu überlasten. Es machte ihm riesigen Spaß, und er konnte in eingeschränktem Maß seine Leistungsfähigkeit unter Beweis stellen und sein Ego stärken.

5.1 Protokoll der sechsten Sitzung mit Werner am 2. März 2017

Die Sitzung lief wieder über Skype ab, allerdings war der Ablauf dieses Mal etwas verändert. Vera bat mich, meine Fragen an Werner, die ich notiert hatte, aufzuzählen. Diese möchte ich gerne hier listen:

a) Wenn jeder Mensch bzw. dessen Seele sich das Programm wählt – welche Bestimmungsmöglichkeiten bleiben uns noch in der irdischen Welt und können wir Ereignissen ausweichen?

b) Bleibt dem in der anderen Welt (dem Geist) die Erinnerung an gravierende Ereignisse aus seinem letzten irdischen Leben?

c) Du, Werner, hattest geglaubt (so geht es aus einem unserer Protokolle hervor), dass du den Erwartungen der anderen entsprechen musst. Wie darf ich das verstehen?

d) Wenn wir also davon ausgehen, dass wir alle viele Inkarnationen durchwandern, würde das ja, einfach ausgedrückt bedeuten, dass der Bestand der Menschen auf Erden sich nicht wesentlich verändert. Weil es ja ein Kommen, ein Gehen und wieder Zurückkommen ist?

e) Werner, wie du an anderer Stelle sagtest, werden unsere Talente und Anlagen in die geistige Welt mitgenommen. Dann wäre die logische Schlussfolgerung, diese in unserem momentanen irdischen Dasein zu pflegen und zu verbessern, um uns sozusagen ein Talente-Polster für die nächste Inkarnation zu sichern. Und im Umkehrschluss würde das bedeuten, dass, wenn wir unsere Talente brachliegen lassen oder die uns in diesem Leben gegebenen Probleme nicht lösen, uns diese Mängel dann im nächsten Leben umso heftiger ereilen werden. Was kannst Du uns dazu mitteilen?

f) Wenn du in der anderen Welt alle Abläufe parallel und nicht wie wir, linear siehst, dann könntest du ja theoretisch auf das Leben eines irdischen Bewohners blicken und alle Ereignisse bereits im Voraus sehen. Das wäre uns hier eine große Hilfe oder wie verhält sich das?

Vera:
Heute ist Donnerstag, der 2. März 2017. Talim ich grüße euch und ich grüße auch den Werner, und es sieht so aus, als ob das heute so eine Gemeinschaftssitzung wird aus Werner und Talim. Ist das richtig?

Talim:
Wir, Talim, die Gnade Gottes, grüßen euch in diesem Raum des Lichts. Wir grüßen auch die Gabriele und freuen uns sehr auf diese Sitzung, weil wir gerne genau diese Fragen beantworten, und auch Werner ist hier, damit wir ihn unterstützen können. Es ist so, dass die Schleier, vor allem wenn sie dünner werden, Energie kosten. Wir sind da, um Werner mit Energie zu unterstützen, damit er hier sein kann für eine bestimmte Zeit. Das ist in der geistigen Welt oft gewünscht, dass die Menschen, die den Körper verlassen haben, von den Wesen begleitet

werden, die schon sehr viel länger in der geistigen Welt sind, und damit ihre Stimme gehört werden kann.

Vera:
Ah, gut. Das ist auch interessant zu wissen, Talim. Dann grüße ich den Werner nochmal. Und Gabriele, du kannst ihn auch begrüßen, wenn du möchtest.

Gaby:
Danke, gerne. Ich begrüße Talim und ich begrüße Werner, der mir viele Nächte lang wirklich gute und positive Inspiration schickt.

Werner:
Ja, es ist schön, dass du sie empfängst, und ich freue mich sehr, dass dieses Projekt jetzt Formen annimmt. Formen, die die geistige Welt sich wünscht für die Menschen. Formen, die vor allem auch auf eine Art und Weise geschrieben werden, dass sie den Menschen zugänglich gemacht werden, auch auf der geistigen Ebene. Die Menschen werden verstehen, die Menschen werden die Energien spüren, die in diesem Buch vorhanden sind und werden tatsächlich nach Wegen suchen, wie sie weiter in diese Materie vordringen können. Es ist also ein gutes Buch des Einstiegs und ein Buch, das uns allen Freude bereiten wird, auch hier in der geistigen Welt. Natürlich werdet ihr euch Gedanken machen, denn es gibt ja schon unzählige Bücher, aber jedes Buch hat seine eigene Energie, und es geht genau um diese Energie, die mit diesem Buch vermittelt werden soll.
Ich möchte auch gleich auf die Fragen eingehen, die Gaby gestellt hat. Zum Beispiel die Frage, dass die Menschen oft den Erwartungen entsprechen und somit immer

weiter von ihrem eigenen Weg abkommen. Es liegt in der Natur der Sache, dass der Mensch gemocht werden will, der Mensch möchte anerkannt werden und der Mensch möchte gesehen werden als etwas Besonderes. In dieser Besonderheit gibt es eben ganz bestimmte Dinge, denen der Mensch entsprechen will und entsprechen muss.

Vera:
Ich muss jetzt leider eine kleine Pause machen.

Werner:
Das ist überhaupt kein Problem, denn wir sind ja hier, und es kommt auf ein paar Sekunden mehr oder weniger gar nicht an. Ich möchte also weiter ausführen von den Erwartungen, denen der Mensch versucht zu entsprechen. In jedem Umfeld gibt es bestimmte Vorlieben und Abneigungen Ein Kind spürt ja sehr deutlich, wann eine Vorliebe und wann eine Abneigung da ist. Dieses Kind lernt dann im Laufe seines Lebens, dass es bestimmte Dinge gibt, die die Umwelt gut findet und bestimmte Dinge, die die Umwelt nicht gut findet. Dieses Kind versucht nun in einen Anzug hineinzuwachsen. Man muss sich das vorstellen wie einen energetischen Anzug. Das bedeutet, dass bestimmte Teile dieses Anzugs für dieses Wesen, das nun versucht, in diesen Anzug hineinzuwachsen, viel zu klein sind und einige Teile viel zu groß. Und dann versucht dieser Mensch, genau dort hineinzupassen und verbiegt sich innerlich. Das bedeutet, dass selbst auf der Zellebene, auf der kleinsten Ebene, sogar in der DNS, im genetischen Code des Menschen, eine Veränderung stattfindet. Er wird, wenn er im Erwachsenenalter ist, in einem Anzug stecken, der ihm im Grunde genommen gar nicht passt. Nun kommen einige

Menschen auf den Weg des Bewusstseins, und sie werden merken, dass dieser Anzug an einigen Stellen zu groß und an einigen Stellen zu klein ist. Dann versuchen sie, genau das zu verändern. Sie versuchen nun, sich zu verändern und sich in die ursprüngliche Form zurückzuversetzen. Wir können das auch noch einmal verdeutlichen, indem wir einen Bonsai nehmen. Ein Bonsai ist ein großer Baum, und im Samen des Bonsai ist angelegt, dass er zu einem großen Baum werden soll. Aber der Mensch beginnt nun zu gegebener Zeit, die Wurzeln und auch die Äste dieses Baumes zu beschneiden, sodass dieser Baum zu einer Miniatur verkommt. Aus ihm wäre aber ein großer Baum geworden. Das heißt, eine Eiche, die normalerweise vielleicht 30 Meter hoch ist, wird auf einmal zu einem Bäumchen mit 30 Zentimetern. Das ist der Unterschied, und das gilt es zu erkennen. Wenn ihr als Menschen also erkennt, dass ihr in einem Anzug steckt, der euch im Grunde genommen viel zu klein ist und an einigen Stellen vielleicht viel zu groß, dann bemerkt ihr ein Unwohlsein oder ihr kommt auf den Weg der Erkrankung, sowohl auf der psychischen als auch auf der physischen Ebene. Wenn der Mensch erkennt, dass er nicht sein eigenes Leben lebt, weil er den Entsprechungen der anderen zu viel Bedeutung beimisst und sich auch daran orientiert, dann wird das Leben unzufrieden und wird mit Krankheit behaftet sein. So gibt es viele Wege, wie ihr ein Leben leben könnt, aber der Erkenntnisweg ist im Grunde genommen ein sehr wichtiger Weg.

Du hast nun angesprochen, dass Talente und Anlagen ja mitgebracht werden und durch viele Leben hindurch entwickelt werden. Das ist auch so. Viele Anlagen und Talente sind entwickelt, und ihr werdet merken, wenn ihr wiederkommt, dass es eben bestimmte Dinge gibt, die ihr besonders gut könnt und andere, die ihr nicht gut könnt. Das bedeutet aber nicht, wenn du in einem früheren Leben ein großer Pianist warst, dass du dann in einem späteren Leben ein noch größerer sein wirst. Es kann durchaus sein, dass dir das Klavierspiel sehr gut gefällt, du aber nie selbst spielen wirst. Das war eine Inkarnation, die vorüber ist. Das ist nun in einem neuen Leben etwas ganz anderes. Es werden aber viele Dinge entwickelt, wo die Herzenergie eine große Rolle spielt. Deine Vorlieben werden somit von deinen früheren Leben geprägt sein, auch deine Abneigungen. Aber es bedeutet nicht, dass ein Talent immer besser und immer größer entwickelt wird. Es wird immer wieder andere Talente geben, weil in einem früheren Leben etwas zu einem Abschluss gebracht wurde. Die Dinge, die nicht zu einem Abschluss gebracht werden, werden in einem weiteren Leben tatsächlich neu aufgerollt.

Es ist auch sehr schön zu wissen, dass du dir Gedanken machst, wie viele Seelen denn überhaupt auf diesem Planeten sind und dass es immer die gleiche Anzahl von Seelen sein müssten. Da hast du aber etwas sehr Wesentliches vergessen! Es gibt einen unermesslichen Seelenpool, und der entscheidet sich, wo er sich inkarniert und wie er sich inkarniert. Es bedeutet, dass die Erde nur ein Schulplanet von vielen ist. Die Erde ist sicherlich der mit einer unglaublich hohen Dichte, was bedeutet, dass es auf der Erde am schwierigsten sein wird. Es gibt noch andere Planeten, die auch nicht so leicht zu bevölkern sind, beziehungsweise, wo das Leben auf diesem Planeten eine andere Schwere hat. Aber wir möchten ja zunächst auf der Erde bleiben. Nun kann sich ein Mensch entscheiden, auf welchem Planet er sich inkarnieren möchte. Das bedeutet aber nicht, dass alle Inkarnatio-

nen auf der Erde zwangsläufig geschehen. Sie können auch zwischendurch auf anderen Planeten geschehen. Es kann aber auch sein, dass aus dem Seelenpool immer wieder neue Seelen dazukommen, weil ja der Inkarnationszyklus von anderen bereits abgeschlossen ist. Sicher ist, es stehen die Seelen bereits Schlange, um auf der Erde inkarnieren zu können. Das heißt, wenn wieder ein Platz frei geworden ist, dann wird eine neue Seele die Möglichkeit haben, auf der Erde einen Zyklus ganz von vorne zu beginnen. Es kann aber auch durchaus sein, und das ist jetzt etwas, das vielen Menschen ein wenig eigenartig vorkommen wird, wenn ihr zum Beispiel in einem Zustand der Bewusstlosigkeit seid oder in einem Zustand des Schocks, dann kann die Seele durchaus sagen, ich werde jetzt diesen Körper verlassen, denn in diesem Körper kann ich nichts mehr lernen und macht einer neuen Seele Platz. Sodass der gleiche Körper von einer neuen Seele bewohnt wird, das nennt man auch Seelenwanderung. Das ist das neue Beseelen einer Seele, die schon einen Platz hat. Diese Dinge geschehen übrigens auch ungewollt. Das heißt, wenn die Seele ab und zu wandert und sagt, es ist eigentlich gar nicht mehr so interessant in diesem Körper, weil dieser Mensch das Lenkrad in der Hand hat und sich nicht fahren lässt. Und die Seele entschließt sich dann einfach, wieder zurück zum Pool zu gehen, um sich einen neuen Körper zu holen. Dann kann eine andere Seele sagen, ich nehme jetzt dieses Gefährt und versuche hier mein Glück. Ihr seht, es gibt viele Möglichkeiten, wie ein Körper bewohnt werden kann. Es muss nicht die ursprüngliche Seele in diesem einen Körper bleiben.

Aber die Anzahl der Seelen richtet sich eben nach denen, die die Möglichkeit haben, diesen Planeten zu be-

völkern und auch einen richtigen Zeitpunkt zu wählen und auch die richtigen Menschen zu wählen, die als Eltern infrage kommen. Weil bestimmte Dinge einfach gelernt werden wollen, bestimmte Dinge erfahren werden wollen, bestimmte Energien erspürt werden wollen. Es spielt ebenfalls eine große Rolle, in welchem Land ihr euch inkarniert, in welcher Kultur, in welcher Religion. All diese Vielfältigkeit auf eurer Erde möchte durchlaufen werden, möchte erfahren werden. Das heißt, zu manchen Zeiten waren nicht so viele Seelen auf dieser Erde, aber im Moment sind es eine ganze Menge und der Andrang ist groß, dass noch viel mehr kommen. Es ist nur nicht sicher, ob allen die Möglichkeit gegeben werden kann, einen Körper zu bewohnen. Wir arbeiten in der geistigen Welt genau an diesen Dingen. Es ist also auch von der geistigen Welt geplant und gewollt, dass jeder die Möglichkeit erhält, der gerne auf den Planeten Erde gehen will, auch einen Körper zu bewohnen. Aber manchmal ist es eben nur bedingt möglich. Es leben ja auf der Erde nicht nur die Seelen, die einen Körper haben, sondern es leben ja auch eine ganze Menge Seelen dort, die den Weg ins Licht noch nicht gefunden haben, die noch auf der Erde leben – aus welchem Grund auch immer.

Die Gründe sind vielfältig. Es gibt so viele Gründe wie Seelen, und manchmal braucht es eine lange Zeit, bis eine Seele überhaupt den Weg findet in die geistige Welt zurück zum Seelenpool aus dem die Seele gekommen ist um sich hier einen neuen Körper zu wählen. Ihr seht also, das Thema ist komplex und es kann nicht mit wenigen Worten abgehakt werden. Jedes Mal, wenn wir antworten, wird sich eine neue Frage auftun. Aber wir können einen groben Umriss geben von dem, wie die Menschen auf die Erde kommen, bzw. wie die Seele als Mensch auf die Erde kommt, denn die Seele bleibt ja doch immer gleich. Sie war immer und sie wird immer sein. Sie wird, wenn sie in den Seelenpool geht, immer ein Teil des großen Seelenpools bleiben. Es gibt auch Seelen, wo bestimmte Anteile der Seele in der geistigen Welt verbleiben um mit der Seele im Körper zu korrespondieren.

Du hast auch die Frage gestellt, ob alles vorbestimmt und vorgewählt sei? Ja, es gibt die Wahl der Seele, einen Körper zu bewohnen, und es gibt die Wahl der Seele, was diese in dem Körper lernen möchte. Es gibt aber viele Möglichkeiten, wie eine Seele bestimmte Dinge lernen kann. Das heißt, sie hat einen roten Faden, der sich durch das Leben zieht. Aber alles, was nun um den roten Faden zusätzlich gesponnen wird, hängt wiederum von dem ab, was der Mensch daraus macht. Seele und Mensch sind auf der einen Seite Eins, aber auf der anderen Seite oft konträre Schwingungen, die sich gegenseitig das Leben schwermachen. Wenn ihr also den Verstand entwickelt durch die Erfahrungen, die ihr als Kind macht, dann kann es erst einmal sein, dass der Verstand in die entgegengesetzte Richtung fährt, bis der Verstand an einen Punkt kommt, wo er nicht mehr weiter kann. Das können sehr gravierende Ereignisse sein, an die ihr dann stoßt. Aber die Seele versucht immer wieder, dass der Verstand zurück auf die Spur kommt; dass der Mensch zurück auf den Weg gesetzt wird, auf dem er all diese Erfahrungen machen kann, die er machen möchte. Oft geht der Verstand in eine Vermeidungsstrategie, weil er genau weiß, dass die Erfahrung, die er jetzt machen müsste, mit großem Schmerz behaftet ist. Die Seele wird immer wieder Wege finden, zurückzukehren zum ursprünglichen Plan und auf den ursprünglichen

Weg. Manchmal ist es möglich, dass die Seele, wenn sie erkennt, dass dieser Mensch nicht mehr zu retten ist, einfach den Körper verlässt. Das hatte ich ja vorher schon angesprochen. Aber in erster Linie geht es ja darum, dass der freie Wille bleibt. Du weißt, dass du diese Straße überqueren möchtest, aber du kannst wählen, wo du sie überquerst. Es macht einen großen Unterschied, ob du sie an einem Zebrastreifen überquerst oder an einer stark befahrenen Kreuzung oder sogar an einer Ampel. Das sind die Wahlmöglichkeiten, die du als Mensch hast. Je nachdem was du wählst, werden wieder Ereignisse in dein Leben kommen, die dir genau aufzeigen, ob du vom Weg abgekommen bist oder ob du noch auf der Spur bist, auf die du gehörst. Es ist also nicht alles vorbestimmt, es ist aber der rote Faden vorbestimmt, an den die Seele sich hält, damit bestimmte Ereignisse erfahren werden. So wie natürlich auch Begegnungen mit anderen Menschen. Auch hier gibt es die Wahl. Du kannst entscheiden, zu einem bestimmten Zeitpunkt an einem bestimmten Ort zu sein. Es kann durchaus sein, dass du mit so vielen Dingen beschäftigt bist, die dich an das Überleben fesseln und die dir Angst machen, weil du Bange hast, nicht zu überleben, sodass du nicht aus dem Haus kommst, weil du so beschäftigt bist. Dann wird die Seele, die du treffen möchtest, auf dich warten, aber vergebens. Manchmal werden Treffen arrangiert, aber manchmal gehen die Zeitfenster auch zu, sodass ihr euch nie begegnen werdet. Du siehst, der freie Wille des Menschen ist das höchste Gut und wird auch in der geistigen Welt sehr ernst genommen. Ihr könnt also oft wählen, und wenn ihr mit dem Verstand wählt, wählt ihr den schwereren Weg. Wenn ihr mit dem Herzen wählt, wenn ihr verbunden seid mit dem Inneren, wenn ihr wach seid, wenn ihr bewusst seid, wenn ihr im Hier und Jetzt leben könnt, werdet ihr immer auf eure Intuition hören. Auch wenn du eine Erkrankung hast, hörst du auf deine Intuition, und wenn diese Intuition dir sagt, du brauchst jetzt schulmedizinische Hilfe, dann gehst du zu einem Mediziner. Wenn aber deine Intuition dir sagt, dass du etwas ganz anderes brauchst, vielleicht einen energetischen Heiler oder vielleicht nur ein Globuli oder eine pflanzliche Salbe oder auch nur die Umarmung eines Baumes, dann wirst du genau dorthin gehen, wo dir jetzt geholfen wird.

Wirst du aber in einer großen Angst verhaftet sein, dass du nicht mehr klar fühlen und denken kannst, dann wirst du das tun, was die Allgemeinheit tut oder was jemand dir empfiehlt ohne es selbst fühlen zu können. Du wirst dich auf deinen Verstand verlassen, weil alle das tun, deshalb musst du es auch tun. Dann sind wir wieder bei der Beeinflussung, den Erwartungen der anderen zu entsprechen. Du siehst also, wie groß das Feld ist, in dem ihr spielen könnt. Ihr könnt euch auf das Fühlen verlassen oder auf das Denken, manchmal auch beides. Zuweilen verirrt ihr euch, weil ihr euch nur auf das Denken verlassen habt, weil ihr fühlen überhaupt nicht mehr könnt, weil ihr es verlernt habt und euch von euch selbst entfernt habt. Wenn du permanent in einem Anzug durch die Gegend läufst, der dir zu klein ist, dann wirst du ja gar nicht mehr fühlen können. Deine Extremitäten werden taub, du wirst abgestumpft, kannst nicht mehr richtig durchatmen, und deine inneren Organe werden irgendwann gestört sein bzw. die Funktion wird gestört sein und du wirst dich wundern, warum du ständig Beschwerden hast im Magen oder Verdauungsbeschwerden. Ihr seht also, wie viele Möglichkeiten ihr als Mensch habt und wie wenige davon ihr wahrnehmt.

Oder ihr braucht eine bestimmte Begegnung und werdet fühlen, dass diese Energie zu euch geführt wird. Ihr müsst euch gar nicht mehr großartig anstrengen, es sind dann zwei Energien, die sich wie Magnete anziehen. Kannst du aber nicht fühlen, dass du jetzt gerade diesen Menschen brauchst, dann wirst du ihm vielleicht gar nicht begegnen, manchmal aber auch nur etwas später. Es gibt also viele Möglichkeiten, wie ihr als Mensch Mensch-sein lernen könnt. Das ist ja doch die größte Aufgabe schlechthin. Es geht nicht darum, dass ihr ganz viele Dinge tut und in der materiellen Ebene dazulernt. Es geht ganz klar darum, dass ihr als Mensch das Mensch-sein lernt. Eine Seele, ein Geist, der aus der geistigen Welt kommt, muss sich ja zunächst einmal anfreunden mit dieser Begrenztheit des Körpers. Eine Seele braucht ja nur einen Wunsch zu äußern, ein innerliches Vorhaben, und schon ist sie auf einem anderen Kontinent. Der Körper aber braucht Materie um sich von einem Ort zum anderen zu bewegen, es sei denn, er möchte seine eigenen Füße benutzen. So ist eben die ganze Konstellation auf eurem Planeten durch viele Faktoren geprägt und von vielen Faktoren abhängig. Es kommt immer auf eins zurück, nämlich dass ein wacher Mensch andere Entscheidungen trifft als ein Schlafender; dass ein aufgeklärter Mensch andere Entscheidungen trifft, weil er sich der Dinge bewusst ist. Er kennt die Gesetze des Universums und er erkennt sie auch an. Er weiß, dass er nicht mit kleinen Verrücktheiten durchkommt, er weiß, dass er irgendwann an irgendeinem Weg dadurch einen Stolperstein kreiert, über den er hinweg steigen muss. Manchmal ein großer, manchmal ein kleiner. Manchmal genügt es auch, einen Husten zu haben, so wie jetzt gerade die Gaby, die mit einem Hüsterer etwas aus sich heraus katapultiert. Bisweilen sind es eben die größeren Dinge, die euch dann ins Leid stürzen. Ihr seht, wie komplex das Leben auf der Erde ist, wie komplex die Organisation, wie komplex die Vorhaben und dass es doch ein gewisses Maß an Konzentration braucht, bis man einen neuen Lebensplan erstellt hat. Es gehören ja wieder sehr viele Wesen und Menschen dazu. Wenn also für ein Wesen, das sich jetzt inkarnieren muss, damit es seinen Plan verfolgt, kein Platz ist, dann wird der gesamte Plan mit all diesen Dingen auf einen anderen Zeitpunkt verschoben werden müssen. Die Gesetze des Universums sind so exakt und sind so fein aufeinander abgestimmt, dass ihr es euch gar nicht vorstellen könnt. Das sind die Dinge, die wir dir aus der geistigen Welt mitteilen können.

Gaby:
Vielen Dank, Werner, das ist ja sehr aufschlussreich. Dann halte ich für mich fest, dass die Intuition ein ganz wichtiges Werkzeug ist, um sich Dinge bewusst zu machen oder eben auch nach der eigenen Intuition zu handeln. Ist das richtig?

Werner:
Die Intuition ist im Grunde genommen eine Instanz in euch, das heißt, es ist die Anbindung, von der du gesprochen hast, die Anbindung an die geistige Welt. Du hast ja die Frage gestellt, ob die Verbindung mit der geistigen Welt dazu führen kann, dass Erfahrungen nicht gemacht werden müssen, beziehungsweise Ereignisse umschifft werden können. Nun geht es darum, was eine Seele sich vorgenommen hat zu erfahren. Es wird so sein, dass eine Seele diese Erfahrungen nach wie vor machen möchte, sie wird diese Erfahrungen machen, aber mit einem an-

deren Bewusstsein. Es ist etwas anderes, wenn du weißt, warum das jetzt geschieht oder ob du dich ausgeliefert fühlst und deine Erfahrungen als Opfer machst. Ein Opfer wird im Leiden sein, ein Mensch der Bewusstheit ist in der Akzeptanz. Er weiß, dass die Dinge geschehen und er weiß auch, dass das Leben ein großer Gobelin ist und dass die Lebensausschnitte, die ihr in diesem Moment erkennen könnt, immer nur ein kleiner Teil sind von diesem großen Gobelin. Du siehst also einen Faden, und wir können das Ganze auch in ein anderes Bild packen und sagen, alles ist ein großes Puzzle. Dein Leben ist nur ein ganz winziges Puzzleteilchen in einem riesigen Puzzle.

Das bedeutet wiederum, den kleinen Ausschnitt, den du siehst, den kannst du jetzt anzweifeln, den kannst du verärgert annehmen oder kannst sagen, ich weiß, dass hinter diesem kleinen Puzzleteilchen noch ganz andere Dimensionen liegen. Ich weiß, dass es nur ein Teil eines großen Ganzen ist, und weil ich dieses große Ganze nicht sehen kann, nicht hören kann, nicht fühlen kann, bin ich im Moment in diesem Puzzleteilchen gefangen. Ich kann jetzt aber akzeptieren, dass es etwas Größeres gibt, eine große Instanz, ein ganzes Bild und dass das, was ich jetzt gerade in diesem Puzzleteilchen erlebe, genau richtig ist, damit sich das ganze Bild eines Tages zeigen kann, und dann werde ich erkennen. Wenn ihr also den Körper verlasst, dann erkennt ihr schon sehr viel mehr, aber immer noch nicht alles. Es bedeutet nicht, dass jemand, der den Körper verlässt, plötzlich den großen Überblick hat. Es bedeutet nur, dass der Fokus und das Bewusstsein ein Stück erweitert sind. Je nachdem, wie bewusst ihr als Mensch seid und wie viel Bewusstsein ihr als Mensch erlangt, wird auch euer Weiterleben in der geistigen Welt von Bewusstheit oder Unbewusstheit geprägt sein. Denn das Lernen geht hier in der geistigen Welt weiter, es hört nicht mit dem Ableben auf.

Viele stellen sich ja vor, dass sie die große Erleuchtung erfahren, wenn sie aus dem Körper raus sind, und die werden enttäuscht feststellen, dass die Bewusstheit, die sie als Mensch erlangt haben, genau die Bewusstheit ist, die auch als Geistwesen weiter gelebt werden kann. Dann wird hier in der geistigen Welt sofort evaluiert, wo passt dieses Wesen hin, in welche Klasse können wir dieses Wesen jetzt entlassen. Und genau diese Wesenheiten holen dann dieses Wesen ab, um sie in ihre Klasse zu begleiten. Das heißt, ein Erstklässler wird nicht in die zwölfte Klasse geschickt, denn dort würde er völlig verwirrt werden. Aber in eurem Inkarnationszyklus geht es ja genau darum! Es geht ja darum, aus dieser Babyseele eine reife, eine alte, eine weise Seele werden zu lassen, die dann dementsprechend in die Klasse geführt wird, die jetzt für sie die richtige ist, damit sie auch hier noch weiter lernen kann. Wenn das Weiterlernen aber nicht mehr nötig ist, wenn der Inkarnationszyklus abgeschlossen ist, dann gibt es den Seelenpool. So wie Talim ein Teil dieses Seelenpools ist, der mit euch Menschen zusammenarbeitet und der sich dafür zur Verfügung gestellt hat. Sicher nicht um eure Erfahrungen zu schmälern oder sie wegzunehmen. Sondern einfach, um euch mehr und mehr in die Akzeptanz des großen Ganzen zu bringen, in die Akzeptanz, dass eure Lernerfahrungen alle einen Sinn haben, dass eure Lernerfahrungen überhaupt das sind, warum ihr eigentlich auf den Schulplaneten Erde gekommen seid. Nun bekommt das Ganze ein völlig anderes Bild, weil ihr dann aus dem Opferdasein in das bewusste Leben eintreten könnt. Ihr könnt mit Bewusstheit sagen, das ist der Weg, den ich gehe, und das ist der rote Faden, den ich mir gewählt habe und der mich begleiten wird. Wenn ihr nicht bewusst seid, dann kommt es zu einem größeren Leiden, weil ihr zum einen mit dem Leiden verhaftet seid und zum anderen genau das anziehen werdet, was in eurem Energiefeld vorhanden ist. Bist du also ein Wesen, das mit Leiden verhaftet ist, wirst du die Ereignisse anziehen, die dich leiden lassen, damit du weiter deinen roten Faden verfolgen kannst. Bist du aber ein Wesen der Bewusstheit, dann wirst du klar sehen und den direkten Weg verfolgen können.

Du musst dir das so vorstellen, Gaby: Du fährst auf einer Autobahn und du möchtest von München nach Hamburg fahren und du weißt, es gibt eine wunderbare breite Autobahn auf der du fahren kannst. Aber du bist in deinem Denken so gestört, du bist in so einem Chaos verhaftet, dass du permanent die Führung der Straße verlierst und irgendwo abbiegst, und dann landest du auf einmal auf einer unwegsamen Strecke, und hier gibt es Schlamm, und hier gibt es Dreck, und hier gibt es Wasser, und hier gibt es Dinge, die überwunden werden müssen. Das heißt, die bewusstere Seele wird den direkten Weg gehen können und die unbewusste wird sich immer wieder verirren, bis sie irgendwann dann an ihrem Ziel ankommt. Jedoch das Ziel wird erreicht, manchmal leicht, manchmal schwer. Natürlich haben sich die Seelen auch bestimmte Aufgaben gewählt. Es ist so wie in der Schule. Wenn du sagst, ich möchte eine Klasse überspringen, dann wirst du mehr lernen müssen als jemand der sagt, ich mache es ganz gemütlich, oder wenn jemand sagt, ich wiederhole die Klasse einfach, damit ich es mir leichter machen kann.

Wählen könnt ihr immer, wenn ihr keinen Körper mehr habt, wählen könnt ihr auch, wenn ihr den Körper wie-

der habt, wählen könnt ihr zu jedem Zeitpunkt. Ihr könnt sogar, wenn ihr euch stark verirrt habt, auf einmal eine Intuition oder eine Erleuchtung bekommen, die ihr erkennt. Dann steigt ihr ganz schnell aus diesem Morast aus, um wieder auf die glatte Straße zurückkatapultiert zu werden. Das geht von einer Sekunde auf die andere, von einer Nano-Sekunde auf die andere. Aber das sind nur sehr wenige Menschen, die das können, weil sie auf einmal erkennen, um was es wirklich geht.

Gaby:
Mmhhhh, das ist wirklich sehr interessant, und vielleicht könnt ihr den Erdbewohnern ja den einen oder anderen Ratschlag erteilen.

Werner:
Es ist so: Wenn die Menschen die geistige Welt um Hilfe bitten, dann dürfen wir unterstützen. Wir dürfen aber nicht so unterstützen, dass die Erfahrung, die die Seele machen möchte, nicht mehr gemacht werden kann. Viel mehr unterstützen wir, dass der Mensch wieder zu mehr Bewusstsein findet, dass der Mensch wieder zu mehr Fühlen findet, dass der Mensch seiner Intuition wieder näher kommt. Der Mensch selbst muss für sich entscheiden. Die geistige Welt darf diese Entscheidungen den Menschen nicht abnehmen. Sie darf nur manchmal Wege aufzeigen, die erkennbar machen, wo der Mensch von seinem Weg abgekommen ist, wo er noch schläft, wo er nicht erkennt. Das ist durchaus möglich. Aber der rote Faden ist und bleibt der Weg des Menschen, denn dieser rote Faden hat sich der Mensch selbst ausgesucht und der wird auch weiter von ihm verfolgt. Also auch Ereignisse, die in ein menschliches Leiden führen können, weil der Mensch

nicht in der Akzeptanz ist, können nicht umschifft werden. Aber es kann eine deutliche Verbesserung geschehen, indem der Mensch vom Leiden in die Akzeptanz kommt. Je eher ein Mensch sich mit dieser Form der Bewusstheit auseinandersetzt, je eher ein Mensch erkennt, dass er eben doch Erfahrungen macht, die er gar nicht machen müsste, wenn er erkannt hätte, dass er sein eigenes Leben hat und dass er nicht das Leben seiner Eltern leben kann, das Leben seiner Ahnen, das Leben seiner Vorfahren, das Leben, das die anderen von ihm erwarten. Je eher ein Mensch das erkennt, desto einfacher wird der Lebensweg werden, weil dann der gerade Weg verfolgt werden kann. Der Mensch erkennt, wo der gerade Weg ist, denn Umwege werden ja nur gegangen, wenn der Mensch die Orientierung verliert. Wenn wir davon sprechen, dass die Orientierung verloren wird, dann ist oft die große Angst dahinter, weil die Seele zwar weiß, aber der Mensch weiß nicht, dass eine Seele in ihm war und immer sein wird. Wenn der Mensch akzeptieren könnte, dass sein Körper nichts anderes ist als einfach nur ein Anzug, ein Gefährt, um die Erfahrungen auf der Erde machen zu können, dann würde er viel leichter in der Lage sein, das wieder loszulassen. Ihr haftet ja nur an etwas, von dem ihr Angst habt, dass ihr es verliert. Wenn ihr erkennt, dass es gar keinen Verlust gibt, wenn ihr erkennt, dass der Körper genauso abgelegt oder aussortiert wird wie ein Pullover, dann würdet ihr zwischen den Dimensionen viel leichter hindurchgehen können. Ihr würdet sagen, okay, in dieser Inkarnation ist es nicht mehr möglich, ich erkenne, dass mein Körper es nicht mehr schafft, ich muss mir einen neuen Körper suchen. Etwa so, wie ihr in ein Geschäft geht und euch einen neuen Pullover kauft. Aber da ihr Angst habt und nur an die Vergänglichkeit des Körpers denkt im Zusammenhang mit dem Verlassen des Körpers, verhaftet ihr euch so sehr mit dem Körper, dass ihr die Identifikation nicht mehr loswerdet. Ihr glaubt, ihr seid euer Körper und darum tritt der Körper in den Vordergrund, und ihr versucht alles zu tun, um diesen Körper so lange wie möglich am Leben zu erhalten. Ihr geht in die Vermeidung und in die Verleumdung und seid nicht in der Lage, ein gutes Miteinander zu führen. Vor allem auch deshalb, weil der Körper eine so große Bedeutung gewinnt, dass alles andere in den Hintergrund tritt. Aber es geht nicht um den Körper, es geht um Geist und Seele, die ja in den Seelenpool zurückkehren werden und die immer waren und immer sind. Körper jedoch sind vergänglich. Ihr braucht also die Erkenntnis, dass ihr nicht ein Körper seid, der von einer Seele bewohnt wird, sondern dass ihr Seele und Geist seid, die sich einen Körper geliehen haben und zeitweise darin wohnen, um Erfahrungen machen zu können!

Gaby:
Der Körper hat somit seine Wichtigkeit für dich verloren, Werner, sage ich das mal so.

Werner:
Es ist genau der letzte Satz den du gesprochen hast. Es hat keine Bedeutung mehr. Es wird allen Ereignissen die gleiche Bedeutung beigemessen, weil ein jedes Ereignis dient nur dazu, eine Erkenntnis zu bekommen, einen Lernprozess einzuleiten bzw. zu beenden. Das heißt also, dass die Ereignisse zwar immer noch gespeichert sind, aber es ist keine Bedeutung mehr da. Ich möchte aber trotzdem sagen, dass die Bedeutung der Glücksereignis-

se einen höheren Stellenwert hat, als die Bedeutung der Leiden. Denn in der Tat – es geht um die Glücksmomente, es geht um das Glücklichsein, weil im Glücklichsein so viel positive Energie freigesetzt wird, dass dies am Ende eines Lebens einen großen Wert darstellt. Je öfter du in deinem Leben glücklich warst, je öfter du dich gefreut hast, je öfter du überschwänglich warst, leidenschaftlich warst, je öfter all diese guten Energien von dir verströmt wurden, je mehr du davon kreiert hast, desto wertvoller ist dein Leben. Das heißt, wenn du dein Leben lang im Leiden verhaftet warst, dann heißt dies nicht, dass dein Leben eine größere Bedeutung hatte. Es hat nur die Bedeutung, dass du dich mehr im Leiden verhaftet hast als im Glücklichsein. Aber Mensch sein heißt in erster Linie glücklich sein, das Glück anzuerkennen, das Glück zu leben und auch wenn es Stolpersteine gibt, den Humor nicht zu verlieren. Das ist eine schwierige Aufgabe, das ist die Meisteraufgabe schlechthin. Die Meisteraufgabe der Akzeptanz! Denn dann erkennst du, dass das Leben und alle Leben ein Spiel sind.

Wir haben uns auf ein Spiel eingelassen, aber manchmal vergesst ihr, dass es ein Spiel ist. Und darum nehmt ihr alles so ernst. Ihr macht aus den Dingen, die spielerisch viel leichter bewältigt werden können, ernsthafte Sachen, sodass ihr euch immer mehr im Leiden verstrickt und eure Energie immer schwerer wird. Es geht aber darum, dass die Energie auf eurem Planeten eine leichte werden darf, eine fröhliche und eine freudige. Je mehr ihr also von dieser freudigen und fröhlichen Energie kreieren könnt, je mehr ihr davon in die Welt hinaustragt, umso größer ist die Bedeutung, die euer Leben hat. Es sind also nicht die großen Schlachten, die irgendwelche Länder gegeneinander führen um sich *gegenseitig das Land abzujagen. Es sind nicht die großen Menschen, die etwas bewältigt haben. Die großen Menschen sind jene, die Frieden kreieren, die die Liebe weiterverbreiten, die somit auf ganz anderen Ebenen operieren. Wenn du in der Fröhlichkeit bist, bist du viel mehr mit der geistigen Welt verbunden. Du kannst ein ganz anderes Energiefeld erschaffen und dich in der geistigen Welt mit ganz anderen geistigen Wesen verbinden, als wenn du in der Schwere bist. Je leichter dir dein Leben wird, umso mehr kannst du dich verbinden. Je mehr du aber im Leiden verhaftet bist, desto mehr verschließt sich das System, und ein verschlossenes System kann keine Energie mehr transportieren und keine Verbindung mehr herstellen.*

Es ist mir wichtig, dass dieses Buch geschrieben wird. Aber es ist ebenso wichtig, dass es so geschrieben wird, dass es für dich stimmig ist und damit es aus dir herausfließen kann. Diese drei Teile sind eine wunderbare Idee, so wie ich es aus meiner Sicht sehe. Wichtig ist, dass es für dich passt, denn es ist deine Energie genauso wie meine, die in diesem Buch steckt. Dieses Zusammenspiel von uns ist zu einem guten Weg zusammengeschmolzen, sodass man gar nicht mehr wirklich sagen kann, was von mir und was von dir ist. Das ist etwas Großartiges, liebe Gaby. Es ist also noch einmal eine Vereinigung unserer Energien in diesem Buch entstanden. Das erfreut mich so sehr!

Gaby:
Mich auch, Werner, mich auch. Und es ist wunderbar, um nicht zu sagen „ein Wunder", diesen Weg auch jetzt sozusagen posthum gemeinsam zu gehen.

Werner:
Das ist ganz und gar in meinem Sinn, und wir werden ein gutes Schlusswort finden. Denn die Einleitung ist ja bereits von dir geschrieben, sodass das Schlusswort gerne von mir kommen kann. Somit gibt es das Alpha und das Omega.

Gaby:
Sehr gut, Werner. Es ist für alles gesorgt, und es wird sich zur rechten Zeit zeigen, wann das Werk veröffentlicht wird. Meine Intuition ist eigentlich ganz gut in diesen Dingen, dem richtigen Weg zu folgen. Gut, lieber Werner und liebe Talim, dann bedanke ich mich für diese Worte und die neuen Erkenntnisse, die ich im Buch verarbeiten werde und freue mich auf ein weiteres Gespräch mit euch.

*

Ich musste dieses Protokoll mehrfach lesen. Die Dinge, betrachtet aus dem Sichtfeld der geistigen Welt, erhielten eine Anschaulichkeit und Verständlichkeit. Etliches davon war mir und Werner zu seinen Lebzeiten bereits bestens vertraut und auch bewusst. Werner war ein Großteil seines Lebens ein sehr zufriedener Mensch, der Glück und Frohsinn verströmte, auch in den Jahren seiner Behinderung und mehr denn je, als eben diese erwähnte Akzeptanz eintrat.

Als ich ihn im Jahr 1996 plötzlich wieder vor mir stehen sah, haben wir viele Gespräche geführt. Immer wieder versuchte ich ihm zu erläutern, dass, wenn es uns beiden nicht gelänge, im Hier und Jetzt seine Probleme mit der Krankheit, mit der Sucht und der Aneinanderreihung der Katastrophen zu lösen, er dieses „Packerl" (Bürde) mit in sein nächstes Leben nehmen würde. Denn uns war ja schon viele Jahre zuvor bewusst, dass es ein weiteres Existieren von Seele oder Geist geben wird.

Ich bin heute sicher, dass sich Werner – nicht zuletzt aufgrund dieser Argumentation – so angestrengt hat, um das Ruder wieder halbwegs zu übernehmen, und das hat ihn sehr viel innere Kraft und mich sehr viel Motivationsarbeit gekostet. Aber ich denke, in diesem langen gemeinsamen Prozess haben wir vieles intuitiv richtig gemacht. In der Tat gab es in diesen dunklen Jahren des stückweise Voranrobbens in eine bessere Zukunft viele Momente des „kleinen Glücks" die wir teilen durften, und das ist ein Geschenk.

Er hatte seinen Humor nie ganz verloren, und fürwahr, das Leben war so etwas wie ein Spiel für ihn, so wie er es in diesem Protokoll beschreibt. Als er in das Heim in Tittmonig zog, wurde tatsächlich nach ein paar Wochen der Eingewöhnung diese Akzeptanz mehr und mehr sichtbar. Er war wieder angekommen in sich.

Oft sagte er am Telefon: „Gaby, ich kann endlich wieder herumblödeln und herzhaft lachen, und darüber bin ich so unendlich glücklich!"

In dieser Zeit fertigte er neben vielen anderen Bastelarbeiten eine Holztafel an mit dem Spruch „Man kann auch Ernstes heiter sagen".

Wie wahr! Und es unterstreicht seine Aussagen in diesem Protokoll. Daneben gibt es ein wirklich „valentinesk" zu nennendes Bild (es erinnert an den berühmten Münchner Komiker Karl Valentin) mit einem verbogenen Bohrer, und er nannte es „Bohrkunst". So war er, und es spiegeln sich seine Wesenszüge in diesem Protokoll.

5.2 Ein Knick – oder schon wieder der falsche Anzug?

Im Jahr 2009 verstarb ganz plötzlich Werners langjähriger Betreuer Guido Ottmann im Alter von nur 48 Jahren an Herzversagen. Ein großer Verlust für uns beide. Unfassbar! Wir waren in all den Jahren zu einem wirklich gut funktionierenden und vor allem homogenen Team zusammengewachsen. Tief bestürzt nahmen wir diese traurige Botschaft entgegen.

Es bewarb sich ein neuer gesetzlicher Betreuer aus der Region, der bereits mehrere Klienten im Gelben Haus in Tittmoning betreute. Er war der Meinung, dass Werner stabil genug sei, in eine andere betreute Wohngemeinschaft in Burghausen zu ziehen.

Meiner langen Erfahrung in diesem Fall nach kein guter Entschluss, aber Werner war begeistert. Alles Argumentieren half nichts.

*

Die Einrichtung in Burghausen bestand aus zwei Etagen in einem Hochhaus direkt am Bahnhof. Man kann sich vorstellen, welche Verführungen und welches Klientel gerade in solch einer Gegend zu finden ist …

Werner konnte vormittags in einem Bastel-Laden arbeiten, der dem Heim angeschlossen war, und es machte ihm großen Spaß. Er fuhr täglich die wenigen Stationen mit dem Bus dorthin und war mitten in der Stadt, und er machte einen sehr stabilen Eindruck. Er durfte in diesem Heim mit der Wohngruppe, begleitet von zwei Therapeuten, in Urlaub fahren. Einmal sogar nach Pula in Kroatien ans Meer. Ein anderes Mal ein paar Tage auf eine Berghütte in seine geliebten bayerischen Berge. Welche Freude! Nach so vielen Jahren des Verzichts konnte er das Meer noch einmal bei strahlendem Sonnenschein genießen. Am dritten Tag seines Aufenthalts rief Werner mich an. Seine Stimme überschlug sich vor Begeisterung. Er war so glücklich, voller Lebensfreude und dankbar, noch einmal das Meer rauschen zu hören und mit einem Cappuccino an der Promenade sitzen zu dürfen, so wie früher. Für viele Menschen mag dies nichts Besonderes sein, aber für Werner war es der Inbegriff der Unendlichkeit und der Freiheit. Das ist dieses „Glücklich-sein" aus vollem Herzen, wie von ihm im Protokoll des vorhergegangenen Kapitels beschrieben.

Doch der Schein trog. Die Heimleitung schlug ihm vor, in eine Wohnung für betreutes Einzelwohnen nach Neuötting zu ziehen. Die angekündigte Mitbewohnerin sollte erst in etwa drei Wochen dazukommen. Werner war also allein auf sich gestellt, und Betreuung gab es nur stundenweise und schon gar nicht am Wochenende. Man hatte ihn also mal wieder in einen „falschen Anzug" gesteckt, der ihm viel zu groß war!

Es kam, wie es kommen musste: Die Depression ließ nicht lange auf sich warten, und der Absturz war vorprogrammiert ...

Werner landete für drei Monate im Bezirkskrankenhaus Gabersee, war zutiefst enttäuscht und entsprechend depressiv. Seine Habe blieb teilweise in dieser betreuten Wohnung, der andere Teil wurde im Keller des Heims eingelagert.

Ich fuhr am Wochenende oft zu ihm, wir gingen im Klinikgelände in das hübsche Café, und Werner sammelte sich langsam wieder.

Er kehrte nicht mehr nach Burghausen zurück. Nach dem Krankenhausaufenthalt folgte eine Verlegung in ein Heim nach Schnaitsee bei Wasserburg, welches eher für die Bewohner eine Art Übergangsstation darstellte und maximal für ein Jahr Aufenthalt gedacht war. Dann wurde von den dortigen Sozialpädagogen festgestellt, ob der Bewohner stabil genug war, in eine betreute Wohngemeinschaft zu ziehen oder ob eine Langzeiteinrichtung gesucht werden musste.

Schnaitsee war etwa zwei Kilometer außerhalb der Ortschaft neben einer hübschen alten Kirche gelegen und wurde sehr gut geführt. Werner fand sich schnell dort zurecht, hatte nette Mitbewohner, und es gab ebenfalls eine Kreativwerkstatt, sodass er seiner Leidenschaft – dem Basteln – wieder frönen konnte. Sogar als Aushilfs-Mesner in der St. Nikolaus-Kirche machte er sich nützlich.

Für mich und Hund Leo waren unsere Besuche bei ihm ein Nachmittagsausflug, nur 70 km von meinem Zuhause entfernt.

5.3 Das siebte Gespräch mit Werner

Meine Arbeit an dem Buch ging gut voran, trotzdem gab es auf meiner Liste noch etliche offene Fragen, die ich Werner stellen wollte. Zugegeben, zum einen trieb mich die Neugier. Zum anderen hatten wir ein vorgegebenes Zeitfenster, und ich wollte so viel wie möglich und sozusagen „aus erster Hand" von Werner aus dieser neuen Dimension erfahren. Fragen, die mir ja sonst niemand beantworten konnte; Fragen, die womöglich auch die Leser dieses Buches interessieren würden.

Meine Fragen an Werner:

a) Die Frage mag banal sein, aber wenn du jetzt als Geist existierst, hast du auch Ruhephasen, die wir hier in der irdischen Welt als schlafen bezeichnen?

b) Beschreibe uns, rückblickend auf deine Geschichte, wie du die Jahre der Behinderung auf humorvolle Weise ertragen hast.

c) Du erwähntest deine neuen Aufgaben. Welche Aufgaben übernimmst du in Zukunft in der geistigen Welt?

Protokoll Sitzung Nr. 7 mit Werner am 28. März 2017

Vera:
Heute ist Dienstag, der 28. März, und ich bitte jetzt Talim und Werner um interessante Nachrichten für uns. Die Fragen kennt ihr ja bereits, und wir freuen uns, dass wir jetzt zum Ende des Buches noch einmal Informationen erhalten dürfen.

Talim:
Wir, Talim, die Gnade Gottes, grüßen Euch in diesem Raum des Lichts. Werner ist schon ganz aufgeregt. Weil er möchte gerne wieder den Kontakt mit euch und einen guten Abschluss finden. Dabei ist er sehr übermütig, denn die Aufregung entsteht, weil er sich so freut. Er freut sich sehr über das gute Gelingen; er freut sich sehr darüber, dass dieser Kontakt nun schon so lange aufrecht erhalten werden darf, und er freut sich natürlich auch auf seine neuen Aufgaben. Er hat ein weinendes und ein lachendes Auge. Ja, auch in unserer Welt gibt es diese Emotionen, und wir leben sie auch sehr aus. Werner möchte euch nun die Informationen geben, die ihr noch braucht, um den guten Abschluss machen zu können.

Werner:
Ja, ich bin sehr aufgeregt, ich bin überaus aufgeregt, und es ist mehr ein erregt sein, gepaart mit einer inneren Freude. Eine Freude über das, was du, liebe Gaby, zu Papier gebracht hast. Und eine große Freude über das, was daraus entstehen wird. Nun möchte ich eure Fragen gerne beantworten und mich nochmals herzlich

bedanken dafür, dass ihr so tatkräftig mitgewirkt habt und dass ihr mit so viel Enthusiasmus an dieses Projekt gegangen seid. Wir möchten euch sagen, dass es hier sehr wohl Ruhephasen gibt, aber anders als bei euch. Ihr habt den physischen Körper, der braucht in ganz geringen Abständen immer wieder eine Regeneration, die ihr im Schlaf erhaltet. Wir aber haben spezifische Energietankstellen, so möchte ich das mal bezeichnen, um überhaupt ein Wort dafür zu finden. Es sind Orte, an denen wir energetisch aufgetankt werden. Jawohl, auch wir regenerieren uns, aber nicht in diesen kurzen Phasen wie ihr. Unsere Phasen dauern sehr viel länger, bei uns gibt es keine Zeit, bei uns gibt es keinen Raum. Bei uns gibt es eine unendliche Vielfalt von Beschäftigungen, denen wir nachgehen können. Die haben alle den Sinn, Menschen und die Erde zu unterstützen, die Seele weiterzuentwickeln und sie wieder ihrer Quelle zuzuführen. Daher brauchen wir natürlich auch immer mal wieder eine Ruhephase. Aber unsere Ruhephasen sehen, wie gesagt, anders aus. Da gibt es die Energietankstellen, an die wir uns immer wieder anschließen. Ihr müsst euch das nicht so vorstellen als ob wir uns an ein Gerät anschließen, sondern wir gehen an bestimmte Orte, wo wir uns energetisch wieder aufladen. Das geht auch sehr schnell, wir brauchen also keine sieben bis acht Stunden Schlaf, so wie ihr, sondern wir halten uns dort einfach eine Weile auf. In Zeit gerechnet, würde ich von etwa acht Minuten sprechen. Aber hier gibt es keine Zeitrechnung und darum richtet es sich einfach danach, wie das Energiefeld die Energie aufnehmen kann bis es wieder aufgeladen ist. Wir fühlen das sehr deutlich, und dann bewegen wir uns wieder an einen anderen Ort, um unsere Aufgaben weiter zu erfüllen. Manchmal aber sitzen wir einfach nur. Es gibt bei uns ja auch keinen Tag und keine Nacht, es gibt bei uns einfach energiedurchlässige Zeiten und energieundurchlässige Zeiten. Das ist etwas völlig anderes als das, was man vom irdischen Leben kennt. Bei uns ist es im Grunde genommen immer hell, bei uns ist es immer sonnig, bei uns ist es immer sehr, sehr schön, bei uns ist es immer blühend, bei uns ist alles so, wie wir es uns vorstellen. In dem Moment, wo wir einen Gedanken oder eine Vorstellung aussenden, in dem Moment ist sie bereits erschaffen. Ihr werdet merken, je mehr ihr in eurer Energie schwingt, je mehr ihr euch mit dem Universum verbindet und im Einklang seid mit allem was ist, desto mehr materialisieren sich eure Gedanken in einer unglaublichen Geschwindigkeit. Je mehr Bewusstsein ihr also erlangt, desto höher ist eure Schwingung, desto schneller manifestieren sich eure Gedanken. Hier ist es so, dass sich ein Gedanke sofort manifestiert. Das heißt, es ist sehr von Nöten – bei euch natürlich auch, aber bei uns umso mehr –, einer bestimmten Vorstellung nicht zu erliegen, weil sie sich sofort manifestiert und in die Realität umsetzt. Wir haben darum gelernt, unsere Gedanken sehr zu kontrollieren. Nun werdet ihr vielleicht fragen „wieso habt ihr Gedanken, ihr habt ja gar kein Gehirn". Aber es geht hier nicht um Gedanken, die aus dem Gehirn kommen, sondern es geht um Gedanken, die aus der Seele kommen. Es geht hier vielmehr um Impulse, die wir wahrnehmen, und diese Impulse senden wir aus und die manifestieren sich. Ich spreche hier nur von Gedanken, damit ihr eine Idee davon bekommt, wie hier alles funktioniert. Denn wenn keine Organe vorhanden sind, ist es etwas schwierig, in unseren Worten das zum Ausdruck zu bringen, was ihr versteht mit physischen Organen. Energetisch gesehen haben wir auch Organe.

Energetisch gesehen ist unser Körper nicht so sehr anders als eurer, aber er ist eben sehr viel feinstofflicher. Es ist alles nicht wirklich greifbar, ertastbar müssen wir sagen, das ist das bessere Wort. Wir tasten und spüren mit anderen Sinnen. Wir benutzen zwar auch unsere Hände und Füße, aber es sind keine Hände und Füße in dem Sinn, weil alles energetisch angelegt ist. Wir berühren uns energetisch auch mit unseren Händen. Wir heilen auch mit unseren Händen. Wir heilen sehr viel, denn Menschen, die ihren Körper verlassen – oder besser die Seele, die ihren menschlichen Körper zurücklässt, kommt hierher und ist häufig sehr ausgelaugt. Diese Seele braucht auch eine Regenerationsphase, und hierfür haben wir speziell ausgebildetes Personal. Genau wie ihr in euren Kliniken, genau wie ihr in euren Sanatorien, genau wie ihr in euren Reha-Zentren. Genau so müsst ihr euch das vorstellen, bloß alles auf einer sehr viel feineren Ebene. Auch wir haben Wunden, die geheilt werden, indem wir unsere Hände darüber legen, indem wir energetisch heilen. Es gibt ja ein paar Menschen auf eurem Planeten, die das auch beherrschen. Das ist etwas, was der menschliche Verstand nicht begreift, aber es ist alles Energie. Folglich kann alles mit Energie beeinflusst werden. Die Beinflussbarkeit ist hier noch sehr viel deutlicher als bei euch. Wir sehen darum sofort den Erfolg, bei euch dauert es oft ein bisschen länger.

Dann hattest du noch die Frage nach Humor. Ich kann euch nur sagen, wenn ihr als Mensch den Humor verliert, dann geht ihr sofort in die Verbitterung. Ich habe das erkannt. Ich habe erkannt, dass ich kein verbitterter Mensch sein möchte. Ich habe erkannt, dass ohne Humor die Verzweiflung übermächtig wird, und in dieser Verzweiflung wollte ich nicht sein. Deshalb habe ich mein Schicksal mit Humor betrachtet. Ich habe erkannt, dass das Leben tatsächlich ein Spiel ist; dass dies alles Lernerfahrungen sind, die wir durchlaufen, wenn wir Mensch und im Körper sind. Es ist wichtig, dass der Mensch Humor hat und über sich selber lachen kann. Wenn mir etwas aus der Hand gefallen ist, dann konnte ich nur lachen über einen nicht funktionierenden Körper. Ich konnte ihn mechanisch sehen, ich habe mir vorgestellt, mein Körper ist mechanisch und jetzt gibt es etwas, das repariert werden muss. Und manchmal waren es ja auch prekäre Situationen, die ausgeartet sind und die ich nur durch Humor ertragen konnte. Es war also für mich eine große Hilfe, diesen Humor immer wieder anzuwenden, immer wieder über den Humor zurückzufinden. Es war kein leichter Weg, denn oft ist es im Menschen angelegt, dass er die Dinge zu ernst nimmt und sich selbst zu ernst nimmt und die Funktionen des Körpers ebenfalls zu ernst nimmt. Wenn ihr also in der Akzeptanz seid für das, was ihr gerade erlebt, dann gibt es kein Leiden mehr. Das Leiden entsteht nur durch das Nicht-akzeptieren des Ist-Zustandes. Dadurch, dass ich den Ist-Zustand am Anfang nicht akzeptieren konnte, war es sehr schwer. Je mehr Humor ich hineingebracht habe, je mehr ich mir gedacht habe „es ist wie es ist", desto mehr war ich in der Akzeptanz.

Es ist wichtig, dass die Seele eine Seele bleibt. Auch wenn der Körper dahinsiecht, auch wenn der Körper nicht mehr funktioniert – die Seele bleibt. Das, was wir Seele nennen, ist unantastbar. Das, was Seele ist, ist nicht zerstörbar. Und das war es, was mir bewusst wurde. Ich war also eine unzerstörbare Seele in einem zerstörten Körper, was am Anfang sehr schwer war. Aber mit dem Humor konnte ich es akzeptieren. Es ist nichts anderes als die Akzeptanz des Ist-Zustandes, die aus dem Leiden herausführt. Das habe ich ganz deutlich erkannt, und das ist die Botschaft, die ich geben will und immer wieder geben werde. Wenn ihr also akzeptiert was ist, dann ist für Leiden kein Raum. So kommen wir zur Toleranz, denn Toleranz ist ja letztendlich nichts anderes als Akzeptanz. Wenn ich etwas toleriere, dann kann ich entscheiden, ob ich es auch akzeptiere. Eine Begebenheit, die ich toleriere, hat schon sehr viel von ihrer Ernsthaftigkeit verloren.

In den Zeiten in denen ihr lebt, in denen eine Vermischung von Völkern, eine Vermischung von Kulturen, eine Vermischung von Religionen stattfindet, wird der Weg, der gegangen werden kann oder aber der schwere Weg aufgezeigt. Wenn ihr also in die Toleranz und die Akzeptanz geht, dann werdet ihr alle miteinander sehr viel besser auskommen können als wenn ihr euch gegen die Andersartigkeit auflehnt. Es gibt so viele Möglichkeiten auf eurem Planeten; es gibt so viele Möglichkeiten, aus denen ihr schöpfen könnt. Aber ihr seht häufig nur einen ganz kleinen Teil davon, weil ihr in einer Kultur aufgewachsen seid, die oft über diesen Tellerrand nicht hinausschaut. Ihr seid in dieser Kultur verhaftet und glaubt, die eure sei die einzig wahre. Nichts davon ist wahrhaftig oder wahr, denn in der Realität gibt es viele Kulturen, aber im Inneren seid ihr alle gleich. So steht es bereits in vielen lehrreichen religiösen Schriften. Alles ist gleich; alle sind gleich, alle sind gleich vor Gott. So müsst ihr es sehen, egal, was ihr glaubt, egal, was man euch gelehrt hat. Ihr seid im Kern ein Licht Gottes, ein Funke, der von Gott abgespalten ist und hier auf der Erde eine Erfahrung macht in einem Körper und dann zum großen Licht zurückkehrt. Jeder von euch hat diesen göttlichen Funken, jeder von euch ist nichts anderes als dieser göttliche Funke, alles andere ist nur angelesen, angelernt, antrainiert, aber nichts davon ist wahr. Das Wahrhaftige in euch ist der göttliche Funke und der lebt weiter, der war immer, der wird immer sein, der bleibt bestehen, weil er unzerstörbar ist. Das muss euch klar werden, denn dann werdet ihr Toleranz üben. Toleranz dem Nächsten gegenüber, Toleranz der anderen Religion, der anderen Kultur, dem anders Denkenden, dem anders Handelnden gegenüber. Ihr werdet es erkennen und mit Humor geht es leichter als wenn ihr in der Ernsthaftigkeit verhaftet seid. Werdet euch dessen bewusst. Das ist die Botschaft, die jetzt in dieser Zeit so wichtig ist und die ich euch gerne geben möchte. Je weniger Angst ihr habt, je mehr Humor ihr habt, desto leichter wird es gehen. Angst zerstört die Liebe, zerstört die Toleranz, zerstört die Akzeptanz, zerstört das Miteinander und das Eins sein. Angst verklärt den Blick und gibt eine unwahre Realität. Angst gibt Illusion, in der ihr verhaftet bleibt, denn ihr werdet Angst haben, die Illusion fallen zu lassen, weil ihr nicht mehr wisst, wohin ihr dann fallt und nicht mehr wisst, wo ihr dann seid. Das ist es, was jetzt passiert durch die Wirren des Lebens und die Wirren, die ihr auf eurem Planeten habt, weil ihr erkennen müsst, dass ihr alle Eins seid. Aus dem gleichen Topf, egal ob ihr rot, grün, gelb, schwarz oder weiß seid. Egal, welche Hautfarbe, egal, welche Kultur – ihr seid alle aus dem gleichen Seelenpool entstanden und alle werdet ihr dorthin zurückkehren. Seid euch also bewusst, dass ihr Brüder und Schwestern seid, denn alles, was aus einer Quelle stammt, ist verbrüdert und verschwestert. Ihr alle habt die gleichen Anlagen, und wenn ich von Anlagen spreche, meine ich nicht die Talente, sondern als Anlage bezeichne ich das Innere Feuer, welches für das Leben, für die Liebe, für das Eins sein brennen kann. Das ist mein Appell an die Welt.

Nun möchte ich noch auf die Aufgaben eingehen, denen ich mich hier widmen werde, und ich freue mich schon sehr darauf. Es ist eine ruhige Aufgabe; es ist die Aufgabe des Seins, die Aufgabe der Sinne, die Aufgabe der Ruhe und Stille, die Aufgabe des Philosophierens in einer geistigen Welt. Das ist eine ganz besondere Aufgabe, denn auch hier gibt es Gelehrte, und die verbinden sich wieder und wieder mit Menschen und geben den Menschen dann Bücher. Das heißt, das Projekt mit Gaby war nur der Anfang einer großen Serie, denn es wird immer mehr mediale Schreiber geben und wir werden immer mehr die Philosophie der geistigen Welt auf die Erde bringen. Es wird somit immer mehr Schreiber geben, die durch uns die Informationen für die Menschen erhalten. Liebe Gaby, das ist also nur eine Premiere, es wird weitergehen, egal ob mit dir oder einem anderen Schreibmedium. Deine Medialität wird sich noch verstärken, und wenn du magst, können wir noch viel zusammen arbeiten, beziehungsweise wirst du auch mit anderen Gelehrten hier in der geistigen Welt zusammen arbeiten. Du wirst Informationen über deine mediale Schreibfähigkeit erhalten. Das bedeutet, wenn du das möchtest, geht es weiter. Ich freue mich schon sehr darauf. Es ist eine sehr ruhige und beschauliche Arbeit. Es ist ein Philosophieren, was mir sehr liegt. Ich liebe das Philosophieren; habe es im irdischen Leben schon geliebt und habe schon immer viel Zeit damit verbracht, in mir die Dinge zu bewegen, besonders als mein Körper nicht mehr funktionierte. Wenn er weiter funktioniert hätte, wäre ich in dieser Intensität niemals dahin gekommen. Er musste also zusammenbrechen, bevor etwas Neues entstehen konnte. Ich erkenne das ganz klar, ich erkenne ganz klar meinen Weg, ich erkenne ganz klar, dass meine Fähigkeiten richtig gereift sind, als der Körper aufgegeben hat. Es musste etwas Neues wachsen, eine Pflanze, die zu einer großen Erle geworden ist. So möchte ich hier weitermachen. Es ist also praktisch ein Beginn gewesen in eurer Welt, der jetzt zur Vollendung geführt wird in unserer Welt. Dann werde ich mir vielleicht einen neuen Körper wählen, wer weiß ...

Gaby:
Ja, Werner, ich kann mich gut erinnern, wenn du drei Stunden im Café vor dich hinsinnierend „Löcher in die Luft geguckt hast". So habe ich das immer genannt!

Vera:
Dann war das „Löcher in die Luft gucken" schon das innere Philosophieren.

Gaby:
Genau so ist es. Ach ja, Werner, ich sehe dich ab und zu hier im Garten herumlaufen. Ich würde noch gerne wissen, auch wenn es vielleicht banal ist, ob du das Bild von mir oder anderen Lebewesen erkennen kannst, so wie sie jetzt in ihrem Körper sind, auch wenn du eben keinen Körper und keine Augen mehr hast.

Werner:
Selbstverständlich, wir sehen euch dauernd. Ihr seht uns nicht, nur wenn ihr bestimmte Fähigkeiten entwickelt. Wir aber nehmen euch wahr. Das bedeutet, dass wir euch nur wahrnehmen, wenn wir die Erlaubnis er-

halten, bei euch zu sein. Es ist nicht ganz einfach. Wir bekommen nicht immer die Erlaubnis, bei euch auf der Erde sein zu dürfen; manchmal bekomme ich sie und manchmal bin ich dann auch gerne im Garten. Das ist sehr wohl wahr. Manchmal träumst du auch ein wenig davon, dass ich in deinem Garten bin, aber ich bin immer wieder dort. Es ist nur nicht immer möglich.

Gaby:
Ja, Werner, manchmal ist mein Wunsch der Ursprung des Gedankens, dich dort zu sehen.
Wenn ich dich richtig verstanden habe, ist deine zukünftige Aufgabe dir sozusagen „auf den nicht mehr vorhandenen Leib" zugeschnitten. Das bedeutet, auch in Zukunft noch das eine oder andere Gespräch sozusagen auf energetischer Ebene führen zu können.

Werner:
Ja, wenn deine Fähigkeiten weiter ausgebaut sind, wirst du direkt mit der geistigen Welt – also mit uns als Wesenheiten – Konversation betreiben können. Dann wirst du automatisch schreiben. Es kann sogar so weit gehen, dass du dich gar nicht mehr erinnern kannst, dass du geschrieben hast. Du wachst morgens auf und es liegt ein fertiges Buch auf deinem Schreibtisch und du weißt nicht, wie es dahin gekommen ist. Dann hast du automatisch in einem Trancezustand geschrieben, an den du dich nicht mehr erinnerst. Solche Medien gibt es bereits auf eurem Planeten. Wenn ich von einem ganzen Buch in einer Nacht spreche, dann habe ich natürlich übertrieben. Aber du weißt, was ich meine.

Gaby:
Ich weiß genau was du meinst, Werner, denn wir praktizieren es ja im Moment schon. In dem Moment ,wenn ich spät in der Nacht den Computer ausgeschaltet habe, schickst du mir ganze Sätze oder nur Phrasen, und ich schreibe ganz schnell mit der Hand auf irgendwelche Zettel, um die Botschaften festzuhalten. Diese Technik funktioniert schon sehr gut. Das können wir gerne weiterführen.

Werner:
Ja, gerne, das können wir gerne machen, und wir in der geistigen Welt wählen Menschen, die das weiterführen möchten. Ihr könnt euch aber frei entscheiden.

Gaby:
Gerne, und das beantwortet ja auch meine Frage ganz zu Anfang, was meine Lebensaufgabe ist und ist mehr und mehr erkennbar.

Werner:
Ich möchte hier aber noch einen Einwand anführen, Gaby. Es ist mir wichtig, dass du weißt, dass eure Lebensaufgabe nie in einer sogenannten Aufgabe oder Tätigkeit besteht. Die einzige Aufgabe, die der Mensch hat, ist „Mensch-sein". Da mache ich auch gleich den Punkt. Alles andere ist zwar ein Dienen an den Menschen, ein Dienen an der geistigen Welt, ein Dienen für viele gute Dinge. Aber es ist nicht das, was an erster Stelle steht. Wenn du das „Mensch-sein" lernst, wenn du lernst, was es überhaupt bedeutet, Mensch zu sein, dann hast du mehr als deine Aufgabe bereits erfüllt. Wenn du dann noch Zeit für etwas anderes hast, das den Menschen

dient, dann kannst du diese Aufgabe gerne erfüllen. Aber es ist nicht so, dass du sie erfüllen musst. Es ist immer etwas Freiwilliges. Wir wissen, dass viele Menschen Aufgaben suchen, aber sie lenken sich häufig vom Wesentlichen ab. Das Wesentliche ist das „Mensch-sein".

Gaby:
Sehr gut, Werner. Danke für den Hinweis, ich habe verstanden. Du weißt ja schon, dass ich inzwischen beim Schreiben des dritten Teils dieses Buches bin mit Kommentaren zu der Erkenntnis. Ich würde gerne um den 10. April, dem Tag, an dem deine Seele den Körper verlassen hat, noch einmal mit dir sprechen, um das Schlusswort zu verfassen.

Werner:
Das mache ich sehr gerne. Ich bin mir noch nicht sicher, ob viel mehr als das, was ich dir jetzt sagen kann, fließen wird. Aber es ist mir eine Freude, immer wieder mit dir Kontakt zu haben.

Gaby:
Das freut mich sehr – und die Vera sicher auch.

Vera:
Ja, ich freue mich auch. Ich habe auch schon eine Träne in einem Auge, wenn wir diese Treffen nicht mehr haben werden. Aber vielleicht haben wir die ja anders.

Gaby:
Genau ...vielleicht geht es weiter, und nachdem wir jetzt Werners zukünftige Aufgabe kennen, wird der Kontakt sicher nicht abreißen.

Vera:
Ich habe es so verstanden, dass neue Kontakte hinzukommen.

Gaby:
Sehr richtig, wir freuen uns auch auf die neuen Kontakte. Wunderbar, Werner – dann werde ich mich weiter an dieses Buch machen und an Ostern in die Ferienwohnung fahren und die Gelegenheit nutzen, vier oder fünf Tage intensiv daran zu arbeiten. Und ich weiß ja, dass du mit mir bist.

Werner:
Ja, ich werde immer mal wieder vorbeischauen, liebe Gaby.

Gaby:
Sehr schön. Werner, ich wünsche dir alles Liebe, alles Gute, und du fehlst mir natürlich hier im irdischen Dasein. Aber ich weiß ja, du bist mit mir. Und wir werden unsere Konversation fortsetzen.

Werner:
Auch ich grüße euch von Herzen und freue mich auf die neue und nächste Begegnung mit euch. Lasst es euch auch gutgehen. Das ist es, was der innere Gott für euch will, dass es euch gutgeht, dass ihr euch freut und dass ihr Frieden in euren Herzen habt.

Gaby und Vera:
Danke lieber Werner. Tschüss und Ciao.

Kapitel 6 – Endlich angekommen

Durch einen gemeinschaftlichen Besuch der Heimleitung Schnaitsee und deren Bewohnern beim Sommerfest im Selberdingerheim stand zur Debatte, dass Werner im Sommer 2011 dorthin ziehen sollte. Werner durfte vorher drei Tage zur Probe wohnen und war sehr angetan von dem Ambiente, von der Umgebung und von der Verkehrsanbindung in die nahe gelegene Kreisstadt Traunstein.

Ideal, dachte ich. Das Haus selbst, ein umgebauter großer Landgasthof, im Karree gebaut mit einem einladenden Innenhof voller Blumenrabatten und Gartenmöbel, war allerliebst eingerichtet. An den Wänden, in den Fluren und im Außenbereich jede Menge meist von den Bewohnern in der hauseigenen Kreativwerkstatt selbst hergestellte Dekorationen, immer der Jahreszeit entsprechend. Sehr wohnlich, individuell und behaglich. Es gab einen großen Speisesaal, der auch für Theater-Aufführungen oder sonstige Feierlichkeiten genutzt wurde.

Werner teilte sich mit einem etwa gleichaltrigen netten Mitbewohner namens Peter ein hübsches Zweibettzimmer. Wir durften in diesem Zimmer seinen großen Schreibsekretär mit dem antiken Stuhl aufstellen sowie ein paar andere Kleinmöbel, und Peter hatte einen eigenen Fernseher, den Werner mitbenutzen konnte. Es war alles sehr wohnlich und vermittelte das Gefühl eines Zuhauses.

Von dem üppig mit Geranien geschmückten Balkon, der das oberbayerische Bauwerk mit dem typischen nach vorne gezogenen Dach vollständig umrundete, konnte Werner die gesamte Bergkette sehen. Seine geliebten Berge, von denen er etliche früher mit seiner Schwester und seinem Vater bestiegen hatte. Er kannte noch nahezu alle Namen dieser Gipfel. Gegenüber am Dorfplatz gab es einen Dorfladen, wo sich die Bewohner mit dem Notwendigsten eindecken konnten. Ein paar Bänke und Tische vor dem Geschäft luden ein, relativ preiswert einen Cappuccino zu trinken oder eine Leberkäs-Semmel zu essen, wovon Werner reichlich Gebrauch machte.

Ich besuchte Werner so oft ich konnte und blieb meist einige Tage in der Ferienwohnung in Taching. Wir fuhren nach Traunstein oder an den Chiemsee, um den Wellen „des bayerischen Meeres" zu lauschen. Alles sehr harmonisch und idyllisch. Ein Ort zum Verweilen.

*

Im September 2012 bahnte sich jedoch ein Einschnitt in Werners Leben an. Seine inzwischen 84-jährige Mama wurde sehr krank. Es stand eine schwierige Operation an, und seine ältere Schwester beorderte Werner nach München.

Er kam allein mit dem Zug, was inzwischen beschwerlich für ihn war. Alle drei Kinder besuchten die Mutter im Krankenhaus. Das war sehr wichtig für Werner.

Er blieb eine Woche allein in der mütterlichen Wohnung. Ich hatte ich eine Seminarwoche, konnte ihn jedoch fast täglich am späten Nachmittag besuchen, um ihn zu trösten und zu versorgen. Er wirkte sehr gestresst, genau wie seine beiden Schwestern. Kein Wunder in dieser Situation. Leider verstarb seine Mama am 28. Oktober.

Am Nachmittag dieses Tages hatte Werner noch einmal die Gelegenheit, mit ihr zu telefonieren. Wieder ein Verlust.

Zur Beisetzung holte ich Werner im Heim ab, und er blieb einige Tage bei mir. Es tat ihm alles sehr weh, und ich fragte mich, wer denn jetzt jeden Sonntag den Anruf seiner Mama übernehmen konnte. Die ältere Schwester erklärte sich bereit, und das war gut so.

*

Im Jahr darauf, Anfang Mai, plante ich eine größere Feier zu meinem 60. Geburtstag. Ich sprach mit Werner darüber und wollte ihn unbedingt dabeihaben. Er willigte freudig ein. Es war auch ein wenig unsere Feier, denn ziemlich genau Ende April 1973 hatten wir uns kennengelernt.

Wir feierten also auch unsere 40-jährige Freundschaft.

Ich lud natürlich seine beiden Schwestern und seine Nichte ein. Meine Gäste setzten sich zusammen aus privaten Freunden, aus langjährigen Geschäftspartnern und etlichen Künstlern, die sich spontan bereit erklärten, einen musikalischen Beitrag zum Besten zu geben.

Wie es sich für eine Künstleragentur und Veranstaltungsplanerin gehört, wurde alles akribisch genau und dramaturgisch sinnvoll von mir zusammengestellt und vorbereitet.

Ein Geschäfts- und Künstlerkollege stellte sein entzückendes Lokal inklusive Technik für diesen Sonntagabend zur Verfügung, kochte ein Drei-Gänge-Menü, und ich stellte den Abend unter das Motto „Wegbegleiter".

Zwei Tage vor der Feier holte ich Werner mit dem Auto vom Heim ab. Er war voll freudiger Erwartung, denn einige der geladenen Gäste und Künstler waren ihm noch von früher bekannt.

Es wurde ein wunderbarer und unvergesslicher Abend für uns alle – aber besonders für Werner. Er hatte sich schick mit Krawatte und Sakko angezogen, und alle, die sich an ihn erinnerten, waren voll des Lobes, wie gut er aussehe und wie großartig er sich in den vielen Jahren gesundheitlich erholt und stabilisiert habe. Werner war überglücklich, denn nach langer Abstinenz war es für ihn ein Abend der Rückkehr in die schillernde Welt der Events.

Den letzten musikalischen Beitrag gestaltete unser Gastronom und Sänger, und ich bat ihn, den alten Dean Martin-Titel „Everybody loves somebody sometimes" zu singen; einer von Werners Lieblingssongs. Ein größeres Geschenk hätte ich ihm nicht machen können. Werner strahlte!

Später half er mir, mein Auto mit den Blumen und Geschenken zu beladen. Wir fuhren nach Hause, machten uns einen Kaffee und resümierten über den Abend. Einzigartig und ganz so wie früher, als wir jung, beschwingt und gesund waren!

*

Werner wurde der Star in der Kreativwerkstatt des Selberdingerheimes, deren Leitung eine sehr kreative Kunsttherapeutin inne hatte. Hier wurden nicht nur hübsche Gegenstände für die hauseigene Dekoration hergestellt, sondern auch für den Verkauf an externe Auftraggeber. Für den jährlichen Weihnachtsbasar bastelten die Heimbewohner alle möglichen wunderschönen Dinge. Von der liebevoll handbemalten und gestalteten Grußkarte über die Dekoration für Haus und Garten bis zum schicken Seidentuch war dort alles zu finden, und Werner war sehr engagiert. Seine Spezialität waren die Mini-Engelchen aus Holz zum Aufhängen. Hübsch bemalt und mit klitzekleinen Flügelchen. Für eine ganze Weile wurde er zum Bewohnersprecher gewählt und nahm an den regelmäßig stattfindenden Sitzungen mit der Heimleitung teil. Hier an diesem beschaulichen und malerischen Ort also sollte Werner die letzten viereinhalb Jahre seines irdischen Daseins verbringen. Nicht die schlechteste Option, dachte ich mir damals und sagte es Werner auch. Er selbst nannte es immer „mein Zuhause" und war offensichtlich angekommen.

6.1 Das achte Gespräch mit Werner in der anderen Welt

Inzwischen ist es April 2017, das Buchskript füllt sich mit Inhalten. Werner hatte recht mit seinen Aussagen in unseren Gesprächen, dass ich langsam in der Lage, war auch seine direkt an mich gerichteten nächtlichen Botschaften zu empfangen. Ich schrieb zügig und kontinuierlich, immer das vorgegebene Zeitlimit im Kopf. Bis Mitte des Jahres sollte das Skript stehen.

Meine Schreib-Sessions liefen vorwiegend in der Nacht ab, und wenn ich dann den Computer runter fuhr, die Terrassentür weit öffnete, ein Teelicht neben Werners Foto entzündete, mir selbst eine Zigarette anzündete und einen Schluck Wein genehmigte und auch mich sozusagen „runter fuhr", dann passierte es!

Plötzlich flogen mir Worte zu, ganze Sätze, wichtige Details, Änderungen oder Erweiterungen zu vorhergegangenen und zukünftigen Kapiteln. Ich konnte gar nicht so schnell alles aufschreiben, kürzte teilweise die Worte ab, um ja alle diese Eingebungen festzuhalten. All diese Zettel und Notizen habe ich überschaubar in einem Ordner abgeheftet, weil dieser Vorgang in der Tat unglaublich schien. Aber alles ist wahr, und um sicher zu gehen, wollte ich noch einmal mit Werner in der anderen Dimension sprechen, denn ich wollte so etwas wie eine Zusammenfassung von ihm hören

Protokoll der 8. Sitzung mit Werner
am 11. April 2017

Vera:

Heute ist Dienstag, der 11. April 2017, und ich grüße Werner, und ich grüße eine neue Wesenheit, die sich gerade hier meldet und sich Samuel nennt. Ich sehe, dass Talim etwas im Hintergrund ist, und ich hätte jetzt natürlich gerne gewusst, wie diese neue Wesenheit mitarbeiten möchte. Ich freue mich aber sehr darüber, dass sich da etwas Neues aufgetan hat. Also Werner, guten Tag und ihr Lieben, ich begrüße euch und freue mich über eure Nachrichten.

Talim:

Wir, Talim, die Gnade Gottes, grüßen euch in diesem Raum des Lichts. Jawohl, du hast es wahrgenommen, dass hier eine Wesenheit ist, die auch zukünftig mit dir arbeiten möchte. Samuel ist eine Wesenheit, die noch viel feinstofflicher ist als wir es sind. Wir sind ja eine Wesenheit, die den Inkarnationszyklus beendet hat, das heißt, wir sind sehr viel physischer, sehr viel greifbarer. Samuel ist sehr viel feinstofflicher. Samuel ist eine Energie, die sich mit noch weniger Materie bemerkbar macht, und es ist schön zu sehen, dass die Entwicklung dazu geführt hat, dass du, Vera, auch die Zeichen wahrnehmen kannst, die sehr viel feinstofflicher arbeiten. Wir würden dir gerne einmal zeigen, wie sich das anfühlt. Samuel ist bereit dafür, und Werner freut sich sehr, denn Werner wird von hier ab auch sehr viel feinstofflicher werden, wenn er mit diesem Projekt zu Ende ist und neue Wege geht. Wir lassen jetzt einmal diese Wesenheit zu euch sprechen.

Vera:
Dankeschön, Talim.

Samuel:
Ich bin Samuel, Samuel der Weise. Ich bin Samuel, der dich gerne noch ein wenig begleiten möchte auf deinem Weg. Deinem Weg der Erkenntnis, deinem Weg der Erleuchtung, deinem Weg des göttlichen Friedens in dir und in den Menschen. Ich möchte dir sagen, dass deine Energie eine Energie ist, die sehr gut zu uns und in diese Feinstofflichkeit passt, mit der wir umgehen. Daher haben wir dich gewählt als ein Medium, als einen Vermittler. Denn das Medium vermittelt ja zwischen den Welten. Und diese Vermittlung ist eine große und verantwortungsvolle Aufgabe, denn es darf ja nicht zu Übermittlungsfehlern kommen zwischen unseren Welten. Wir wollen also klarstellen, dass du der reine Kanal sein kannst, der du bist, wenn du dich gut vorbereitest. Die Vorbereitung ist bei uns noch sehr viel wesentlicher als in der grobstofflicheren Ebene. Du kannst uns gar nicht wahrnehmen, und wenn du dich nicht gut vorbereitest, wirst du uns nicht fühlen können.

Du spürst ja bereits, dass wir eine starke weibliche Energie haben und Talim sehr viel männlicher wirkt. Daher auch unser Einbringen in dieses Projekt, denn es geht ja auch darum, beide Ebenen miteinander zu verbinden. Werner nickt hier schon heftig und ist auch bereit, euch jetzt einen Einblick zu geben in das, was er als Quintessenz betrachtet, in das, was ihr erarbeitet habt durch viele Tage und Wochen der Konzentration. Viele Energien, die sich in diesem Buch vereinen, kommen jetzt zu einem großen Finale. Auch Gabriele hat ja bereits gemerkt, dass es nicht nur eine Energie ist, die in dieses Buch hineinfließt, sondern verschiedene. Um aber einen Abschluss zu machen, bringen wir jetzt noch unsere Energie mit hinein, die diese ganze Materie noch weicher machen soll. Eine Energie, die diese ganze Materie in eine liebevolle Akzeptanz hüllt, die euch in eurem Inneren tief berühren wird, die aber auch den Leser berühren soll. Ein Wort ist Energie, ein Gedanke ist Energie. Mit all diesen Worten und Gedanken, mit denen ihr jetzt gespielt und hantiert habt, wollen wir ja auch ein Gutes für die Menschen tun. Wir möchten ihnen den Weg und den Übergang erleichtern. Wir möchten ihnen Mut machen, sich hinzugeben zum Zeitpunkt des Übergangs. Werner wird euch dazu noch mehr sagen, denn er ist ja derjenige, der alles initiiert hat, der sich bereit erklärt hat, noch eine Weile mit euch zu arbeiten, damit ihr einen Nachlass habt von Werner, der ihm entspricht.

Vera:
Dankeschön, Samuel, das ist wunderschön, und ich merke auch, dass ihr eine ganz weiche und wunderbare Energie habt, die mich ganz tief berührt und die mir so einen Schauer im Körper verursacht. Das ist sehr, sehr schön und ich freue mich schon auf mehr von euch. So, Werner, dann darfst du jetzt in den Vordergrund, und ich freue mich, wenn du uns jetzt die Quintessenz gibst für dein Werk, für unser Werk, für Gabrieles Werk.

Werner:
Ja, es ist ein Werk, das definitiv ein Werk von vielen ist. Das bedeutet, es ist nicht das Werk eines Einzelnen, sondern das Werk von vielen Energien. Und ihr seht ja auch ganz klar, dass sich eine weitere Energie dazu mischt, die wichtig ist für den Erfolg. Das bedeutet, wir haben jetzt

das Tüpfelchen auf dem i oder vielleicht auch das Sahnehäubchen, wie ihr es nennen würdet. Sahnehäubchen gefällt mir besser, denn wenn ich an so ein wunderbares Sahnehäubchen denke, dann läuft mir auch jetzt im geistigen Körper das Wasser noch im Mund zusammen. Es wäre schön, das noch einmal probieren zu können.

Aber nun zum Geistigen und nicht zum Körperlichen. Es ist schön zu sehen, dass alles sich fügt, dass alles ein gutes Zusammenspiel war von verschiedenen Energien, die sich hier in einem vortrefflichen Buch zusammenfügen. Es ist ein Buch für die Menschen und wie Samuel schon richtig sagte, es ist ein Buch, die Angst zu nehmen. Es ist ein Buch, einen Schritt zu tun in eine Welt, die sich jedem von euch einmal eröffnet. Jeder von euch wird diese Welt betreten. Nicht ein einziger Mensch auf eurem Planeten wird diesen Raum nicht betreten können. Alle werden ihn betreten, auch wenn einige vielleicht durch Schleusen gehen müssen, die nicht so angenehm sind. Ich musste nicht durch eine Schleuse, ich bin direkt ins Licht gekommen. Ich bin direkt in den Raum der Erholung genommen worden. Ein wunderbarer Raum, ein herrlicher Raum mit herrlichen Energien und wundervollen Wesenheiten, wie ich es nie zuvor gefühlt hatte. Jeder von euch kann wählen, ob er zuerst in Zwischenstationen landet, die manchmal nicht so angenehm sind, bis die Erkenntnis da ist und die Akzeptanz da ist. Darum war es mir ja so wichtig, von der Akzeptanz zu sprechen. In dem Moment, in dem ihr alles akzeptiert, in dem Moment, in dem ihr ganz klar seht, dass alles und jedes eine Lernerfahrung ist, die ihr euch gewählt habt, in dem Moment fällt alles von euch ab und ihr steht im Licht. Ihr werdet angefüllt von dem Licht, ihr verschmelzt mit dem Licht, und dieses Licht ist es, was die Menschen oft so schreckt, weil es so unendlich hell ist, dass das menschliche Auge es nicht erträgt. Das menschliche Auge würde erblinden, wenn dieses Licht in das menschliche Auge fällt. Es würde schädigend sein für den physischen Körper. Darum braucht man den geistigen Körper, um dieses Licht zu verstehen, um in diesem Licht zu sein. Dieses Licht ist lebendig. Ich möchte euch sagen, das Licht ist nicht einfach nur Materie. Nein, dieses Licht ist lebendig, dieses Licht spricht, es spricht zur Seele, es spricht zu diesem geistigen Wesen, das den Körper abgelegt hat und es gibt genaue Anweisungen. Es nimmt an, es nimmt Unsicherheit, es gibt eine Geborgenheit, in die sich dann das Geistwesen hineinfallen lassen kann. Es ist kein Zweifel mehr an dem Guten, es ist kein Zweifel mehr an dem Behütet-sein. Es ist ein unglaubliches Gefühl, dieses Einssein, dieses Eins-werden mit diesem Licht. In diesem Licht geschehen dann die Dinge, die nochmal Reinigung bedeuten. Es bedeutet Space-clearing, würde man in einer englischen Sprache sagen, die dem sehr viel näher kommt als nur das Wort Reinigung. Es ist ein vollkommenes Entfernen von allen Rückständen, von allen Toxinen, von allen Dingen, die das Weiterkommen behindern und die nicht Essenz sind. Also man könnte sagen, wie eine Zentrifuge. In dieser Zentrifuge wird alles hinaus geschleudert, was nicht Essenz ist. Und was übrig bleibt, ist die reine Essenz. Die Reinheit, die nur in Gottes Angesicht existieren kann. Eine Reinheit von so unfassbarer Schönheit, wie ihr es euch nicht vorstellen könnt. In dieser Reinheit und in diesem Frieden können wir dann baden. Also, ich bin gebadet worden in diesem Licht. Es ist so wie ein Bad, das der Entspannung dient, das der Öffnung dient, das dieser Reinigung dient. Pur sein, frei sein von Rückständen, frei sein von allem, was nicht Es-

senz ist. Dann geht die Zeit der Regeneration weiter, es dauert eine Weile, und ich kann das nicht in Tagen oder Wochen ausdrücken. Es ist auch für jeden unterschiedlich, so wie wir ja vom Aufladen der Energien gesprochen haben. Aber ich möchte euch sagen, dass dieses Buch ein Buch sein soll, das Angst nimmt. Denn das was folgt, wenn der Körper nicht mehr sein kann, wenn der Körper nicht mehr dienlich ist, wenn der Körper keine Aufgaben mehr erfüllen kann auf dieser Erde; das, was ihr dann erlebt, ist ein wunderbares Weiterleben in einem anderen Zustand. Einfach nur anders, einfach nur schön, einfach nur ein großes Erkennen. Und natürlich geht die Seele auch durch einen unendlichen Schmerz, wenn sie erkennt, wie viele Chancen sie vertan hat, wie oft sie Dinge getan hat, die nicht in der Liebe waren, wie oft Zeit vergeudet wurde. Es ist ein großer Schmerz, zu erkennen, wenn die Lebenszeit vergeudet wird, wenn also einfach nur ein Leben gelebt wurde, das nicht voll ausgeschöpft wurde, das verschwendet wurde. Das ist so wie der Tod auf Raten. Es ist fast so wie Selbstmord verüben in kleinen Schritten, und am Ende ist keine Zeit mehr übrig, irgendetwas revidieren zu können, irgendetwas ändern zu können. Aber das sind ja genau die Dinge, die man sich für das nächste Leben vornimmt. Die Dinge, die geändert werden und in der geistigen Welt neu geplant werden können. Dann kann die Seele wieder froh sein, weil sie erkennt, dass es noch weitere Chancen gibt, die in Anspruch genommen werden können, weitere Hürden die jetzt begangen werden können. Natürlich ist es nicht immer leicht, sich dazu zu entschließen, wieder diesen schweren Weg zu gehen, wieder von Anfang bis Ende in diesem Körper gefangen zu sein, nochmal von Anfang bis Ende alles wieder zu lernen. Manche Dinge, die wir leichter lernen, weil wir sie in einem anderen Leben schon so gut beherrscht haben, andere Dinge, die wir schwerer lernen, weil wir sie noch nicht kennen. Wieder die Akzeptanz und wieder diese Blindheit! Das Schlimmste ist im Grunde, wenn wir erkennen, wie wir auf einmal blind werden, wenn wir diesen Körper betreten. Dass wir auf einmal nicht mehr hören, wenn wir Dinge wahrnehmen oder wir sie nur zum Teil wahrnehmen. Diese geschärften Sinne, die wir hier haben und diese Sinne, die eben außersinnlich sind, außerphysisch sind und sehr viel schärfer sind als das, was in einem Körper möglich ist.

Deshalb möchten wir ermutigen und auch ermuntern. Wenn du erkennst, dass dein Körper dir nicht mehr dient, dann verlasse ihn, gehe hinaus. Daraus kann auch die Kunst des Körperlosen entstehen. Es kann eine Kunst entstehen, und wir werden euch zu gegebener Zeit, das wird Samuel mit sehr viel Liebe tun, Möglichkeiten aufzeigen, wie ihr aus eurem Körper rausgehen könnt, wenn ihr keine Angst mehr habt vor dem Körperlosen. Wie ihr erkennt, dass ihr weiter gehen könnt, das wird eine wunderbare Aufgabe sein. Es wird zum rechten Zeitpunkt euch gegeben werden, damit euch der Übergang erleichtert wird. Diese Methode wird dann eine große Methode sein, die die Menschen gerne erlernen werden wenn sie erkennen, dass es nur ein Übergang ist. Natürlich werdet ihr viel Aufsehen erregen mit so einer Methode, natürlich werdet ihr auch viel Widerspruch erleben, natürlich wird das Thema Euthanasie groß aufgerollt werden. Aber hier geht es nicht um Euthanasie, hier geht es um den freien Willen des Menschen, der freiwillig seinen Körper ablegen kann, wenn er erkannt hat, dass jetzt in einer anderen Welt ein besseres Leben auf ihn wartet. Dann wird das Thema Euthanasie gar nicht mehr diskutiert werden müssen, weil jeder frei entscheiden kann, wann er seinen Körper verlässt. Das ist die nächste Stufe.

Vera:
Oh, da bin ich aber sehr bereit. Denn ich bin sehr dafür, dass der Mensch selbst bestimmt, wann er aus seinem Körper geht. Das klingt wunderbar, Werner.

Werner:
Und natürlich möchte ich mich bedanken bei euch, bedanken für all das, was ihr geleistet habt. Bedanken bei Gaby, die so viele Nächte mit mir verbracht hat, die ein Leben mit mir verbracht hat und dann noch über das Leben hinaus meine treue Gefährtin war und ist. Dafür danke ich von Herzen. Für all die Liebe, die zu mir fließt, für all die Beachtung, die ihr mir und meinen Worten geschenkt habt. Und ich möchte mich bei Vera bedanken, die ihre Arbeit zur Verfügung gestellt hat, ihre Fähigkeiten zur Verfügung gestellt hat, die nun noch mit einem weiteren Schritt ausgeweitet werden mit einer anderen Wesenheit. Ich darf mich nun meinen Aufgaben widmen, die jetzt auf mich warten und die ich euch ja bereits beschrieben habe. Ich darf auch sagen, dass es mir viel Freude machen wird, euch immer mal wieder zu sehen und zu besuchen. Ich werde diese Erlaubnis haben, nicht mehr so oft, aber doch noch ab und zu. Dann werde ich mich freuen wenn es euch gut geht und euch mit guten Energien versorgen. Denn wir sind verbunden auf ewig, wir sind nicht nur durch Zufall zusammengekommen, wir sind ein gewähltes Team.

Vera (lacht ein wenig):
Ja, das Gefühl habe ich auch, lieber Werner.

Werner:
Wir sind also die, die etwas in Bewegung bringen wollen und denen das auch gelingen wird, und dafür möchte ich mich bedanken.

Vera:
Ich danke auch, lieber Werner.

Gaby:
Ja, vielen Dank, Werner. Ich möchte dir sagen, es vergeht kein Tag, an dem meine Gedanken nicht mit dir sind. Du bist präsent wie eh und je. Ich verstehe natürlich, dass du deinen neuen Aufgaben folgen musst. Trotzdem freue ich mich, wenn wir ab und an mit dir Kontakt haben dürfen.

Vera:
Ja genau.

Gaby:
Und ich möchte dir für deine neuen Aufgaben alles Liebe wünschen. Du wirst das wunderbar hinkriegen, und ab und zu werden wir uns nächtlicherweise hier verabreden und ein wenig unsere Gedanken austauschen, so nenne ich das mal. Auf jeden Fall bist du nicht ganz weg!

Vera:
Nein, der ist nicht ganz weg.

Gaby:
Nein, ich habe im Moment keine weitere Frage.

Vera:
Aber ich habe jetzt doch noch eine Frage und zwar an den Samuel. Gibt es irgendetwas, das wir beachten müssen? Oder wirst du einfach deine Energien in das Wort von Gabriele einfließen lassen?

Samuel:
Ich möchte euch sagen, dass ich in nächster Zeit vermehrt bei Gabriele sein werde und dass ich dafür sorgen werde, dass die richtigen Energien in dieses Buch einfließen. Energien, die eben genau das beschreiben, was Werner schon beschreibt; die genau das erfüllen, was er beschreibt. Denn es geht darum, dass der Mensch die Angst verliert. Wir sind da, um die Angst zu nehmen und die Furcht vor dem Unbekannten zu nehmen und um etwas bekannt zu machen. Das – wie Werner so schön gesagt hat – jedem bevorsteht.

Vera:
Okay, wunderbar. Dann bedanke ich mich ganz herzlich, ihr Lieben und bis bald.

Gaby:
Danke auch dem Samuel, danke.

6.2 Eine neue Wesenheit kommt ins Spiel

Etwas konfus schaute ich Vera an. Eine neue Wesenheit, die sich Samuel nannte, war plötzlich an Werners Seite und kündigte den weiteren Verlauf dieses Projektes an. Interessant – und gleichzeitig ein wenig beängstigend. Für mich war es ein Zeichen, dass sich Werner mehr und mehr zurückziehen würde, um sich seinen neuen Aufgaben in der geistigen Welt zu widmen.

Aber ich freute mich auch über die versprochene Unterstützung und Samuels Energien empfangen zu dürfen, um einen guten Abschluss des Buches zu finden. Ich war ja gerade dabei, den dritten Teil zu schreiben. Werners Ausführungen lieferten mir fundierte Hinweise, und ich war guten Mutes, für diesen schwierigen Teil die richtigen Worte und Inhalte zu erkennen, sodass die Botschaft beim Leser Gehör finden würde.

Trotz des ernsten Themas dieser Sitzung konnte ich mir ein Schmunzeln nicht verkneifen. Was hatte Werner gesagt: „… oder vielleicht auch das Sahnehäubchen, wie ihr es nennen würdet."

Das war unverkennbar typisch Werner! Er, der zu seinen Lebzeiten so gerne Cappuccino mit eigens bestelltem Sahnehäubchen getrunken hatte, benutzte genau diesen Vergleich. Unglaublich!

*

Es sollte in der Tat so kommen wie in diesem Gespräch angekündigt. Das Schreiben ging mir leicht von der Hand, wieder empfing ich diese nächtlichen Botschaften, und wieder kritzelte ich diesen Input auf Zettel, um all' die Anregungen und Impulse im Skript zu berücksichtigen. Meine Zweifel wurden weniger – wie Werner in einem unserer Gespräche angekündigt hatte. Stattdessen steigerte sich meine Zuversicht. Diese Zuversicht wandelte sich in Gewissheit, als Werner sozusagen posthum die Idee für das Cover selbst lieferte.

Ich kramte etliche Wochen später in seinem Stoffbeutel mit Werkzeug, weil ich eine seiner großen Pinzetten suchte, um eine Halskette zu reparieren. Und was fand ich? Eine unversehrte zarte Flaumfeder, sorgfältig aufbewahrt in einem kleinen Plastikbehälter. Eben genau diese Feder, mit der er „so leicht und lautlos davon geflogen war"!

Meine Zweifel waren wie weggeblasen.

Es sind die kleinen Hinweise und das Vertrauen, über die Werner bereits in dem Protokoll von November 2016 gesprochen hatte, und diese unmissverständlichen Zeichen für die Existenz unserer geliebten Menschen in einer anderen, aber durchaus realen Welt.

Teil 3 – Die Erkenntnis

Kapitel 1.0 Nur ein Gedanke und die neue Freiheit

Erlauben Sie mir zunächst eine kleine Anmerkung, verehrte Leser. Möglicherweise entsprechen die folgenden Ausführungen zum einen einer gewissen subjektiven Erkenntnis während der Gespräche mit Werner in der anderen Dimension, zum anderen jedoch auch meiner Lebenserfahrung. Darum habe ich absichtlich Raum gelassen, um jedem einzelnen Leser die Gelegenheit zu geben, das eigene Resümee aus unseren Unterhaltungen mit der anderen Dimension zu ziehen.

Den dritten Teil dieses Buches möchte ich mit einem Zitat aus einem Evangelium nach Matthäus 25 (40) eröffnen. Jesus spricht: *„Wahrlich, ich sage euch: Was ihr getan habt an einem von diesen meinen geringsten Brüdern, das habt ihr mir getan ..."*

Eine essentielle Aussage, wenn man bedenkt, dass die (Nächsten-)Liebe als das oberste Gebot in allen Weltreligionen zu finden ist. Mit Sicherheit ist dieser Satz ebenfalls eine bedeutsame Feststellung in diesem vorliegenden Buch, in dem es um die Liebe, das friedliche Miteinander, die Toleranz und die Akzeptanz aus der Sichtweise der geistigen Welt geht.

Ich persönlich glaube, dass die Summe eines Lebens nicht daran gemessen wird, was der Mensch vollbracht hat; sondern eher daran, was er in den entscheidenden Momenten seines irdischen Daseins unterlassen und versäumt hat. Denn über allem Tun und Handeln steht die Liebe als höchste Instanz und wichtigste Macht. Liebe kann Berge versetzen; Liebe kann die Hölle überwinden; Liebe kann über viele Leben währen, und Liebe ist die Nabelschnur zur Ewigkeit. Es ist nicht zwingend die Liebe zwischen zwei Menschen gemeint, die ein Paar sind. Es ist die Liebe zu allen Kreaturen, die Liebe zu den Menschen, zu den Tieren, zu den Pflanzen und zur gesamten Schöpfung auf dem Planeten Erde und jener anderen Existenzen im Universum.

Hierzu ein Zitat von Dalai Lama:

„Mitgefühl und Liebe sind keine bloßen Luxusgüter. Als die Quelle von innerem und äußerem Frieden sind sie grundlegend für das Überleben unserer Spezies."

In den folgenden Kapiteln werde ich etliche Kernaussagen aus den Gesprächsprotokollen mit Werner in der anderen Dimension genauer beleuchten, hinterfragen, kommentieren und mit Beispielen belegen. Denn neben uns gibt es Tausende von Wissenschaftlern, Medizinern, Sterbebegleitern, Theologen, Medien, Psychologen und Psychotherapeuten weltweit, die sich bereits mit dem Thema dieser anderen Dimension beschäftigt und auseinandergesetzt haben. Deren Meinungen, Ansichten und Ergebnisse möchte ich gerne mit einbeziehen.

1.1 Die grenzenlose Freiheit als Geist

Schon im ersten Gesprächs-Protokoll, drei Monate, nachdem Werner seinen irdischen Körper verlassen hatte, schwärmte er geradezu davon, in welch wunderbarer Gesellschaft er sich befände und dass er mit Energien umgeben sei, die ihn bereits im irdischen Leben begleitet haben, sowohl auf der intellektuellen als auch auf der Gefühlsebene und dass ihn diese neue Welt (Dimension) von Tag zu Tag mehr fasziniere. Wörtlich „Das Gefühl außerhalb des Körpers zu sein, ist unnachahmlich ... ein Gefühl der absoluten Freiheit."

Ja, das war sein Ding! Schon zu Lebzeiten war die Freiheit ein Thema für Werner, über dessen Definition wir uns immer wieder ausgetauscht und diskutiert haben. Freiheit ist ein Begriff, der sowohl politisch als auch philosophisch besetzt ist im Sinne des Liberalismus. Für einen echten Münchner wie Werner, der ganz in der Nähe der Statue der Bavaria aufwuchs, hatte der Gedanke von „Libertas Bavariae" eine wichtige Bedeutung.

Die Bavaria ist weiblich und mahnt uns zu Toleranz, Großzügigkeit und Freundlichkeit im Umgang mit anderen. Das war Werners Motto und sein Lebensstil. Obwohl ich ihn niemals in bayerischem Outfit mit Lederhosen gesehen habe, so war er doch sehr geprägt von dieser liberalen bayerischen Lebensphilosophie.

In seinen Jahren in verschiedenen Heimen verstand er unter „der kleinen Freiheit" mal ein oder zwei Stunden im Café zu sitzen, seinen Cappuccino mit Sahne zu genießen, „Löcher in die Luft" zu gucken und die Passanten zu beobachten. Für Werner bedeutete dies, seine Gedanken auf eine Reise zu schicken. Zweifellos war er tiefsinnig und immer ein wenig überschwänglich und begeisterungsfähig für alles Neue. Denn prinzipiell war er ein Freigeist, der sich ungern in feste Normen pressen lassen wollte. Ich glaubte ihm seine Beschreibung sofort!

Für uns, die wir noch hier im jetzigen Leben verweilen, sollte dies doch wahrlich ein Grund zur Freude sein. Ich habe mir schon immer zu Lebzeiten gewünscht, mich in einer Millisekunde von einem Ort zum anderen beamen zu können ohne die Strapazen einer weiten und beschwerlichen Reise auf mich nehmen zu müssen. Dort in der anderen Dimension scheint dies möglich zu sein. Eine wunderbare Aussicht.

Dass Werner mir posthum einen Rosengarten schenkte als Kraftfeld und Zufluchtsort, in dem wir uns begegnen, wenn meine irdische Zeit zu Ende geht, berührte mich sehr und erfüllte mich mit allergrößter Freude. Rosen waren seine Lieblingsblumen, Rosen stehen hier bei mir im Garten, die Rosen in den Heimgärten wurden von Werner gepflegt, Rosen waren für Werner der Inbegriff der Schönheit. Auch in diesem Kontext benutzte er das Wort „fliegen" – das, was wir im Grunde genommen schon in unseren gemeinsamen irdischen Tagen konnten, weil unsere Vorstellungskraft es uns erlaubt hatte. Seine Aussage, dass ein Anteil meiner ureigenen Energie bereits in der anderen Dimension zu Hause sei, war mir jedoch völlig neu. Es ist eine sehr erheiternde Vorstellung, mich oder Teile von mir als geistiges Wesen zu betrachten. In den Jahren seiner Krankheit habe ich immer mal wieder gesagt „Werner, ich bin mit dir alle Tage bis ans Ende der Tage …" und so schien es zu sein. „Der Wahnsinn", würde Werner jetzt dazu sagen.

Die letzten irdischen Wochen und Tage eines vertrauten Menschen begleiten zu dürfen, ist eine Ehre. So war es mir ein Anliegen, Werner für die vielen Jahre der Loyalität, der Ehrlichkeit, der Zuneigung und der Toleranz zu danken. Mit der geschilderten Problematik im Hintergrund hege ich großen Respekt für seine Stärke und die unerschütterliche Zuversicht, selbst in den schlimmsten Tagen. In seinen letzten Wochen sagte ich ihm mehrmals, wie stolz ich auf ihn sei und darauf, ihn jetzt am Ende seines irdischen Zyklus in völliger Ausgeglichenheit, suchtfrei und ohne Groll in der Seele heim begleiten zu dürfen.

Genau sieben Tage bevor seine Seele den Körper verließ, benutzte er exakt diesen Ausdruck: „Gaby, ich habe noch ein paar Kleinigkeiten zu erledigen. Und dann will ich nach Hause." Dabei hielt er ganz fest meine Hand umklammert und bat mich zu fragen, ob der Pater von der Kirche neben dem Heim noch einmal bei ihm vorbeikommen könne. Diesen bescheidenen Wunsch habe ich ihm gerne erfüllt. Dieser emotionale Ablauf hat sich mir tief eingeprägt und ist offensichtlich auch posthum bei Werner noch präsent.

Darum bitte ich die Leser, nutzen Sie die Gelegenheit, noch auszusprechen, was Sie dem Dahingehenden schon immer sagen wollten. Zeigen Sie Gefühle, verabschieden Sie sich und haben Sie keine Angst vor dem bevorstehenden Tod. Es ist ein sehr bedeutendes Ereignis und so immens wichtig für alle Beteiligten.

Zugegeben, ein irdischer Abschied erfüllt die zurück Gebliebenen mit Traurigkeit und Leere, so erging es auch mir. Dennoch überkam mich bald diese Gewissheit, dass Werner bzw. sein Geist mit mir ist und es ihm sehr gut geht, dass er fröhlich ist und im wahrsten Sinne des Wortes „sich in bester geistiger Verfassung" befand. Wie wir erfahren durften, hat sich meine Ahnung bestätigt.

Diese Tatsache erfüllt mich mit Freude, Zuversicht und einer besonderen Art von Glücksgefühl, was ich gerne mit allen teilen möchte.

Zudem habe ich jetzt von Werner gelernt, dass die auf dem Planeten Erde übliche Trauerfeier wohl nicht mehr von sehr großem Interesse für den Dahingegangen ist. Möglicherweise ordnen wir diesem irdischen Ritual viel zu große Bedeutung zu, weil der Schmerz über den Verlust so groß ist. Vielleicht ist es auch zuweilen eine Art von schlechtem Gewissen für Versäumnisse gegenüber dem Verstorbenen zu seinen Lebzeiten. DANK ist ein wichtiger Teil des BITTENS. Das wird ganz oft vergessen!

Auf meine Frage hin spricht Werner meinen Hund und dessen Wesenszüge an. Wir Menschen neigen gerne dazu, unser Haustiere zu vermenschlichen. Aber ich bin auf dem Land aufgewachsen und da lernt man, dass Tiere nützlich sein sollen, nicht auf Sofas liegen und auch nicht mit Besteck essen. Trotzdem, genau diesen Hund hatte mir meine verstorbene Mutter zu einem Zeitpunkt geschickt, als ich solch ein treues, intelligentes und vor allem energievolles Wesen auf vier Beinen brauchte, obwohl sie zu diesem Zeitpunkt bereits gut zehn Jahre in der anderen Dimension weilte.

Weil ich ihre Hilfe ab und an in Anspruch nahm, wenn es dringlich war, wusste ich, dass sie mich spürt und erhört. Denn genau dieser Hund mit ganz spezifischen Charaktereigenschaften trug wesentlich dazu bei, die Spätfolgen meines Herzinfarktes in mancherlei Hinsicht zu überwinden und dafür bin unendlich dankbar.

Immerhin wissen wir jetzt, dass in Tieren keine menschlichen Seelen wohnen, auch wenn wir tierliebenden Menschen das so gerne annehmen würden.

Kapitel 2 – Die Intuition

Jeder von uns kennt dieses „Bauchgefühl", welches uns zuweilen beschleicht, um uns vor einer falschen Entscheidung zu warnen oder uns ermutigt, einen neuen Weg beruflich oder privat einzuschlagen. Es ist ein Vorgang, der einer unmittelbar auftretenden Wahrnehmung ähnelt, ohne dass ein konkretes Nachdenken vorausgeht.

Nach den neuesten Erkenntnissen der Wissenschaft steht Intuition für ein spontanes, ganzheitliches Erkennen oder Empfinden. Schon der Schweizer Psychologe C. G. Jung (1875 - 1961) bezeichnete die Intuition sehr treffend als eine grundlegende menschliche Funktion, die das Unbekannte erforscht und Möglichkeiten erahnt, die noch nicht sichtbar sind.

Es handelt sich um eine kognitive Funktion, wie Wahrnehmung, Lernen, Problemlösung, Planen, Kreativität und Imagination. Wir alle verfügen über diese Fähigkeit, jedoch ist sie bei jedem von uns unterschiedlich stark ausgeprägt. Schlimmer noch, diese Eigenschaft liegt bei vielen Menschen brach und wird vom rationalen Denken überlagert. Jedoch in dem Moment, in dem man weiß, dass es diese Funktion gibt, kann man die Intuition trainieren und für sich in positiver Weise nutzen. Das bedeutet allerdings, wer seiner inneren Stimme folgt, muss Kontrolle und exakte Planbarkeit aufgeben, an die sich unser Verstand klammert.

Man kann die Intuition mit einem Muskel vergleichen – je mehr wir ihn benutzen, desto stärker wird er. Ganz wichtig in diesem Zusammenhang erscheint mir zu erwähnen, dass nicht jedes Gefühl oder jeder Gedanke auch eine Intuition ist. Die „intuitive Stimme" vom „Wunschdenken" unterscheiden zu können – das ist die Kunst und eine der Grundvoraussetzungen, um Intuition sinnvoll nutzen zu können. Das wusste schon Albert Einstein!

Werner und ich sind, beziehungsweise waren, mit einer sehr ausgeprägten Intuition gesegnet. Und was mich betrifft, konnte ich mit Hilfe von Mentaltraining diese Gabe über viele Jahre immer besser üben und ausbauen. Diese Fähigkeit machte es mir möglich, Werners nächtliche Botschaften und Satzfragmente zu empfangen und vor allem richtig zu deuten, während ich dieses Buch schrieb. Wie Werner ausdrücklich bei der Sitzung am 22. Oktober 2015 betonte, möchte er als Mit-Autor und als Mitwirkender genannt werden. Zu Recht, denn er gab mir so viel Input und Information sowohl in unserer nächtlichen Zwiesprache als auch während den Sitzungen mit Vera.

So lässt sich auch plausibel erklären, warum Vera, das Medium, mit viel Übung und entsprechender Einweisung in der Lage ist, Werners durchaus manchmal schnell „gesprochene" Gedanken ebenso schnell in Worte umwandeln zu können, ähnlich einer Simultandolmetscherin.

Hier in Deutschland gibt es sehr wenige Medien, die diese perfekte Qualifikation aufweisen können, und ich bin sehr dankbar, dass das Universum mich zu Vera geleitet hat. Umso mehr leuchtete mir ein, warum Vera vor Jahren ihre Fertigkeiten in Großbritannien und den USA vertiefen konnte, weil sich dort zahlreiche Wissenschaftler, Mediziner und Psychologen schon lange intensiv mit diesem Phänomen befassen.

Ich möchte hier den schon an anderer Stelle erwähnten Dr. Carl A. Wickland (1) zitieren, einen amerikanischen Mediziner und Wissenschaftler, der bereits 1924 ein sensationelles Buch zu diesem Thema veröffentlichte. Schon vor knapp zwanzig Jahren habe ich dieses Buch mit dem Titel „Dreissig Jahre unter den Toten" gelesen.

Dr. Wickland beschäftigte sich als Mediziner mit der Hirnforschung und stellte die These auf, dass es sich bei vielen Fällen der geistigen Verwirrtheit nicht etwa um Bewusstseinsspaltung handle, sondern um Besessenheit durch Fremdwesen, die von dem Patienten Besitz ergreifen, um diesem ihren Willen aufzuzwingen. Indem diese Wesenheiten von Dr. Wickland durch ein Medium zum Reden gebracht wurden, gaben sie sich als Verstorbene zu erkennen, die sich über die veränderte „Seinsweise" nach dem Ablegen des irdischen Körpers noch gar nicht klar geworden waren und sich einbildeten, nach wie vor in ihrer gewohnten Umgebung zu leben und den Körper eines Lebenden als „Behausung" nutzten. Im zweiten Kapitel seines Buches erklärt Dr. Wickland bezüglich der Vorstellung von Schwerstkranken, die sich an der Grenze des Jenseits sehen und voller Zweifel sind, ob und was sie nach dem Tod erwartet: „Wäre es angesichts solcher Lage nicht die vornehmste Aufgabe des Arztes, bei Ausübung seines Berufes aus wirklicher Kenntnis den Kranken versichern zu können, dass es in Wirklichkeit ja gar keinen Tod gibt, sondern dass das, was wir Tod nennen, eine Geburt ist hinein in eine neue Welt voller Möglichkeiten und Gelegenheiten zum Wirken und Schaffen auf höheren geistigen Ebenen ..."

Zugegeben, als mir damals eine enge, sehr belesene Freundin dieses Buch in die Hand drückte, erschien mir das ziemlich absurd. Aber die zuweilen auftretenden inneren und äußeren Wandlungen Werners zogen sich über einige Jahre hin, und ich begann, mich mit dem Thema zu beschäftigen. Niemals hielt ich Exorzismus für real. Inzwischen bin ich klüger geworden. Der mit uns befreundete Arzt und Psychotherapeut Ludwig Kirzinger, der lange in psychosomatischen und psychiatrischen

Einrichtungen tätig war, bestätigte die Annahmen von Dr. Carl Wickland. Überhaupt, hätte Werners Seele nicht diesen schweren Weg gewählt und wäre ich dieser Herausforderung, ihn auf diesem Weg zu begleiten, ausgewichen – sowohl er als auch ich wären um viele wichtige Erkenntnisse und Erfahrungen ärmer. Ich sehe heute diese Zeit als eine Prüfung und sogar als eine Art Präsent. Das mag sicherlich für den einen oder anderen Leser abwegig klingen. Jedoch war es für uns beide eine Zeit des Wachstums und des Lernens, die sich bis heute fortsetzt.

An dieser Stelle möchte ich ausdrücklich betonen, dass weder Werner noch Vera dieses zitierte Buch von Dr. C. Wickland kannten. Trotzdem behauptete Werner in unserer ersten Sitzung, dass ich ganz richtig damals erkannt habe, dass er „zeitweilig Besuch in seinem System" hatte, was ihm schwer zu schaffen gemacht habe, jedoch seine Seele stark genug war, diesen Witzbold wieder aus seinem System zu katapultieren. Wie wahr!

*

Wie wir wissen, hatte Werner eine Kopfverletzung, und diese Tatsache deckt sich mit den Aussagen Dr. Wicklands, dass gerade Menschen mit Hirnverletzungen Gefahr laufen, dass sich ein Geist in deren System breit macht. Und das wiederum erklärt, warum mir Werner damals eine Weile vorkam wie „Dr. Jekyll und Mr. Hyde". Nicht nur seine Ausdrucksweise, auch seine Mimik und seine Gestik hatten sich stunden- oder sogar tageweise derart verändert, dass ich jedes Mal erschrocken war und dachte, das ist doch nicht Werner, den ich hier vor mir sehe. Ich hatte also recht mit meiner Vermutung. Und das ist die Intuition! Eine Ahnung, eine Wahrnehmung, ein Gefühl, welches wir rational nicht erklären können, aber von dem wir im tiefsten Inneren wissen, dass unsere Eingebung real ist – auch wenn viele von uns es einfach nicht wahrhaben wollen.

Inzwischen kann ich sehr gut zwischen Intuition und Wunschdenken unterscheiden. Umso mehr freut es mich, dass wir – Werner als Protagonist und ich als ausführendes Organ – in diesem Buch in verständlichen Worten vermitteln dürfen, was es mit der Intuition auf sich hat und mit dem Leben danach. Schließlich sind oder waren weder er noch ich Wissenschaftler oder gar prophetisch angehaucht. Viel mehr gehörten wir eher zu den bodenständigen Menschen, die sich lediglich über einen langen Zeitraum ein paar Gedanken mehr über das Sein und das Danach gemacht haben.

Und all diese Nachrichten von Werner, sei es in gedanklicher Weise oder durch das Bewegen von Materie, könnte ich nicht empfangen, wenn zum einen eben diese Intuition nicht gut ausgeprägt wäre und zum anderen ich nicht empfangen wollte. Dazu sollten wir uns in eine empfangsbereite Haltung begeben und unser ständiges „Aussenden" von Gedanken, Worten und Energien stoppen. Ähnlich wie bei dem Prinzip eines Handfunkgerätes: solange wir hineinsprechen und senden, können wir die Antworten nicht empfangen.

Wir wissen, dass gerade bei Kindern oder auch bei Tieren diese Intuition noch rein, unverfälscht und präsent ist. Kinder verlieren ihre Intuition meist durch die täglichen rationalen Anforderungen des Lebens, zum Beispiel wenn die Schule beginnt. Bei Tieren jedoch bleibt diese Gabe erhalten. Darum klingt es sehr plausibel, wenn Werner behauptet, dass mein Hund seine Anwesenheit spürt.

Kapitel 3 – Die Toleranz

Toleranz ist ein einfacher, bereits aus der Antike bekannter Begriff mit großer Wirkung und ein bedeutendes Grundelement für das friedliche Miteinander, für Humanität und Demokratie. Tolerant zu sein, bezeichnet allgemein das Dulden oder Respektieren von Überzeugungen und Handlungen, die einerseits als falsch und normabweichend angesehen werden, andererseits aber nicht vollkommen abgelehnt oder eingeschränkt werden. Die Toleranz gegenüber anders Denkenden ist nicht gleichbedeutend mit Übereinstimmung, stellt jedoch eine Vorstufe zur Akzeptanz dar.

Werner war zu seinen Lebzeiten außerordentlich tolerant. Durch seine weiten beruflichen Reisen durfte er ganz unterschiedliche Kulturen kennen lernen, und selbst in seiner Krankheit begegnete er anders Denkenden sehr liberal mit Gelassenheit und Nachsicht. Diese Veranlagung war sicherlich angeboren, beziehungsweise hatte er diese Charaktereigenschaft möglicherweise aus einer vorherigen Inkarnation mit in dieses Leben gebracht.

Was mich betrifft, so war ich in meinen jungen Jahren geprägt durch eine teilweise intolerante Familie, wobei ich meine Mutter hier ausnehmen möchte. Diese Toleranz musste ich als junge Frau erst erlernen. Zum einen mit Hilfe von Werner und zum anderen etwas später durch den langjährigen intensiven Umgang mit Künstlern, die ich betreute. Das hat mich sehr geformt, und ich behaupte, dass meine Toleranzgrenze inzwischen sehr hoch angesiedelt ist gegenüber Freunden, Nachbarn und vor allem in meinem beruflichen Umfeld, welches mich mit ganz unterschiedlichen und interessanten Menschen zusammenbringt, die ein wenig abseits der Norm ticken – ungeachtet der Hautfarbe und der Religion. Getreu dem Motto „leben und leben lassen" ersticke ich jeden kleinsten Keim von Neid, Missgunst oder Argwohn: Alles Eigenschaften, die unsere Toleranz schmälern.

So ist es mir relativ leichtgefallen, in den akuten Phasen seiner Krankheit mit Werner umzugehen.

Sicherlich hat auch meine ehrenamtliche Tätigkeit im Vorstand des Freundeskreis für Psychisch Kranke e.V. wesentlich zu dieser Haltung beigetragen. Jegliche Stigmatisierung von Menschen mit einem körperlichen, geistigen oder seelischem Handicap ist mir fremd. Mehr noch, ich verabscheue dieses Abschieben und Isolieren in eine Art Ghetto, möglichst weit weg von den „Normalos"! Besuche von Angehörigen oder gar Freunden finden so gut wie nie statt.

Gerade dieser Tage ist es passiert, dass ich nach einem Besuch an Ostersonntag bei drei Heimbewohnern eine SMS erhielt, in der man mir dankte mit den Worten „Dein Besuch an Ostern war uns eine Ehre und wir danken Dir von ganzem Herzen".

Das war überaus aufmerksam und drückte deren Wertschätzung aus. Und jawohl, auch psychisch Kranke können mit Smart Phones umgehen, SMS und E-Mails schreiben!

Wie aus vielen Passagen der Gespräche mit Werner aus der anderen Dimension hervorgeht, hat diese Toleranz einen hohen Stellenwert hier auf dem Planeten Erde, mehr noch in der geistigen Welt. Grundsätzlich wird jede Seele dort herzlich empfangen, egal ob diese Seele zu Lebzeiten reich an materiellen Gütern, bettelarm, Akademiker oder nur ein einfacher Arbeiter war. Auch ganz gleich, welcher Religion sie angehörte und welche Hautfarbe der Körper trug. All das sind nur irdische Statussymbole und haben keinen bleibenden Wert.

Folgen wir deshalb Werners Beispiel für mehr Toleranz im täglichen Leben und im Umgang mit unseren Mitmenschen. Dazu gehört auch, den anderen loszulassen, um ihm einen Freiraum zu gewähren, sowohl im Denken als auch im Handeln.

Kapitel 4 – Das Bewusstsein und das Unterbewusstsein

In Werners Ausführungen weist er uns immer wieder auf das Bewusstsein hin. In der Medizin bedeutet dieser Zustand, dass ein Mensch mit allen Sinnen seine Umgebung erkennt. In der Psychologie ist es die Fähigkeit, mit dem Verstand und den Sinnen die Umwelt zu erkennen und zu verarbeiten. Dies war bei Werner eine ganze Weile nicht mehr der Fall. Sein Bewusstsein hatte geglaubt, den Erwartungen der anderen entsprechen zu müssen. Er hatte sich eine Weile verloren, sein Tun entsprach dem Verantwortungsbewusstsein gegenüber den anderen. Er war sich nicht bewusst, was er tat, nicht bewusst, welchen Gefahren er sich aussetzte, und er hat die Verantwortlichkeit für sich selbst außer Acht gelassen. Das hatte zu all diesen unglücklichen Umständen seiner Krankheit geführt und letztlich zu der Veränderung seiner Persönlichkeit. Eine Veränderung im Tun und im Handeln, die Werner nicht bewusst war und die von mir betrachtet zuweilen erschreckend erschien. Werners Seele beobachtete diesen Zustand, jedoch war er gefangen und hatte das Gefühl, in einem Körper zu sein, der nicht sein Körper war. Ein Körper, der ihm nicht mehr gehorchte. Ein Körper, der nicht mehr das tat, was er wollte. Als ihm dieser Zustand bewusst wurde und ihn bis an den Rand der Verzweiflung brachte, versuchte er, diese Verzweiflung mit Alkohol zu betäuben. Bis sein Leben allmählich wieder in geordneten Bahnen verlief und die Freude am Dasein in den Vordergrund rückte, trotz seiner Behinderung. Meine besondere Bewunderung gilt jedoch seinen letzten irdischen Wochen. Dieses klare Bewusstsein, seine Toleranz und diese Akzeptanz im Hinblick auf sein Gehen und im Rückblick auf sein Leben haben mich zutiefst und nachhaltig beeindruckt.

Und jetzt, in dieser anderen Dimension, gibt es offensichtlich ein ganz neues Bewusstsein. Nämlich jenes, dass das Vorhaben mit diesem Buch nicht hätte realisiert werden könnte, wäre Werner nicht diesen schwierigen Weg gegangen, und dass es einen Plan gibt, in den auch ich eingewoben bin. Es ist also nicht umsonst gewesen, und dieses Wissen oder das bewusste Erleben macht mich (uns) sehr glücklich und ist mit Worten kaum zu beschreiben.

*

Wenn wir also erst einmal erkennen, dass es einen Seelenplan gibt, der verfolgt und durchgeführt wird und sei er noch so schwierig, steinig und mühsam, dann können wir uns entweder dagegen auflehnen und wehren oder diese Tatsache bewusst annehmen. So kommen wir in die Akzeptanz. Der Mensch hat die Fähigkeit zum Denken. Wer also denkt, sich erinnert, plant oder etwas erwartet, hat ein gedankliches Bewusstsein. Wir sind sozusagen unsere Gedanken und spiegeln diese wieder in unserem Tun und Handeln. Jemand, der ständig in Sorge und Angst lebt mit einem fortwährenden „ja, aber …" auf den Lippen und im Kopf, beeinträchtigt nachhaltig sein Unterbewusstsein und das seiner Umgebung in negativer Weise.

Diejenigen aber, die meist positives Gedankengut tief aus ihrem Innersten heraus nach außen tragen, motivieren ihr Umfeld und sich selbst mit Ausgeglichenheit, Fröhlichkeit und Hoffnung. Es gibt diese „self-fulfilling prophecy" – die selbsterfüllende Prophezeiung. Über direkte oder indirekte Mechanismen bewirkt diese ihr Erfüllen selbst und führt dazu, dass bei jenen Menschen, die ständig in Angst leben, dieses Ereignis, vor dem sie sich fürchten, auch tatsächlich eintritt. Egal, ob diese Menschen befürchten, dass ihr Auto auf einem Parkplatz beschädigt wird oder dass in deren Wohnung eingebrochen wird oder sie ihren Arbeitsplatz verlieren oder sie gar schwer erkranken. Dieses negative Bewusstsein manifestiert sich in den Köpfen und im Unterbewusstsein und wird zur Realität. Das ist wirklich tragisch, verdirbt die Freude am Leben, und wir alle sollten versuchen, uns vor solchen Gedanken zu hüten. Denn Gedanken suchen ihren Weg. Ähnlich wie Wasser, es strömt und wird seinen Weg finden, manchmal mit Umwegen, aber es wird fließen. Genauso ist es mit diesen Denkinhalten und dem Bewusstsein, dass ein Ungemach auf einen zu kommt.

Wenn es uns jedoch gelingt, in einem positiven Bewusstsein zu leben und wir erfreuliche Begebenheiten erwarten, so wird sich auch diese Prophezeiung selbst erfüllen und es begegnen uns hoffnungsvolle, freudige und positive Erlebnisse. Das setzt jedoch voraus, dass wir unser Bewusstsein einer Reinigung und einer Klärung unterziehen. Zugegeben, das ist etwas mühsam und unbequem und bedarf der immer währenden Übung, aber es ist möglich. Eine wirksame und einfache Technik ist es, die uns gelegentlich ereilenden schlechten Gedanken im Geiste gleich wieder zu löschen und nach links in die Vergangenheit (kommt aus dem Yoga) wegzuschieben.

Allerdings wird ein erheblicher Teil des alltäglichen Lebens vom Unterbewusstsein bestimmt. Viele Routinetätigkeiten, wie zum Beispiel Autofahren, die Waschmaschine bedienen, Zähneputzen und vieles mehr gehen sozusagen automatisch von der Hand, ohne dass wir uns dessen bewusst sind. Diese Routinetätigkeiten wurden schon so oft wiederholt, dass das Bewusstsein die Leitung an das Unterbewusstsein abgibt. Das gilt auch für unseren gesamten Organismus, der weitestgehend vom Unterbewusstsein gesteuert wird wie Herzschlag, Kreislauf, Verdauung, Atmung und so weiter.

In der Tiefenpsychologie redet man von einem System, welches es dem Menschen ermöglicht, viele Gefühle, unangenehme Erlebnisse und Wünsche zu verdrängen, sozusagen in das Unbewusste abzulegen. Laut Sigmund Freud wirkt das Verdrängte im Unbewussten jedoch weiter und kann zu unerwünschtem Verhalten, zwischenmenschlichen Beziehungsstörungen und psychischem Leiden führen. Wenn wir es also schaffen, die unbewussten Vorgänge anzuerkennen, oder besser ausgedrückt „uns bewusst zu machen", könnten psychisch gesunde Menschen in ihrer Persönlichkeitsentwicklung unterstützt werden und psychisch kranken Menschen könnte unter therapeutischer Anleitung Hilfe zuteil werden.

*

Diese schon erwähnten nächtlichen Botschaften von Werner aus der anderen Welt spielen sich zunächst im Bereich meines Unterbewusstseins ab und sind rational nicht zu erklären. Aber sobald diese Fragmente eines Satzes und die Impulse in mein Bewusstsein dringen, werden sie zur Realität. Mein Verstand hat dann immer noch die Möglichkeit zu entscheiden, ob die telepathische Botschaft im Hinblick auf das gerade zu bearbeitende Projekt einen Sinn ergibt. Das gilt nicht nur für dieses Buch, welches ich gemeinsam mit Werner schreibe, so verrückt das auch klingen mag. Das gleiche

Phänomen erlebe ich beispielsweise bei Künstlern, die ein Musikstück komponieren. Plötzlich und unerwartet kommt dem Komponist der Einfall für eine Melodie, für einen Refrain oder eine ganze Textzeile. Auch diese Eingebung könnte man als Botschaft aus dem Unterbewusstsein bezeichnen. Auf einmal ist sie da, und oft sind diese Eingebungen genial.

Bei diesem Schaffensprozess hilft die Intuition. Ohne diese Fähigkeit könnten wir solche unbewussten Nachrichten nicht empfangen. Darum arbeiten die Kreativen gerne in der Nacht, wie ich auch. Alles ist still, der Tagesablauf mit all seinen Störungen ist beiseite gelegt, und die Sinne sind offen, um in unser Unterbewusstsein hineinzuhorchen und um zu empfangen. Im günstigsten Fall können wir uns in solchen Phasen einen winzigen Teil unseres Unterbewusstseins zum Bewusstsein machen. Ich persönlich empfinde das als ein großes Geschenk. Allerdings gebe ich zu, dass sich bei der Beschäftigung mit dem Unterbewusstsein nicht nur die kreativen Ressourcen zeigen, sondern uns gleichermaßen die dunklen Ereignisse der Vergangenheit gelegentlich einholen, sodass wir uns dieser Problematik stellen können, um diese in positive Energie umzuwandeln. Sicherlich keine leichte Aufgabe.

*

Der bekannte Autor Dr. Joseph Murphy beschrieb im Jahr 1962 in seinem Buch „Die Macht Ihres Unterbewusstseins" (2) meine Hypothese sehr gut: „Was immer Sie unterbewusst als wahr empfinden, nimmt feste Gestalt an. Wir sind sozusagen unsere Gedanken. Schon Moses, Isaia, Jesus, Buddha, Laotse und alle anderen erleuchteten Propheten aller Zeiten verkündeten die gleiche Wahrheit. Was immer dem Unterbewusstsein eingeprägt wird, findet Ausdruck in allen Phasen des Lebens".

Auf einen einfachen Nenner gebracht, würde seine These bedeuten, dass, was immer unser Bewusstsein für richtig hält und fest daran glaubt, von unserem Unterbewusstsein verwirklicht wird. Darum sollten wir unsere Worte und Gedanken stets einer sorgfältigen Prüfung unterziehen. Sie manifestieren sich im Unterbewusstsein, und jedes unüberlegte Wort, jeder Satz oder bloß ein Gedanke wird sich an uns rächen. Negative Eingebungen anderer können uns nicht schaden, wenn wir diese zurückweisen. Nur unsere eigenen Gedanken haben Macht über uns, und wenn diese ausschließlich auf positive Dinge konzentriert sind, werden sich Glück, Freude und innere Zufriedenheit einstellen.

Das braucht Mut, Stärke und Zuversicht, wobei wir wieder beim Glauben sind. Und natürlich wird sich im täglichen Leben immer wieder der eine oder andere negative Gedanke, ein unguter Satz oder eine schädliche Verzweiflung breitmachen. Ich persönlich habe gelernt, solche bewusst oder auch unbewusst dahin gesagten Sätze oder Gedanken sofort wieder zu löschen. Ich bin davon überzeugt, dass die geistige Welt uns diesbezüglich hervorragende Dienste zukommen lassen kann und uns in bester Weise ermutigt, an uns zu arbeiten.

Kapitel 5 – Die Akzeptanz

Dieser wichtige Begriff bedeutet nichts anderes als annehmen, einwilligen, hinnehmen, billigen, mit jemandem oder etwas einverstanden sein. Die eigenen Schwächen und die des anderen zu akzeptieren, macht uns zu empathischen Menschen, die sich in die Eigenarten des Gegenübers einfühlen können.

Werner bittet in seinen Ausführungen, das, was in uns oder den anderen noch nicht so perfekt ist, ebenso anzunehmen wie die Teile, die wir schon gelernt haben, schon können und die bereits perfekt sind. Wobei er die These aufstellt, dass Perfektionismus ohnehin nur eine Idee ist, denn alles ist in sich bereits perfekt. Das ist nicht im Sinne dessen gemeint, was die Menschen als perfekt ansehen, sondern im Sinne des geistig Göttlichen, eben dieser perfekte Rahmen. In klinischen Studien wird Perfektionismus mit Störungsbildern wie Depression, Alkoholismus, Essstörungen und Zwangsstörungen oder gar Selbstmordgedanken in Verbindung gebracht. Und je mehr in uns der Zwang die Überhand gewinnt, dieses Streben nach Vollkommenheit oder eine übertriebene Fehlervermeidung zu perfektionieren, desto eher kommen wir von unserem Weg ab, den Seelenplan zu erfüllen.

Wenn die Beine nicht laufen können, die Sinne nicht mehr ganz funktionieren, der Körper einen Makel oder eine Behinderung aufweist, wenn wir unsern Job verlieren, unser ganzes Vermögen draufgeht, so mag das von außen betrachtet eine Katastrophe sein. Aber von innen gesehen ist es eine Herausforderung, mit solchen Menschen (uns selbst und jene in unserer Umgebung) umgehen zu lernen. Das führt uns geradewegs in die Akzeptanz und gleichzeitig in das Glück zu erkennen, dass das Leben trotzdem noch lebenswert sein kann. Es ist der Schritt in ein anderes Leben als das, welches vor dem Schicksalsschlag geführt wurde, und wir benötigen nicht nur die eigene innere Akzeptanz, sondern auch die unseres Umfeldes.

Immer wieder hören wir aus Medienberichten, dass sich Unfallopfer, die beispielsweise ein Bein verloren haben, nach einer Weile des völligen Erstarrt-seins mit großer innerer Kraft und einem entsprechenden körperlichen Training bei den Paralympics wiederfinden. Ich habe ungeheuren Respekt vor diesen Menschen. Mit einer großen Akzeptanz nehmen sie ihre Behinderung in ihrem Leben an und suchen nach Alternativen. Aber niemand schafft einen solchen Klimmzug allein. Es gehören immer die Menschen des momentanen Umfeldes dazu, die ermutigen, motivieren, unterstützen und vor allem akzeptieren, dass dies jetzt der Ist-Stand ihres Freundes, ihres Sohnes, ihres nahen Verwandten darstellt.

Wir, Werner und ich, möchten diese Menschen mit diesem Buch motivieren und ermuntern, den Kopf nicht in den Sand zu stecken, sondern das Schicksal anzunehmen, zu kämpfen und nach neuen Wegen zu suchen, um in die Akzeptanz zu kommen. Glaube, Zuversicht, Liebe und Vertrauen schaffen eine Balance, um diese Akzeptanz zu erlangen

Folglich sollten wir lernen, nach neuen Wegen zu suchen, die das irdische Leben in dieser Situation sowohl für den Benachteiligten als auch für jene unmittelbaren Kontaktpersonen wieder lebenswert machen. Nach all den Jahren mit Werner frage ich mich auch posthum: Ist der Betroffene wirklich benachteiligt? Oder ist es eher so, dass durch einen solchen Einschnitt das Leben des Einzelnen als auch das seiner Umgebung einen völlig neuen Sinn erhält? Vielleicht erhalten wir einen anderen, genaueren Blickwinkel für das große Ganze; eine tiefere Erkenntnis in das Dasein; ein Bewusstsein für das wirklich Wichtige und eine höhere Akzeptanz für Mitmenschen in gleichen oder ähnlichen Situationen?

Dazu sage ich aus tiefstem Herzen: Ja!

Rückblickend waren die vielen Jahre mit Werner, besonders in seiner Behinderung, eine Bereicherung für mich. Ich durfte Dutzende von lieben Menschen und deren Problematik kennenlernen und bekam die Möglichkeit, mit sehr kompetenten und geachteten Fachleuten Gespräche zu führen, um zu lernen. Ich erhielt die Gelegenheit, etliche Heime für psychisch kranke Menschen genauer von innen wahrzunehmen und deren Strukturen zu begreifen.

Diese ganze Situation hat mich motiviert, eine zweijährige Fortbildung zur Psychotherapeutin (HPG) zu absolvieren. Das dort erlernte Wissen unterstützt meine jetzige Tätigkeit als Business-Coach und hilft mir sehr. Dankbar bin ich auch für die Chance, in Selbsthilfegruppen wie den Anonymen Alkoholikern und deren Angehörigen-Gruppen Gast sein zu dürfen. Ich wurde zur Vorstandsvorsitzenden des Freundeskreises für Psychisch Kranke e.V. gewählt und übe dieses Ehrenamt nach wie vor mit viel Freude aus. Und „last but not least" darf ich jetzt mit Werner aus einer anderen Dimension heraus plaudern, Wissen teilen und für uns alle die Einzelheiten sozusagen „aus erster Hand" aus der anderen Welt erfahren und aufschreiben. Das ist doch wahrlich ein Privileg, welches meine eigene Entwicklung bedeutend geprägt hat!

All das konnte und kann nur geschehen, weil wir nach anfänglichem Straucheln in der Akzeptanz angekommen waren. Die Akzeptanz, die es möglich machte, die Situation damals 1996 anzunehmen. Die Akzeptanz, um nach Lösungen zu suchen; die Akzeptanz, das Beste daraus zu machen und in dieser Akzeptanz die Lebensfreude wiederzufinden und zu teilen – wenn auch in einer manchmal etwas gewandelten oder eingeschränkten Form. Trotz der Rückschläge hat uns diese Akzeptanz mit Heiterkeit, Optimismus und Daseinsfreude angefüllt. Ein unermesslicher geistiger Gewinn!

Hierzu möchte ich ein Zitat von Reinhold Niebuhr, einem amerikanischen Theologen und Philosophen (1892 bis 1971) anführen:

„Gott, gib mir die Gelassenheit, Dinge hinzunehmen, die ich nicht ändern kann, den Mut, Dinge zu ändern, die ich ändern kann, und die Weisheit, das eine vom anderen zu unterscheiden"

Nur wer in der Akzeptanz ist, kann neue Kräfte mobilisieren und diese frische Energie in Taten umwandeln. Sobald sich der Mensch in der Akzeptanz befindet, sei es bezogen auf eine bestimmte Situation oder den Weg seines Lebens, verschwindet die Angst, verschwinden die Sorgen und verschwindet das Leiden. Jedoch ist diese Akzeptanz keinesfalls mit Resignation zu verwechseln. Die Resignation ist ein Zustand der Mutlosigkeit, der Hoffnungslosigkeit und der Niedergeschlagenheit,. während die Akzeptanz uns in den Zustand der Annahme, der Bejahung, der Zustimmung und somit in die glückliche Lage des Einverständnisses und der Harmonie versetzt, um aus dieser Haltung heraus eine neue und positive Sicht der Dinge und Geschehnisse zulässt.

Kapitel 6 – Der Seelenplan

Im Protokoll vom 12. Januar 2016 gibt es eine klare Aussage, dass jede Seele einen Plan hat, der erfüllt werden wird. Auch wenn dieser Plan es zulässt, dass wir im irdischen Dasein ein paar Umwege nehmen, um bedrohliche Situationen zu mildern oder scheinbar angenehme Phasen zu verlängern. Trotzdem gibt es offenbar einen bereits vorgezeichneten Weg, den Plan, der von unserer Seele bestimmt und letztendlich von uns erfüllt werden wird. So ist es auch bei Werner geschehen.

Wenn ich mir hier die These erlauben darf, dass Werners Seele eine Abzweigung genommen hat, die das anfängliche Drama in einen bedingt leichteren Weg umgewandelt hat durch die Annahme und das Akzeptieren der Hilfe von außen, so musste er doch viele tiefe Täler durchwandern, um zur Erkenntnis und schließlich zur Akzeptanz zu kommen. Ohne Zweifel war die Abzweigung der Weg, den wir die vielen Jahre gemeinsam gegangen sind, der uns immer wieder Freude beschert hat, der zuweilen jedoch ziemlich steinig war. Werners Seelenplan schien ein bedeutendes Stück mit meinem Seelenplan zusammenzuhängen. Denn wie sonst hätten wir all diese bewegenden, aufregenden, beschwerlichen, aber auch fruchtbaren, hoffnungsvollen und erfreulichen Erfahrungen machen können, die uns zu guter Letzt dazu geleitet haben, diese Geschichte – Werners Seelenplan – festzuhalten, um zu wecken, zu berühren und um Menschen zu bewegen. Das war ein großes Glück und eine Bereicherung für unser beider Leben!

Unbestritten, es gibt viele Menschen, die ähnliche Katastrophen durchleben, darunter leiden und einen beschwerlichen Weg gehen. Es ist ein Weg von vielen. Jeder Mensch wählt sich seinen Weg und jede Seele wählt ihr Programm. Nur wenige brechen aus diesem Muster aus. Möglicherweise fehlt ihnen der Mut oder die Kraft und häufig fehlt ihnen die Akzeptanz. Sie hadern mit ihrem Schicksal, sie werden körperlich krank, sie werden depressiv und psychisch krank, sie greifen zu Drogen und Alkohol und es wird immer schlimmer. Sie verpassen „die Abzweigung", die offensichtlich in göttlicher Vorhersehung eingebaut wurde, um der Erfüllung des festgelegten Seelenplans mit einer gewissen Erleichterung zu entsprechen.

*

Erlauben Sie mir an dieser Stelle eine weitere Hypothese. Wenn dem also so ist, dass einem bereits festgelegten Seelenplan entsprochen werden soll, dann wäre ja jede Anstrengung, alles Streben nach Erfolg und jeder Arztbesuch eine Farce. Das entspricht allerdings nicht ganz der Botschaft, die hier vermittelt werden soll. Die Grundzüge unseres Lebensweges sind sicherlich aufgrund dieses Seelenplans vorgezeichnet. Aber wir haben immer noch die Entscheidungsfreiheit, die Abzweigung nach links oder rechts zu nehmen. Das heißt, wir sind ein stückweit „Herr des Geschehens" und in der Lage, die jeweilige Situation zu verändern. Klar, das ist anstrengend. Es war auch für Werner und letztendlich für mich zuweilen sehr kräftezehrend, Werners dramatische Lebensumstände in eine gewisse Normalität zu lenken. Aber wir sind nach einigen Jahren der Erschrockenheit allmählich in die Akzeptanz gekommen, und Werner konnte im eingeschränkten Rahmen seiner Behinderung und als Heimbewohner durchaus ein erfülltes Dasein führen.

Werners authentische hier dokumentierte Lebensgeschichte und seine Ansichten aus der anderen Dimension können uns motivieren, unsere Talente, unsere Anlagen, unsere Begabungen, unser Bewusstsein und unsere Wesenszüge zu hegen, zu pflegen und zu verbessern. All das trägt dazu bei, unser irdisches Leben und somit unseren Seelenplan leichter zu erfüllen. Die Seele ist so etwas wie die geistige DNA mit einem unverwechselbaren Abdruck. Das ist eine der Kernaussagen dieses Buches.

Kapitel 7 – Die Talente, Anlagen und Veranlagungen

Jeder von uns verfügt über besondere Fähigkeiten, Fertigkeiten, Talente und Veranlagungen. Da stellt sich die Frage, ob diese bereits aus einem anderen Leben in das jetzige Dasein mitgebracht wurden?

Ebenfalls stellt sich die Problematik, ob in der jetzigen Inkarnation diese Anlagen mit neuen oder anderen Qualifikationen und Fähigkeiten erweitert werden können? Sicherlich hängt dies davon ab, in welche Familie wir hinein geboren werden, beziehungsweise welche Familie der Plan unserer Seele für uns bereithält. Und das hängt wiederum davon ab, was wir in dem jetzigen Leben lernen oder erlernen sollen und deckt sich sowohl mit Werners Aussagen als auch mit meiner eigenen Erfahrung zu diesem Thema. Sicherlich ist es bedingt davon abhängig, in welcher sozialen Umgebung wir aufwachsen, welches Erbgut uns unsere Eltern oder Großeltern mit in die Wiege legten. Vielleicht ist es sogar von Bedeutung, in welchem Tierkreiszeichen wir geboren wurden.

Fakt jedenfalls ist, dass wir in dem momentanen Leben etwas ganz Bestimmtes lernen sollen. Im Fall Werner war möglicherweise eine seiner Aufgaben, mit der Sucht umgehen zu lernen. Zugegeben, das ist eine hypothetische Annahme. Aber wenn wir seine Lebensgeschichte und die Hintergründe betrachten, kann sie zutreffen, zumal in Werners letzten Monaten dieser Suchtdruck wie weggeblasen schien. Die Aufgabe war sozusagen in diesem Leben erfüllt, und der Weg zu gehen war frei.

Aber zurück zu den Talenten und Anlagen. Wie Werner es schon beschrieben hatte, könnten wir in einem vorherigen Leben ein begabter und erfolgreicher Pianist gewesen sein, was aber nicht bedeutet, dass wir dieses Talent auch im jetzigen Leben besitzen. Viel eher besteht die Möglichkeit, dass wir aufgrund dieser Konstellation im jetzigen Leben ein sehr gutes Gespür für Musik an den Tag legen, aber daneben sich ganz andere Begabungen zeigen. Diese Talente und Anlagen gilt es früh zu erkennen und zu fördern. Hier sind die Eltern gefordert, ihren Kindern entsprechend deren Begabungen und Talenten eine Berufswahl zu ermöglichen, die sich mit diesen Anlagen deckt. Das ist ein sehr wichtiger Meilenstein in unseren jungen Leben und wird in vielen Fällen völlig unterschätzt, obwohl eine mit Begeisterung, Hingabe und Talent ausgeübte berufliche Tätigkeit wesentlich zu unserem lebenslangen Wohlbefinden und Glücklich-sein beiträgt.

Als Kind sprach ich kaum ein Wort, weil ich sehr schüchtern war. Wenn die Mutter mich zum Einkaufen schickte, gab sie mir einen Zettel mit, weil ich mich aus Scham und Unsicherheit nicht in der Lage sah, im Dorfladen meine Wünsche zu äußern. Genauso erging es mir in der Schule. Ein Gedicht vorzutragen war der reinste Spießrutenlauf.

Erst viele Jahre später hat mich dieses Unvermögen derart genervt, dass ich begann, mich zu trainieren. Ich besuchte Rhetorikkurse, lernte intensiv eine Fremdsprache und übte mich in der deutschen Ausdrucksweise. Und wer hätte damals gedacht, dass ich viele Jahre später begann, Seminare vor Gruppen mir völlig fremder Teilnehmern zu halten – und das auch noch mit großem Erfolg und vor allem mit sehr viel Erfüllung!

Hierzu eine kleine Geschichte aus meiner Vergangenheit. Als ich in den frühen 70er-Jahren das erste Mal nach Devonshire und Cornwall in England reiste, um ein Sprachcollege zu besuchen, fühlte ich mich derart eins und vertraut mit der Landschaft und der Umgebung, dass ich zunächst etwas erschrak, aber gleichzeitig das unbedingte Gefühl hatte „hier war ich schon einmal". Ich war bei einer richtigen „englischen Lady" in ihrem großen Haus untergebracht und das Erlernen der Sprache fiel mir leicht.

Viele Jahre später in den späten 80er-Jahren suchte ich ein Schreibmedium auf, um einen Blick auf meine Zukunft werfen zu können. Die Dame fiel in eine Art Trance und während sie redete, schrieb sie den gesprochenen Text ohne Punkt und Komma auf einen Block. Gravierende Ereignisse in meinem Leben, die von ihr damals vorausgesagt wurden, sind Jahre später tatsächlich eingetroffen. Jedoch behauptete sie gleich zu Beginn der Sitzung, dass ich gerade mein siebtes Leben führe und ich ein früheres Leben in Cornwall als Lehrerin verbracht hätte.

Ich habe lange darüber nachgedacht, denn diese Behauptung könnte der Schlüssel für meine große Affinität zu England und meine pädagogischen Begabung als Dozentin erklären. Sonderlich sprachbegabt bin ich sicherlich nicht. Aber ich schreibe und spreche ein sehr gutes Englisch, wie mir meine Künstler aus England und den USA immer wieder bestätigten. Ebenfalls habe ich niemals eine pädagogische Ausbildung absolviert. Trotzdem scheint es mir gegeben zu sein, die Inhalte meiner Seminare und Vorträge den Teilnehmern so verständlich und nachhaltig nahebringen zu können, dass etliche mir noch Jahre später schreiben, sich bedanken und sich erinnern, was ich damals im Unterricht zu diesem oder jenem Thema gesagt hatte. Erstaunlich, dass diese Zuhörer sich so genau an meine Worte erinnern!

Und genau das meinen wir mit diesen Talenten und Anlagen aus einer vorherigen Inkarnation. Diese uns allen bekannten Déjà-vu-Erlebnisse sind von der Wissenschaft (Psychologen und Psychiater) beleuchtet und zerpflückt und von namhaften Schriftstellern (z.B. Goethe) als real und existent kommentiert worden. Darum halte ich die hier gemachte These aufrecht, wie man an meinem geschilderten Beispiel erkennt.

Ich erwähne dies, weil ich Ihnen Mut machen möchte in Bezug auf Ihre Talente und Anlagen. Offensichtlich war meine Begabung zum Schreiben und das Reden vor einer Gruppe in mir vorhanden. Doch lange war es verschüttet und wurde weder von mir noch meiner Familie in meiner Kindheit bewusst erkannt oder gar gefördert. Bis zu jenem Tag im Jahr 1994, als ich beschloss, meine Erfahrung als internationale Künstleragentin in einem zweitägigen Seminar festzuhalten.

In dieser Zeit gab es nahezu keine Weiterbildungsmöglichkeiten in der Musik- und Veranstaltungsbranche. Und als ich damit an die Öffentlichkeit ging, meldete sich eine junge private Akademie und engagierte mich sofort unter der Prämisse, selbstverständlich auch als Dozentin zu agieren. Oh nein, dachte ich damals, habe aber dieses Angebot als Chance gesehen und nach einigem Zögern angenommen. Inzwischen schreibe ich sogar mein zweites Buch, wie Sie unschwer erkennen können.

Und hier kommen wir zum Punkt. Ich bin überzeugt, dass wir alle über etliche Talente und Begabungen aus früheren Leben verfügen, die entdeckt und neu trainiert werden können. Das ist zuweilen mühsam, bedarf einiger Überwindung, braucht eine Portion Mut und kostet Zeit und auch Geld. Aber glauben Sie mir, der Einsatz ist es wert, weil uns am Ende bei der Erfüllung dieser

Aufgabe ein großes Glücksgefühl umgibt. Wir machen das, was schon immer in uns war, aber vor sich hin schlummerte. Seien Sie versichert, sobald Sie diese verborgenen Schätze freischaufeln, fühlen Sie sich reich beschenkt, sind auf Ihrem Lebensweg ein Stück weiter, erfüllen den Seelenplan und dürfen mit Sicherheit auch ein wenig stolz auf sich sein.

*

So war es bei Werner. In den Jahren der Veränderung hatte er sich auf seine handwerklichen Fähigkeiten, seine kreativen Talente, seine Fingerfertigkeit in Bastelarbeiten besonnen, und ich konnte ihn nur darin bestärken. Ausgestattet mit diesen Anlagen, die es galt zu reaktivieren und in die Tat umsetzen, wurde das Leben für Werner wieder lebenswert. Er wurde geachtet, er wurde gelobt, er erhielt durch diese aktiv ausgeübten Talente ein neues Selbstwertgefühl, und sein Selbstvertrauen wurde gestärkt. Das war wie ein Wunder und hat ihn die vielen Jahre in der Behinderung getragen

Darum appelliere ich an Sie, mehr noch, ich fordere Sie geradezu dazu auf, Ihre Talente und Anlagen zu achten, zu pflegen, zu erweitern und zu hüten. Denn sie sind ein Schatz, der uns nicht genommen werden kann und den wir möglicherweise wieder mit hinüber in ein weiteres Leben nehmen dürfen. Eine fabelhafte Vorstellung und eine grandiose Erkenntnis. Und wenn ich diese Annahme unter der Voraussetzung vertiefe, dass wir durch viele Erdenleben gehen, kann jedes Erdenleben dazu beitragen, vollkommener zu werden. Um am Ende des Zyklus tatsächlich in der Ewigkeit anzukommen.

Kapitel 8 – Der Schulplanet Erde

Jeder von uns hat in seinem irdischen Leben bestimmte Aufgaben zu bewältigen, um den Seelenplan zu erfüllen und um bei der Verwirklichung dieser Herausforderungen zu lernen. Wenn wir in einem Körper sind, verdichtet sich alles so sehr und es kommt eine starke Körperlichkeit und das Vergessen um den tatsächlichen Sinn dieses irdischen Lebens. Und dann wundern wir uns, dass dieses Leben viele Stolpersteine, Schwierigkeiten und Beeinträchtigungen bereit hält und werden unglücklich oder gar krank. Ähnlich wie in der Schule, wenn ein Fünftklässler ein schlechtes Zeugnis heim bringt, die Eltern schimpfen und das Kind die Klasse wiederholen muss. In beiden Fällen geht es um den Lernprozess.

*

Auf dieser Erde wird gelernt. Das ist der Grund, warum wir hier sind und auch immer wieder zurück auf diese Erde kommen. Je besser wir erkennen, wie unsere irdischen Probleme im Hier und Jetzt zu lösen sind, desto mehr kommen wir in die Akzeptanz und desto besser entwickeln sich Geist und Seele. Die Angst vor der jeweiligen Aufgabe löst sich in Nichts auf, das Leid verschwindet, und die Zustimmung zu unserem individuellen irdischen Lebensweg gewinnt die Oberhand. Sicher, nicht alle unsere Aufgaben sind leicht zu akzeptieren. Man hadert mit seinem Schicksal, beklagt sich über sein „schweres Los" im eigenen Umfeld, grollt vielleicht Gott, fällt in die Verbitterung und fühlt sich betrogen um ein schönes und angenehmes Leben. Gelegentlich schielen wir bewundernd oder gar neidisch zu Freunden,

Nachbarn oder Verwandten, die von außen betrachtet ein anscheinend beschauliches und sorgloses Leben führen. Es fällt denen sprichwörtlich „alles in den Schoß" und sie scheinen reich beschenkt mit Materie.

Beim näheren Hinsehen jedoch stellen wir fest, dass dieser oberflächliche Blick trügt. Auch für diese offensichtlich von der Sonne beschienenen Menschen hält das Leben Aufgaben bereit. Wir dürfen nicht vergessen: Von all diesen irdischen und materiellen Gütern können wir nichts in die geistige Welt mitnehmen. Wie heißt es so schön im Volksmund: „Das letzte Hemd hat keine Taschen."

Es bleiben also einzig und allein unsere Talente, unsere Fähigkeiten, unser geistiges Potential und die Tatsache, dass die im irdischen Leben gelösten Aufgaben uns auf der geistigen Ebene ungemein bereichern werden. Das ist die Botschaft!

*

Um diesen irdischen Lernprozess zu bewältigen, haben wir viele bekannte und unbekannte Helfer. So wie auch Werner einer für mich ist. Ich berichtete ja schon an früherer Stelle, dass er neben den irdischen Wesen wie seiner Mutter und meiner selbst von einer Armada von Schutzengel begleitet wurde. Wir glauben nur, wir müssten alle unsere Probleme, die unser irdisches Leben heimsuchen, allein lösen, und schließlich manifestiert sich dieser Gedanke in uns und wird zu unserer Realität, die eigentlich eine Illusion ist.

Niemand ist allein! Es gibt ganze Heerscharen von geistigen, aber auch irdischen Helfern. Was sagte Lukas in einem Satz des Lukas-Evangeliums 11, 9-10: *„Bittet, so wird euch gegeben; suchet, so werdet ihr finden; klop-*

fet an, so wird euch aufgetan. Denn wer da bittet, empfängt, und wer da suchet, findet; und wer da anklopft, denen wird aufgetan ..."

*

Nur scheuen sich viele von uns, um Hilfe zu bitten, insbesondere die Männer! Aber vielleicht täusche ich mich und unsere männlichen Mitmenschen machen das heimlich und ganz für sich allein aus? Wie sonst sollen die anderen, unsere Freunde, der Nachbar nebenan, unsere Geschwister und die vielen uns verbundenen Wesen aus der geistigen Welt bemerken, dass wir Hilfe in der einen oder anderen Situation benötigen?

Ich habe großen Respekt vor jenen, die zu mir kommen und frank und frei sagen: „Ich brauche Hilfe, ich trete in einem Projekt auf der Stelle, mir fehlen innovative Ideen, können Sie mir helfen?"

Die Erde ist ein Lernplanet. Und wenn mir andere Menschen dabei helfen können, etwas zu lernen, um den Horizont zu erweitern und mir zu Glück und Wohlstand zu verhelfen, dann ist das doch wunderbar. Dafür aber muss jeder aus seinem Schneckenhaus heraustreten und aktiv werden.

Hierzu sagt Frau Dr. Kübler-Ross (3), eine Schweizer Ärztin und Wissenschaftlerin, die sich in ihrem langen Berufsleben mit Sterbeforschung und Nahtoderfahrungen befasst hat, in ihrem Buch „Über den Tod und das Leben danach" (1984) unter anderem Folgendes: „... werden Sie sich bewusst, Ihr ganzes Erdenleben ist nichts anderes als eine Schule, dass Sie durch diese Schule hindurchgehen müssen, dass Sie bestimmte Prüfungen bestehen und bestimmte Dinge lernen müssen.

Sobald Sie Ihr Pensum erledigt und bestanden haben, dürfen Sie nach Hause gehen. Manch einer fragt, warum so wunderschöne Kinder sterben? Die Antwort ist ganz einfach, dass diese Kinder in kurzer Zeit gelernt haben, was man lernen muss. Und das sind für verschiedene Menschen ganz verschiedene Dinge. Eines muss jeder lernen, bevor er dorthin zurückgehen kann, woher er kommt. Das ist die bedingungslose Liebe. Wenn Sie das gelernt und praktiziert haben, dann haben Sie die größte Prüfung bestanden."

Wie treffend ist diese Aussage, die auf ihrer jahrelangen Erfahrung mit Patienten und deren Nahtoderlebnissen basiert und sich bis ins Detail mit den ausführlichen Schilderungen unseres Protagonisten Werner aus der anderen Welt deckt.

Gestatten Sie mir, noch aus einer anderer Stelle dieses Buches zu zitieren:

„Die meisten Menschen sehen all ihre schweren Lebensbedingungen, ihr Geprüftwerden, ihre Drangsale, ihre Schrecknisse und alle Verluste als einen Fluch an, als eine Strafe Gottes, als etwas Negatives. Wenn man doch nur begreifen würde, dass nichts, was einem begegnet, negativ ist, ich betone, ganz und gar nichts! Alle Schicksalsschläge, Leidenserfahrungen und selbst die größten Verluste, die man durchzumachen hat, auch alle Dinge, von denen man im Nachhinein sagt ‚Wenn ich vorher davon gewusst hätte, würde ich nicht geglaubt haben, sie durchstehen zu können' – alles sind Geschenke. Wir können unser Schicksalsweh und Leid mit dem Schmieden des glühenden Eisens vergleichen. Es ist eine Gelegenheit, die einem gegeben wird, um seelisch zu wachsen. Dies ist der alleinige Grund unserer Existenz auf Erden. Man kann nicht seelisch wachsen, wenn man in einem Blumengarten sitzt und sich von jemandem auf einem Silbertablett das großartigste Essen servieren lässt. Aber man wächst, wenn man krank ist, wenn man Schmerzen hat, wenn man einen schmerzlichen Verlust entgegennehmen muss. Man wächst nicht, wenn man seinen Kopf in den Sand steckt, sondern wenn man den Schmerz annimmt und ihn zu begreifen sucht, und zwar nicht als einen Fluch oder als eine Bestrafung, sondern als Geschenk für sich, um damit einen ganz bestimmten Zweck zu erfüllen."

Dieser Aussage kann ich aus tiefstem Herzen nur zustimmen. Wie in diesem Buch geschildert, hatten Werner und ich einige Probleme, unsere Krankheiten und die damit verbundenen schweren Prüfungen anzunehmen. Vor allem bei Werner hat es in der Tat einige Jahre der Depression, der tiefen Traurigkeit bis hin zur schweren Sucht gedauert, bis er in seinem Schicksal einen positiven Sinn sehen konnte. In der Zeit, als wir begannen, diese kleine „Beschäftigungstherapie" zu initiieren und Werner große Freude daran fand, Vogelhäuschen zu bauen, sagte er „Wie gut, dass mir dieses Ganze jetzt mit Anfang vierzig passiert, dann habe ich ja noch eine Chance und alles wird gut."

*

Da war sie, diese Einsicht und die Akzeptanz, einen Lebensweg anzunehmen, der zwar eine schwere Prüfung für ihn und auch für mich darstellte. Aber sobald wir in die Balance kamen, erreichten wir den Zustand von Zuversicht und Vertrauen. Und in der Tat, wir sind an dieser Aufgabe ungemein gewachsen – im Herzen und im Verstand.

Kapitel 9 – Die Angst und der Tod

Die Angst scheint ein ständiger Begleiter in unser aller Leben zu sein. Die Grundängste des Menschen werden von dem Psychoanalytiker Fritz Riemann als die „Angst vor Veränderung, die Angst vor der Endgültigkeit, die Angst vor Nähe und die Angst vor Selbstwerdung" beschrieben. Aber die Angst erfüllt eine wichtige Aufgabe und entfaltet eine Schutzfunktion, die jedem Lebewesen innewohnt, und sie ist eng an den Selbsterhaltungstrieb geknüpft. Durch die Angst wird sowohl der Mensch als auch das Tier fähig, Gefahren zu erfassen und sich vor ihnen zu schützen.

„Angst in ihrem Ursprung ist also zunächst einmal eine gesunde und lebensnotwendige Kraft, die uns davor bewahrt, mit unserem Leben zu spielen oder leichtfertig Dinge zu tun, die uns schaden oder möglicherweise uns sogar umbringen", schreibt Frau Gabriele Kloock (4), eine Münchner Hypnosetherapeutin, in ihrem Buch „Leben statt Angst haben". Sie folgert weiter, dass Angst in ihrem ursprünglichen Sinne dem Menschen Impulse zuführt, um ihn zu zwingen, auf sich selbst zu achten, um sicherzustellen, dass die Entfaltung seines übrigen Potentials von Kräften und Anlagen nicht durch unbeachtete Gefahren bedroht und infrage gestellt wird. Ohne Angst wäre das Leben gar nicht möglich – oder zumindest nicht von langer Dauer.

*

Ohne Zweifel waren es bei Werner damals in den Jahren des Dramas seine große Angst und der Selbsterhaltungstrieb, die ihn mehr oder weniger am Leben erhalten haben. Obwohl die selbstzerstörerische Komponente in den drei Jahren nach dem Unfall immer wieder die Oberhand gewann, rettete ihn letztendlich seine Angst vor der letzten Konsequenz, seinem Leben ein jähes Ende zu setzen. Aus heutiger Sicht wieder ein großes Geschenk, denn wie sonst hätten wir all diese bedeutsamen Erfahrungen machen können?

Aber wir wissen auch, dass zu große und übertriebene Angst vor allem und jedem und vor dem Leben selbst dazu führen kann, dass wir nicht mehr klar fühlen und denken können. Dann verstricken wir uns derart, dass unsere natürliche und angeborene Intuition so sehr darunter leidet, dass wir den Weg, die Aufgaben unseres Lebens, nicht mehr erkennen, sondern Opfer unserer Angst werden. Dieser Zustand führt unweigerlich zu physischen und psychischen Krankheiten und zu noch mehr Leid. Gefangen wie in einem Hamsterrad strampeln wir uns ab in einer immerhin 60-, 70- oder gar 80-jährigen Lebenszeit, ohne dem eigentlichen Ziel – der Erkenntnis – wesentlich näher gekommen zu sein.

Das ist zutiefst bedauerlich. Wir haben nicht gelernt, die ursprüngliche Funktion der Angst vor lebensbedrohlichen Gefahren in eine vernünftige Balance zu bringen. Da sind unsere vierbeinigen Begleiter uns um einiges voraus.

*

Werner, der einige Jahre unter einem Lungenemphysem litt, war nach dem Aufenthalt auf einer Intensivstation im November 2014 sehr geschwächt und es war ziemlich klar, dass seine irdische Zeit begrenzt war. Ich motivierte ihn und bat ihn zu trainieren. Er fand mit eisernem Willen seine Sprache wieder, er konnte ein bisschen Zeitung lesen und er nahm an den weltlichen Geschehnissen teil.

Er konnte sogar wieder ein wenig Kreuzworträtsel lösen und seinen Namen auf ein Blatt Papier schreiben. Er lernte wieder selbständig zu essen und zu trinken und sein Geist war klar und aufnahmefähig. Aber sein Körper war geschwächt durch den Mangel an Sauerstoff in der Lunge.

Aber er war er sehr gelassen und frei von Angst, lächelte oft, hielt meine Hand. Nur einmal drückte er meine Hand ganz fest und sagte: „Gaby, ein bisschen Angst habe ich schon ..."

Da war mir klar, dass er wusste, dass seine Tage gezählt waren und wohin seine Reise gehen sollte. Da stand er also schon auf der Schwelle – der Tod!

Allein dieses schreckliche Wort wollte ich gar nicht aussprechen und Werner auch nicht. Aber auch ohne dieses Wort waren wir uns einig, die verbleibende Zeit noch gut zu nutzen. Ich fragte Werner, ob es für ihn in Ordnung sei, den Pater der Kirche nebenan zu bitten, vorbeizukommen. Wenige Tage später hielt dieser am frühen Nachmittag eine kleine und anrührende Zeremonie und betonte, dass es sich hierbei um eine Krankensalbung handle. Ich hielt Werners brennende Kommunionkerze in der Hand, und mir liefen ein paar Tränen über die Wangen. Werner hingegen war sehr andächtig und entspannt und keineswegs traurig. Die Angst war weg.

Es war in der Zeit vor Ostern, als ich Werner eindringlich bat, noch durchzuhalten, da ich beruflich verreisen musste. Als ich am letzten Märztag an seinem Krankenbett stand und mich bedankte, dass er auf mich gewartet hatte, lächelte er entspannt. Wir durften noch einmal

Ostern miteinander verbringen mit einem traditionellen Osternest und vielen bunten selbstgefärbten Eiern, wie all die Jahre zuvor.

Und es war an Karfreitag, als ich ihm versprach, seine Geschichte in einem Buch festzuhalten und dieses Gespräch auf Video aufnahm. Genau eine Woche später flog Werners Seele „leicht wie eine Feder" davon. Und mir ging die Textzeile eines österlichen Kirchenliedes durch den Kopf: „Der Tod hat keinen Stachel mehr, der Stein ist weg, das Grab ist leer ..."

Wie wahr und doch so unwirklich ist das alles? Und wie sehr hat es mich gefreut und gleichzeitig tief berührt, als Werner aus der anderen Dimension seinen eigenen Tod und das Lösen seiner Seele vom Körper mit einer gewissen Leichtigkeit beschrieb: „Es ist wie ein leichtes Ruckeln und ähnlich dem Prozess einer Geburt ..."

Interessant, dass er das Wort „Ruckeln" benutzte, wie zu seinen Lebzeiten. Es ist doch erstaunlich zu entdecken, dass das Individuum etliche Redewendungen aus seinem irdischen Leben in die geistige Welt mitnimmt.

*

Zu diesem Geschehen schreibt Bernard Jakoby (5) in seinem Buch „Das Leben danach" unter anderem: „Wenn wir sterben, wird auf der physischen Ebene die gesamte noch vorhandene Körperenergie verlangsamt. Der Appetit lässt nach; die Verdauung braucht länger; die Hormonausschüttung wird weniger; die Arbeit des Nervensystems wird herabgesetzt; Atmung und Herztätigkeit verlangsamen sich und der sterbende Mensch schläft viel mehr. Die gesammelte Kraft der Seele sammelt sich im Kopf, was zu einer erhöhten Bewusstheit führt. Dieses konzentrierte Bewusstsein nimmt nun Dinge außerhalb des Körpers wahr. Je mehr ein Mensch imstande ist, diese Bewusstheit vom Körper zu lösen, desto leichter und sanfter ist der Übergang. Solange der Körper im Zentrum des Bewusstseins bleibt, ist der Sterbende starken Angstschüben ausgesetzt, weil er spürt, dass sich sein Körper verlangsamt und ihm zu entgleiten droht. Wenn er sich mit seinem Bewusstsein angstfrei auf das Außen einstellen kann und anwesende Angehörige wahrnimmt, die seine Hand halten, kann der Sterbende ganz leicht loslassen und in die andere Dimension gleiten. In dem Moment, wo ein Mensch aus seinem Körper heraus ist, tritt das Bewusstsein durch den Kopf aus, und wenn wir also den Körper vollständig verlassen haben inklusive des Bewusstseins, gehen wir sofort in eine andere Dimension. Es gibt Menschen, die schon während des Überganges, obwohl das Bewusstsein noch im Körper ist, die sie umgebende geistige Welt wahrnehmen. Sie sehen verstorbene Angehörige oder Schutzengel."

So geschehen bei Werner. An diesen Ostertagen fragte ich ihn, wen er denn so sehe, während er tief schläft und nannte ihm die Namen einiger bereits verstorbener enger Vertrauter. Bei einigen Namen nickte er mit dem Kopf.

Bernard Jakoby schreibt an anderer Stelle: „Wenn wir lernen, uns dem Tod vollkommen zu öffnen und uns ihm hinzugeben, kann er in Frieden erlebt werden, da er die Rückkehr zur Geborgenheit, zur Wärme, zur absoluten wahren Liebe, zur Freiheit und zur Wahrheit ist."

Auch diese Aussage wurde bereits im ersten Sitzungsprotokoll mit Werner untermauert, um nicht zu sagen bewiesen. Und zwar mit seinen eigenen Worten, die durch den Mund des Mediums flossen. In der Tat, es war

Werner, der da zu mir sprach, und er hat zu Lebzeiten das hier zitierte Buch von Bernard Jakoby niemals gelesen. Auch ich habe diese Ausführungen erst studiert, als bereits mehrere Sitzungen mit Werner aus der geistigen Welt stattgefunden hatten.

*

Was uns Menschen fehlt, ist die Gewissheit, sozusagen der Beweis, dass es ein Weiter-Existieren nach dem Tod gibt und dass der Tod an sich kein Grund zur Panik und zur Angst darstellen sollte. Werner behauptet im Protokoll 5, dass das Leben generell nicht abhängig vom Körper ist: „Das Leben ist ganz einfach und unabhängig von irgendwas! Es ist ein Zustand des immer währenden Seins …"

Natürlich befinden sich auf der einen Seite die trauernden Angehörige und Freunde, auf der anderen Seite ist der Betroffene, der nun in die Freiheit ohne Schmerz und Pein fliegen darf. Und mal ganz ehrlich – für viele sehr kranke und schmerzgeplagte Menschen ist nach all dieser neu gewonnen Erkenntnis der Tod eine wahre Erlösung und eine wunderbare Alternative. Vorausgesetzt, wir lieben diesen Menschen und gönnen ihm diese erweiterte Existenz in einer anderen Dimension aus tiefstem Herzen. Eine Existenz, in der er sich in Gedankenschnelle überall hinbewegen kann! Eben auch zu uns, wenn wir es zulassen und wenn wir empfangsbereit sind. Und genau diese Tatsache wollen wir Ihnen mit diesem authentischen Bericht und mit Werners Hilfe vermitteln. Sie möge in Ihnen Vertrauen wecken; sie möge die Angst vor dem Leben und die Angst vor dem Tod nehmen; sie möge Sie in die Akzeptanz und die Toleranz führen und letztendlich zu der grenzenlosen Liebe und dem immer währenden Dasein.

Welch´ eine Fülle der Kraft und Erkenntnis erwartet uns in der geistigen Welt? Eine schier unerschöpfliche Quelle fließt uns entgegen. Ein Vorgang, der vom menschlichen Verstand schwer zu begreifen ist. Trotzdem wünschen wir Ihnen, liebe Leser, den Schlüssel zur Erleuchtung, um den eigenen Überlegungen zu diesem so wichtigen Thema Spielraum zu gewähren. Wenn das mit diesen Zeilen gelungen ist, dann ist unsere Mission erfüllt. Seien Sie gewiss, es gibt eine Existenz unseres Geistes in der anderen Dimension; wir werden uns dort wiedersehen und uns in die nicht mehr vorhandenen Arme fallen. Wenn unsere Seele fliegen lernt.

*

Anfang und Ende, Alpha und Omega – darum geht es in diesem Buch. Es ist somit nicht verwunderlich, dass der letzte Teil des Buches exakt neun Kapitel hat, denn die Eins entspricht der Einheit mit Gott. Wir kommen aus der Einheit und gehen wieder in die Einheit. Die Neun entspricht der höchsten Schwingung die es geben kann und steht für die Vollkommenheit und das göttliche Bewusstsein. In der hebräischen Kabbala gibt es nur die einstelligen Grundzahlen 1 bis 9, und jede weitere Zahlenkombination ist eine Addition, eine Multiplikation, eine Subtraktion und eine Division. Kabbala bedeutet „Überlieferung" und beleuchtet den zahlenmystischen Bereich der Numerologie. Der Vater der Numerologie war Pythagoras. Jener griechische Mathematiker und Philosoph, den Werner zu seinen Lebzeiten sehr verehrt hat und der um 570 v. Chr. seine Lehren verbreitete, die von Plato aufgegriffen und in der Kabbala vertieft wurden.

So hatte auch Werners jetziges irdisches Leben einen Anfang und ein Ende, jedoch aus dem Ende entstand ein neuer Anfang. Jener Neubeginn in der geistigen Welt, den Werner uns in den hier abgedruckten Protokollen so eindrucksvoll und verständlich schildert und uns damit einen teilweise sehr intimen Einblick in sein „Leben danach" gewährt. Ein Neubeginn, der uns mit Hoffnung, mit Zuversicht und mit großer Freude im Herzen erfüllen soll. Ich danke Werner aus tiefster Seele für diese Möglichkeit der fortgesetzten Kommunikation und seine immer währende Menschenliebe!

*

Meine Aufzeichnungen möchte ich mit dem Refrain eines Liedes beenden, dessen Interpreten von Werner zu seinen Lebzeiten sehr gemocht wurden. Diese Textzeilen habe ich Werner an unserem letzten gemeinsamen Abend des 9. April 2015 vorgesungen. Der Leipziger Schriftsteller und Textdichter, Helmut Richter, möge mir verzeihen, wenn ich den Vers etwas abgewandelt habe.

Über viele Brücken musst Du geh'n,
viele dunkle Jahre überseh'n,
viele Mal wirst Du die Asche sein,
aber einmal auch der helle Schein …

***

Schlusswort von Werner

Am 14. Juni 2017 gab es das neunte und wohl vorerst auch letzte Gespräch mit Werner in der anderen Welt. Diese Sitzung lief nach dem gleichen Ritual wie immer ab. Vera erkannte Werners Energie sofort, und Talim bestätigte, dass Werner nun gerne das Wort an uns richten wolle.

Das Buchskript war im Konzept fertig, und ich wollte neben einigen privaten Mitteilungen gerne die Gelegenheit nutzen, von Werner noch ein Schlusswort oder Nachwort zu erhalten. Sein Überschwang, der ihm zu Lebzeiten zu Eigen war und der uns in den Gesprächen aus der anderen Dimension während der letzten zwei Jahre immer wieder zum Lächeln brachte, war einer Feinstofflichkeit gewichen. Er sprach viel langsamer, wählte seine Worte mit Bedacht, und es war ihm wichtig, dass wir die Schwingung seiner Worte in uns aufnahmen. Er wollte uns auch jetzt an dem Prozess teilhaben lassen, in dem er sich gerade befand. Ein Prozess, der wieder ein Übergang in eine andere Dimension war, in der sich das Stoffliche immer mehr auflöst und feinstofflicher wird. Dünner und leichter – und sehr viel ätherischer.

Unter anderem sagte er:
„Ich freue mich, dass ich euch eine Weile dienen konnte. Dienen im Sinne von Informationen, die euch und die Menschen berühren und die euch ein anderes Bild geben von dem, was hinter dem Vorhang geschieht, hinter den wir uns zurückziehen, wenn wir den Körper verlassen. Ein Vorhang zwischen den Welten, ein Vorhang, der sich öffnet und schließt, aber den wir nicht wahllos hin- und

herschieben können, sondern nur wenn es Aufgaben gibt, die den Menschen dienen.

Ich möchte jedem Einzelnen, der sich zu diesem Buch hingezogen fühlt, sagen, dass die andere Dimension eine Dimension ist, die bereits zu Lebzeiten ins Herz genommen werden kann. Das bedeutet, ein Mensch der sein Leben lebt und der gelernt hat, Mensch zu sein, der gelernt hat, dass es nicht nur dieses eine Leben gibt, sondern viele andere, wird sich selbst gegenüber und den Menschen, denen er begegnet, und der Erde und der Natur gegenüber mit einer anderen Einstellung verhalten. Er wird sich allen Menschen, allen Lebewesen und auch der Materie gegenüber mit sehr viel Respekt verhalten. Er wird sich darüber im Klaren sein, dass er das, was er hinterlässt, irgendwann wieder vorfindet. Dass diejenigen, die das Chaos auf der Erde verursachen, dass diejenigen, die die Menschen quälen, dass diejenigen, die die Tiere nicht achten, dass diejenigen, die die Erde ausbeuten, alle wiederkommen und all das in Ordnung bringen müssen, alles wieder richten. Sie werden in der geistigen Welt erkennen, was sie hinterlassen haben, und sie werden den Wunsch äußern ‚Jawohl, ich bin bereit, es wieder in Ordnung zu bringen'.

Das werden wir so lange tun müssen, bis es in Ordnung ist. Das sind große Herausforderungen und große Aufgaben. Das sind große Erkenntnisprozesse die geschehen, sobald der Körper abgelegt ist. Aber das Bewusstsein, das ihr auf eurem Planeten Erde habt und was ihr euch erarbeitet, das nehmt ihr mit. Wenn ihr dann in der geistigen Welt seid, werdet ihr nicht auf einmal erleuchtet sein, sondern ihr werdet diesen Bewusstseinsstand haben, mit dem ihr die Erde verlassen habt. Und ihr werdet euch dann eine Welt kreieren, die dem entspricht.

Das heißt, jene, die in der Dunkelheit wandeln auf der Erde, werden auch hier nicht das große Licht finden, bis sie erkannt haben, bis sie wirklich im Innersten erkannt haben. Sie werden das Verzeihen lernen, sie werden die Liebe lernen. All das wird gelernt werden müssen, weil sie sonst in den Zyklus der Dunkelheit eintauchen und wieder und wieder in der Dunkelheit auf der Erde geboren werden, um wieder in die Dunkelheit in der geistigen Welt einzutauchen. Der Zyklus kann nur durchbrochen werden durch Bewusstheit. Wenn ihr gewillt seid, die Realität zu schauen, das, was wahr ist zu erkennen und all das, was euch in eurem Leben angeboten wird an Wegen, die in die Freiheit führen, in die Freiheit des Geistes, die Freiheit des Verstandes, wird euch das mehr Licht bringen, sowohl im Körper als auch außerhalb des Körpers, wenn er eines Tages abgelegt wird. Ich hoffe sehr, ich konnte all diesen Menschen ein klein wenig Mut machen; ein klein wenig Ängstlichkeit nehmen vor dem Übergang. Denn der Übergang ist auch nur eine Geburt, eine Geburt in die feinstoffliche Welt – feinstofflicher als die Erde und doch geht es immer weiter. Der Zustand, in dem ich mich jetzt befinde, ist wieder ein ganz anderer als der, wenn der Mensch gerade den Körper verlässt. Es gibt wunderbare Helfer, die uns unterstützen; wunderbare Helfer, die uns begleiten; wunderbare Helfer, die ihre Aufgaben mit viel Hingabe und äußerster bedingungsfreier Liebe ausführen. Weil sie ja wissen wie es ist, wenn man gerade aus dem Ei geschlüpft ist und in eine neue Welt geboren wird. Und so wünsche ich allen einen guten Übergang und ein gutes Leben, denn das Leben ist ein großes Geschenk. Es ist ein großes Geschenk, diese Erfahrung machen zu dürfen. Aus einer anderen Dimension katapultiert zu werden in die Möglichkeit

einer Körperlichkeit, sich mit ihr auseinanderzusetzen und in ihr Meisterschaft zu erreichen.
Ich wünsche euch allen einen guten Weg, und ich wünsche euch ein gutes Leben, das euch ins Licht führen wird.

Euer Werner

Biografien

Gabriele Skarda

Foto:
**Heidi Fotostudio,
München, 2017**

erfüllt keineswegs das Klischee einer Esoterikerin und ist auch nicht ständig auf Sinnsuche. Sie ist eine sehr geerdete Frau, die seit mehr als drei Jahrzehnten selbstständig und erfolgreich ein Gewerbe in der Kultur- und Kreativwirtschaft auf nationaler und internationaler Ebene betreibt und viele Künstler auf „die Bretter, die die Welt bedeuten" begleitet hat. Darüber hinaus hält sie seit 20 Jahren Fachseminare, schreibt Artikel in Fachmagazinen, hat ein Fachbuch veröffentlicht und ist seit 2002 bundesweit als Business-Coach für Existenzgründer und Bestandsunternehmen in der Musik- und Veranstaltungsbranche unterwegs. Daneben engagiert sie sich ehrenamtlich als Prüferin der IHK (München und Frankfurt am Main) für Berufe und Weiterbildungen in der Veranstaltungsbranche.

Ebenfalls ehrenamtlich setzt sie sich als Vorstandsvorsitzende des Freundeskreis für Psychisch Kranke e.V. mit hohem Einsatz für die Belange des Vereins ein.

Neben den beruflichen und ehrenamtlichen Engagements hat sich Gabriele Skarda seit Kindesbeinen dafür interessiert, was denn „danach", nach unserem letzten Atemzug, kommt. Schon früh war sie sicher, dass sich unser aller Lebens-Energie – mit der sie selbst reich gesegnet ist – mit dem irdischen Ableben unmöglich in ein Nichts auflösen kann. Von der eigenen Mutter wurde sie

in dieser Richtung bestärkt und so lernte sie im Alter von 20 Jahren ihren Seelen-Verwandten – Werner – kennen, lieben und schätzen. Das vorliegende Buch ist schlicht die Summe aller Teile, die logische Konsequenz.
www.skarda-seminare.de

Vera Luchsinger

Foto: **Dirk Spath, München, 2015**

war schon früh fasziniert vom sogenannten Übersinnlichen, was sie selbst für die Norm hielt, jedoch ihre Umgebung eher als etwas Außergewöhnliches einstufte. Nach einer Ausbildung zur examinierten Krankenschwester und Pharmareferentin arbeitete Vera einige Jahre in der Psychiatrie. Sie war beeindruckt von der Psyche des Menschen und lernte dort eine Menge über dieses Gebiet; nicht nur in den Fortbildungen, sondern vielmehr in den Interaktionen mit den Kranken. Einige Jahre später bereiste Vera mit ihrem Ehemann die Welt und lernte viele Kulturen, Philosophien und natürlich unzählige interessante Menschen kennen. Bis im Jahr 1990 ein tragisches Ereignis viele Fragen aufwarf: der mehrfach vorher geträumte Autounfall ihres Bruders. Warum wurde ihr dieses Ereignis gezeigt, lange bevor es eintrat? Und wie war es möglich, etwas so genau vorauszusehen? War mit diesem SEHEN ein Auftrag verbunden? Hätte sie diesen Unfall verhindern können?

Auf der Suche nach Antworten kreuzten viele wunderbare Menschen ihren Weg, und letztendlich wurde sie nach Stansted in England geleitet, wo Vera das Arthur Findlay College besuchte. Ebenfalls in England wurden ihr von einem brillanten und bewundernswerten Medium, Lila Beck, erneut ihre medialen Fähigkeiten bestätigt und Veras Weg war geebnet für inzwischen mehr als 17 Jahre medialer Lebensberatungen. Dies ist eine sehr verantwortungsvolle Aufgabe und es ist ein Weg des Dienens. Neben der medialen Lebensberatung begleitet Vera Menschen in Krisensituationen, ist Coach für Stressbewältigung und Trainerin für Facial Harmony Practitioner.

www.vitalportal.eu

Werner

Foto:
**Rosi Hartmann,
Wilgersdorf, 2013**

war gelernter Radio- und Fernsehtechniker und später ein hoch dotierter Techniker der IT-Branche. Er war überdurchschnittlich begabt, extrem intelligent und bis zu seinen letzten Tagen ein ewig jugendlich wirkender Mann. Groß gewachsen, etwas schlaksig, mit auffallend langen gepflegten und sehr schlanken Fingern und einer sehr gewählten Ausdrucksweise in leicht Münchner Dialektfärbung. Seine berufliche Laufbahn führte ihn in viele verschiedenen Länder und Kulturen. Werner war ein Ästhet, der sich zu seinen

Lebzeiten gerne der Mathematik und der Philosophie gewidmet hat, vor allem den Lehren des Pythagoras. In seinem irdischen Dasein war er sowohl reich als auch arm. Reich im Sinne von Anlagen und seinen Wesenszügen wie Toleranz, Akzeptanz, Geduld und innerer Stärke. Arm im Sinne von Materie, weil er im Laufe seines Lebens alles materiell Erreichte verlieren musste. Trotzdem hat Werner uns etwas sehr Kostbares hinterlassen: sein immaterielles Erbe, ein Vermächtnis, das wir gerne mit den Lesern teilen möchten.

Quellenverzeichnis

(1) Dr. med. Carl A. Wickland „Dreissig Jahre unter den Toten" (1924) National Psychological Institute
 Los Angeles USA und Otto Reichl Verlag St. Goar

(2) Dr. Joseph Murphy „Die Macht Ihres Unterbewusstseins" (1962) Prentice Hall Inc. und Ariston Verlag Genf

(3) Elisabeth Kübler-Ross „Über den Tod und das Leben danach" (1984), Seite 25 und Seite 39, Verlag Die Silberschnur

(4) Gabriele Kloock „Leben statt Angst haben" (1997), Äskulap Verlag

(5) Bernard Jakoby, Dozent für Sterbeforschung „Das Leben danach" (2004) Rowohlt Taschenbuch-Verlag